乡村振兴战略下宁夏乡村文旅协同发展研究丛书　丛书主编　张仁汉

宁夏乡村公共文化服务与旅游

NINGXIA XIANGCUN GONGGONG WENHUA FUWU YU LÜYOU

主编　邹荣　　副主编　周文君　张绍慧

黄河出版传媒集团
阳光出版社

图书在版编目（CIP）数据

宁夏乡村公共文化服务与旅游 / 邹荣主编. -- 银川：
阳光出版社，2021.3
（乡村振兴战略下宁夏乡村文旅协同发展研究丛书 /
张仁汉主编）
ISBN 978-7-5525-5865-4

Ⅰ.①宁… Ⅱ.①邹… Ⅲ.①农村文化－公共管理－
文化工作－研究－宁夏②乡村旅游－研究－宁夏 Ⅳ.
①G124.3 ②F592.743

中国版本图书馆CIP数据核字（2021）第086172号

乡村振兴战略下宁夏乡村文旅协同发展研究丛书　　　　邹　荣　主　编
宁夏乡村公共文化服务与旅游　　　　周文君　张绍慧　副主编

责任编辑　徐文佳
封面设计　王胜泽　邹　楠
责任印制　岳建宁

黄河出版传媒集团
阳　光　出　版　社　出版发行

出 版 人　薛文斌
地　　址　宁夏银川市北京东路139号出版大厦（750001）
网　　址　http://www.ygchbs.com
网上书店　http://shop129132959.taobao.com
电子信箱　yangguangchubanshe@163.com
邮购电话　0951-5047283
经　　销　全国新华书店
印刷装订　银川银选印刷有限公司
印刷委托书号　（宁）0020901

开　　本　720 mm×980 mm　1/16
印　　张　15.75
字　　数　225千字
版　　次　2021年10月第1版
印　　次　2021年10月第1次印刷
书　　号　ISBN 978-7-5525-5865-4
定　　价　49.80元

《乡村振兴战略下宁夏乡村文旅协同发展研究丛书》

总　序

　　穿过乡土与时间的缝隙，在平凡朴实的土地上人文渊薮，千年传承。乡村作为联结历史、文化、情感的综合体，其独特的空间格局、丰富的人文环境，不仅是中华优秀传统文化的重要栖身之所，而且是文化自信浓厚质朴的底色。党的十九大提出实施乡村振兴战略，是以习近平同志为核心的党中央着眼党和国家事业全局，深刻把握现代化建设规律和城乡关系变化特征，顺应亿万农民对美好生活的向往，对"三农"工作作出的重大决策部署，是决胜全面建成小康社会、全面建设社会主义现代化强国的重大历史任务。目前，面对错综复杂的国际形势和艰巨繁重的国内改革发展稳定任务，特别是新冠肺炎疫情的严重冲击，当今世界正经历着百年未有之大变局。随着新一轮科技革命和产业变革的深入发展，我国已转向高质量发展阶段，乡村振兴不仅关系到我国是否能从根本上解决城乡差距、乡村发展不平衡和不充分的问题，而且关系到中国整体发展是否均衡，是否能实现城乡统筹、农业一体的可持续发展的问题，更是关系着全面建设社会主义现代化国家的全局性、历史性任务，应该说，乡村振兴是新时代"三农"工作的总抓手。在此背景下，如何更好地吸取和借鉴人类文明史上的经验教训，以乡村振兴战略作为总要求，减弱城市化和工业化等乡村衰落的诱因，深入探索文旅协同路径中乡村的可持续发展道路，这一问题值得我们思考。

　　自党的十九大以来，紧密围绕农业农村现代化这一伟大目标，以乡村振兴作为重要战略，积极规划构建了一系列方针要求和政策体系，为乡村振兴的实施提供了充分的制度保障。通过党的十九届五中全会、国家"十四五"规划，以及2021年中央一号文件精神在农业农村现代化发展问题上的精耕细化，不仅为我国新发展阶段优先发展农业农村、全面推进乡村振兴作出了总体部署，而且为做好当前和今后一个时期"三农"工作指明了方向。

在繁荣发展文化事业和文化产业，提高文化软实力方面，突出了乡村的重要作用，要积极推动文化旅游融合发展，发展红色旅游和乡村旅游，以讲好中国故事为着力点，创新推进国际传播，加强对外文化交流和多层次文明对话。在此基础上，自治区党委十二届十二次全会更为明确了宁夏农业农村发展的重要性，在优先发展农业农村和全面实施乡村振兴战略的同时，不断夯实农业发展基础，实施乡村建设行动，持续深化农村改革。通过国家之力和宁夏具有连贯性、一致性的政策支持，将为宁夏的乡村沃野更好地实现"产业兴旺、生态宜居、乡风文明、治理有效、生活富裕"的目标提供不竭动力。

"应融则融，能融尽融，以文塑旅，以旅彰文。"近年来，宁夏积极响应国家文旅协同发展的号召，顺应文化旅游协同发展的新趋势新要求，以文化提升旅游品质，用旅游传播宁夏故事，加快全域旅游示范区建设，着力推动经济高质量发展。2017年，宁夏印发《"十三五"全域旅游发展规划》，对全域旅游发展作了详细的意见指导。2018年，伴随着文化和旅游部的正式挂牌，各地开启了文化与旅游协同发展的大幕。在此背景下，宁夏在推动全域旅游和文旅协同高质量发展的进程中，以"全景、全业、全时、全民"的发展思路，加大旅游资源的融合力度，把得天独厚的文化资源转化成独一无二的旅游资源，让"塞上江南·神奇宁夏"的品牌更加亮丽。特别是将现代农业和旅游业相结合，通过一、二、三产业的融合，从客户喜好探寻市场需求，继而通过一、二、三产业的深度融合，把旅游产业做大做强，增加农民就业，促进农民增收，推进农村经济的绿色可持续发展，特别是加快推进文化旅游产业协同发展。在基础设施方面，确保整个旅游的六个要素与整个文化元素相结合，把握住我国大力发展旅游产业的契机，尤其还结合乡村振兴战略，按照"一镇一特色、一地一风情"打造一批旅游村镇，让游客感受六盘山区传统文化，望得见贺兰山、看得见黄河水、记得住塞上江南风情。

截至目前，全国关于文旅协同发展的系统性研究成果十分有限，我区关于本地文旅协同发展的系统性书籍更是同样匮乏，基层工作者和乡村旅游从业者缺少科学有效的理论指南和实践指导。为此，宁夏回族自治区民族艺术研究所（以下简称宁夏民族艺术研究所）专门开展了相关课题研究，组织单位骨干、高校和社科院的专家学者多次奔赴乡村田野进行调研，以全面充实的乡村资料为基础，编撰出版了《乡村振兴战略下宁夏乡村文旅协同发展研究丛书》，这套丛书深层次、全方位地对宁夏在乡村振兴战略引导下发展乡村旅游、依托乡村旅游脱贫致富作了详尽的分析阐述，希望为乡村管理干部及乡村旅游从业者提供科学的理论和实践指导，从而更加科学有效地促进宁夏乡村文旅协同发展，促进人民生活质量的提升。这套丛书内容涵盖了宁夏乡村文化与旅游、宁夏乡村特色文化资源与旅游、宁夏乡风文明建设与旅游、宁夏乡村公共文化服务与旅游、宁夏美丽乡村建设与旅游等，对宁夏的乡村文化和旅游发展进行了细致的梳理，其中还对宁夏的全域旅游、乡村传统文化、旅游发展现状及问题对策、美丽乡村等作了深入的调查研究，是乡村旅游工作者亟须的理论书籍。丛书内容通俗易懂，理论结合实际，图文并茂，并结合案例分析，相信一定能为宁夏乡村旅游发展提供理论指导，推动宁夏乡村旅游业的发展。

在此，感谢参与本书策划、撰稿、编辑出版的各位专家学者，感谢他们为宁夏实施乡村文旅协同发展贡献智慧和力量。

张仁汉

2020年6月

张仁汉，曾任宁夏回族自治区文化和旅游厅副厅长（挂职），现任宁夏广播电视台副台长。

序

　　乡村振兴战略是解决"三农"问题的根本路径。2018年，随着文化和旅游部的组建，宁夏文化和旅游机构改革完成，文旅融合体制机制进一步理顺，文旅融合的推动力度也逐步加大，文旅融合迎来前所未有的机遇与挑战。在此背景下，乡村文旅融合发展进入了崭新的阶段。

　　党的十八大以来，宁夏加快文化和旅游业的发展，率先在全国贫困地区实现了村综合文化服务中心全覆盖，覆盖城乡的五级公共文化服务设施网络基本形成，目前全区乡镇（街道）文化站237个、行政村（社区）综合文化服务中心2783个、农民大院730个，各类民间文艺团队1136支。作为国家第二批全域旅游示范区，宁夏乡村旅游热度持续上升，乡村旅游规模不断扩大，乡村业态逐渐丰富，大众也更加需要有品质、有内涵、有特色、有传统的乡村旅游，需要文化和旅游深度融合。乡村公共文化服务以其基础性、公益性、普惠性等特征，在乡村文化中具有重要的地位和作用。乡村公共文化服务与旅游协同发展，不仅是一项新的课题，而且是文旅融合发展的重要内容，对决胜全面建成小康社会、决战脱贫攻坚，继续建设经济繁荣、民族团结、环境优美、人民富裕的美丽新宁夏具有积极作用。

　　本书主要以宁夏乡村公共文化服务与旅游协同发展为研究对象，涵盖理论和具体实践，系统准确地概述其背景、现状、特征和价值，深入探讨新形势下乡村公共文化服务与旅游协同发展的内容、模式、方向及重大意义，研究市场消费个性化、多样化的新趋势，探索文旅品牌化的发展战略，进一步促进乡村公共文化服务这一文化资源资本化、产业化，实现旅游资源外延扩展、内涵深化和旅游产业升级转型，全方位、多层面、多角度提升文化旅游发展质量，以此着力推动文化旅游业成为经济增长新引擎。

开合起伏，蔚然成风；蓄势待发，铺叙华章。

邹　荣

2020年12月

目　录

第一章　乡村公共文化服务概述

　　乡村公共文化服务以农民为主体，提供多元的文化服务和活动平台，是乡村文化的重要组成部分，也是农民文化权利的实现方式。在全面推进乡村振兴的过程中，乡村公共文化服务发展与旅游协同发展作为其中的板块之一，对保障脱贫攻坚高质量完成、提升乡村基层治理能力、稳固乡村社会发展环境等具有重要作用。为此，乡村公共文化服务与旅游协同发展的研究尤为重要。

第一节　公共文化服务的内涵

　　公共文化服务，是指由政府主导、社会力量参与，以满足公民基本文化需求为主要目的而提供的公共文化设施、文化产品、文化活动以及其他相关服务。政府主导向社会提供公共文化服务，是实现政府职能的重要手段，也是提升民生水平的重要途径。

一、公共文化服务的具体内容

　　在实际运行过程中公共文化服务包含了许多方面，根据我国公共文化服务体系建设的要求，公共文化服务一般包括九个方面。

（一）为确保文化身份和文化遗产传承开展保护活动

通过公共文化服务保护文化遗产是题中应有之义。如国家加强民族语言文字文化产品的供给，加强优秀公共文化产品的民族语言文字译制及其在民族地区的传播，鼓励和扶持民族文化产品的创作生产，支持开展具有民族特色的群众性文化体育活动等，都是公共文化服务的重要组成部分。

为更好保护我国的织造文化艺术，2020年5月11日，江苏省非物质文化遗产保护中心主办的江苏织染绣精品展活动采用线下协同线上的方式展开，其间展出了南京云锦织造技艺、苏州缂丝织造技艺、宋锦织造技艺、苏绣、南通蓝印花布印染技艺、徐州香包等织染绣作品及创意产品近110余件（套），涉及21个非物质文化遗产代表性项目。本次活动采用非物质文化遗产传播与互联网平台深度结合的创新模式，拓宽了非物质文化遗产的传播边界，提升了传播效能，为文化遗产的保护和传播提供了新的思路。

（二）提供公共文化服务的建筑物、场地和设备

公共文化服务的建筑物、场地和设备主要包括图书馆、博物馆、文化馆（站）、美术馆、科技馆、纪念馆、体育场馆、工人文化宫、妇女儿童活动中心、老年活动中心、乡镇（街道）和村（社区）基层综合性文化服务中心、农家（职

海原县三河镇四营村综合文化服务中心（李佐珍／摄）

工）书屋、公共阅报栏（屏）、广播电视播出传输覆盖设施、公共数字文化服务点等。

近年来，我国通过公共文化服务体系建设，不断拓展公共文化服务的建筑、场地和设备网络化、便利化、公平化。上海、北京以及许多二、三线城市积极打造公共文化基础设施建设，推动"家门口""10分钟""零门槛"的社区文化生活圈，希望给更多的群众提供更加优质和丰富的公共文化服务。通过政府主导的区、镇（街道）村居三级设施整合，多数城市形成了覆盖全区的"城乡十分钟文化圈"各类设施和站点。同时，为推动服务网络向基层延伸，还积极推进总分馆制建设，形成化馆为城市总馆—各镇街文体服务中心（分馆）—村（社区）为基层服务点的三级馆服务体系，其中包括图书馆、文化馆等，为当地群众参与文化活动提供了场所，极大便利了当地群众参与公共文化服务建设，保证全民能够共享共建公共文化服务。

海原县三河镇四营村综合文化服务中心（李佐珍／摄）

（三）推进公共文化服务均等化、标准化建设

实现公共文化服务均等化就是要推动有效的制度安排，来补齐短板、兜好底线，补齐短板、兜好底线是基本的立足点。补齐短板就是我们经常说的在基

层公共文化服务体系建设当中还有很多薄弱环节，比如说西部、贫困地区、少数民族地区，一些困难群（团）体的公共文化服务方面还存在很多薄弱环节。兜好底线，是说政府主导的公共文化服务体系建设主要也是保基本，即确保全体公民不论民族、收入和地位差异如何，都能公平获得大致均等的公共文化服务，这也是以人为本、公正平等的价值理念在公共文化领域的体现。

1. 地区的均等化

地区的均等化包括扶助革命老区、民族地区、边疆地区、贫困地区的公共文化服务，促进公共文化服务均衡协调发展；重点增加农村地区图书、报刊、戏曲、电影、广播电视节目、网络信息内容、节庆活动、体育健身活动等公共文化产品供给，促进城乡公共文化服务均等化；创造条件向公众提供免费或者优惠的文艺演出、陈列展览、电影放映、广播电视节目收听收看、阅读服务、艺术培训等。[1] 我国县、乡、村三级覆盖的公共文化服务网络建设，即为解决地区公共文化服务均等化的重要内容。

2. 人群的均等化

以河南省新乡市供给公共文化服务为例，它们的一项重要内容是针对弱势群体开展保障服务。如针对未成年人、老年人、残疾人以及在留守妇女儿童较为集中的农村地区，配备必要的设施，采取多种形式，提供便利可及的公共文化服务等。

在公共文化服务建设中，为了给各类人群提供充分的文化权益保障，河南省新乡市在具体操作中作出了很多努力。一是加强基础文化设施建设。为市、县演艺团体配备了流动舞台车，用于文化下乡演出。在第一级场馆中，新乡市图书馆为少年儿童、盲人等设计了专门的阅览室及相关设备。二是举办特色文化服务活动。每年定期举办"视障者电脑技能大赛"、端午节亲子活动、中小学生走进平原博物院、结对帮扶乡村少年宫等针对特殊群体的公益

---

[1] 冯云. 区域协调发展——对《公共文化服务保障法》老少边贫地区条款的解读 [J]. 图书馆论坛，2017.

活动。重视老年人文化生活，每年开展文化志愿者敬老院慰问、夕阳红文艺表演等活动。重视农民工文化权益，开展了"欢乐中原"文化惠民万场电影送民工、"情暖农民工图书进工地"等公益活动。三是免费开展专业技能培训。针对老年人、少年儿童、农民工子弟举办公益培训班，组织老年舞蹈队、老年人综艺活动、豫剧表演等文艺节目。

除了特殊群体，对于不同收入群体的均等化供给也是公共文化服务的重要目标之一。以艺术演出为例，第十二届中国艺术节坚持"艺术的盛会、人民的节日"办节宗旨，将展演剧目票价分四档，其中低价票超过60%，这一举措更好地实现了不同收入群体的公共文化服务供给均等化建设。

总之，针对弱势群体开展的保障服务是公共文化服务公平性和公益性的体现。各地要积极创造条件，尊重弱势群体公共文化权益，在公共文化服务建设的道路上力争实现"不让一个人掉队"。

（四）公共文化服务的数字化建设

党的十九大报告指出，要"完善公共文化服务体系，深入实施文化惠民工程，丰富群众性文化活动"。《中华人民共和国公共文化服务保障法》提出，要"加强基层公共文化设施的数字化和网络建设，提高数字化和网络服务能力"。当下，推进公共文化服务数字化建设，不仅是满足人民群众精神文化需求的必然选择，而且是健全公共文化服务体系的题中应有之义。[1]

公共文化服务领域的大数据应用，能够有效采集服务对象参与的数据、分析行为特点、揭示内在规律，从而逐步提高公共文化服务的精准度，为日后进一步汇集、分析和运用有关服务、平台、资源、管理、评价等方面的数据打下了良好基础，[2] 也为公共文化服务的转型升级提供了方向和可参考的案例。

在发展中，广东省佛山市禅城区的公共文化服务长期以来存在文化服务

---

[1] 张海涛. 借助数字化提升公共文化服务水平 [J]. 人民论坛，2018，610（29）：136-137.

[2] 贾磊. 公共图书馆与社会阅读力量联动发展实践探索——以"佛山阅读联盟"为例 [J]. 河南图书馆学刊，2018，v.38；No.218（06）：38-40.

不能精准对接群众需求，与群众的美好生活需要存在差距的问题。大数据、移动互联网等信息技术的快速发展为解决这一难题提供了技术支撑。2016年起，禅城区全面推进公共文化大数据服务平台建设，并于2017年上半年上线运行。经过两期建设，禅城区公共文化大数据服务平台已实现公共文化活动发布、场馆预约、节目点播和评价、文化创客空间、公共文化服务大数据分析、公共文化服务精准推荐和匹配等功能模块。该平台以需求为导向，通过文化需求分析、文化节目或活动关注度分析等方式，实现了文化服务的受众细分和服务细分。通过搜集市民对活动的评价和关注度，结合禅城区大数据中心的部分数据，向公众精准推荐公共文化活动，为公共文化服务的预算决策提供依据。禅城区公共文化大数据服务平台上线后，受到了群众的欢迎。[①]

（五）为各类有利于精神文明建设的文化活动提供保障

政府作为公共文化服务建设的主体力量，要主动提供政策支持和物质保障，动员公众参与公共文化服务建设，激发公共文化服务建设活力。为鼓励公民主动参与公共文化服务，对自主开展健康文明的群众性文化体育活动给予资助和扶持。

2019年财政部下达关于《中央补助地方公共文化服务体系建设专项资金预算的通知》，对保障群众参与公共文化服务具有十分重要的意义。具体内容包括：国家公共文化服务体系示范区按照东、中、西部每个分别奖励200万元、400万元、600万元的标准，示范项目每个分别奖励25万元、50万元、75万元的标准核定；流动舞台车按照每台50万元的标准核定；贫困地区村文化活动室设备购置、贫困地区民族自治州所辖县村综合文化服务中心工程广播器材配置按照每村2万元的标准核定；贫困地区戏曲进乡村按照每个乡镇每年配送6场演出、每场演出补助5000元的标准核定；行政村农民体育健身工程按照每村5万元的标准核定。

---

① 刘沫.论地市级图书馆地方文献的数字化建设——以佛山市图书馆为例 [J].科技情报开发与经济，2007，17（17）：15-16.

公共文化服务内容也包括确保公民参与文化创造而组织开展的相关文化活动。例如四川省成立专项艺术基金，用于鼓励大型舞台艺术创作、传播交流推广和青年艺术人才培养等。

（六）为群众提供各项培训服务

以激发创造性、愉悦身心为目的的培训服务也是公共文化服务的重要内容。以广东省茂名市的公共培训服务为例。近五年来，茂名市建立了一支素质较高的群文活动骨干队伍，通过不断加强对全市戏剧、音乐、舞蹈等文艺骨干的培训和选拔，建立茂名市聘业余创作人才库（2018—2020年）等形式。同时，以定点采风、举办公共文化培训班、邀请省内外名家进行活动打磨等多种方式进行培养，调动和发挥活动人才的积极性和创造性，使这些特聘文艺人才成为拉动群众文化活动、激发当地公共文化发展活力和创造力的重要力量。

二、公共文化服务体系的建设内容与意义

公共文化服务体系的建设主要包括两个方面：一是建设公共文化服务网络。以大型公共文化设施为骨干，以社区和乡镇基层文化设施为基础，加强图书馆、博物馆、文化馆、美术馆、电台、电视台等公共文化基础设施建设。建设一批代表国家文化形象的重点文化设施，完善大中城市公共文化设施，在巩固现有图书馆、文化馆的基础上，基本实现乡镇有综合文化站，行政村有文化活动室，在中西部及其他老少边穷等地广人稀地区配备流动文化服务车。二是建设公共文化服务的各项工程。这包括广播电视村村通工程、全国文化信息资源共享工程、社区和乡镇综合文化站工程。①

《中共中央关于构建社会主义和谐社会若干重大问题的决定》提出："加强公益性文化设施建设，鼓励社会力量捐助和兴办公益性文化事业，加快建立覆盖全社会的公共文化服务体系。"目前，我国向社会提供公共文化服务，

---

① 周世豪.现代公共文化服务体系建设中社会力量的作用分析[J].文艺生活·文海艺苑，2019，000（006）：247-248.

主要是通过公共文化服务体系建设这一途径。

公共文化服务体系的建设对国家发展意义重大。首先，它是更好地保障和改善民生的重要举措。发展公共文化服务是实现人民群众基本文化权益的主要途径。当前我国公共文化服务发展水平仍然较低，存在不均衡等现象。因此，需要通过构建起覆盖城乡、便捷高效、保基本、促公平的现代公共文化服务网络，切实保障人民群众的基本文化权益，提高我国民生文化水平。其次，它是全面深化文化体制改革、促进文化事业繁荣发展的必然要求。公益文化事业单位改革是我国文化体制改革的重要组成部分。以构建现代公共文化服务体系为契机，加快推进政府职能转变和完善事业单位法人治理结构，将有力推动文化治理体系和治理能力现代化，为文化事业繁荣发展提供强大动力。最后，公共文化服务体系建设对于弘扬社会主义核心价值观、建设社会主义文化强国意义深远。通过构建现代公共文化服务体系，充分发挥公共文化服务在传递价值理念、"以文化人"中的功能和作用，不断扩大先进文化传播阵地，凝聚发展合力，为实现中华民族伟大复兴的中国梦提供强大精神动力和智力支持。

多年来，我国文化和旅游建设普遍存在"重城市、轻农村"的现象，农村文化经费投入严重不足，乡镇财政力量不足，文化建设欠账多、问题多，城乡文化发展很不平衡。统筹发展乡村公共文化服务，面向基层和社会大众，是加强我国农村现代化建设、实现城乡一体化新发展的重要战略举措，是统筹城乡发展，构建和谐社会的重要任务。

三、公共文化服务政策的历史沿革 ①

（一）公共文化服务政策的肇始阶段

据不完全统计，1978年至2014年间，中央政府及数据再更新部门共出台

---

① 胡税根，李倩. 我国公共文化服务政策发展研究 [J]. 华中师范大学学报（人文社会科学版），2015，54（2）：43-53.

了公共文化服务政策53项，政策种类包括公共文化服务及其产业的发展规划、各类公共文化服务场所及设施建设和管理标准、公共文化服务工程实施方案等。其中，我国最早的公共文化服务政策出台于1982年。此后，我国公共文化服务政策的数量在2001年以后较2001年以前有明显增长，并呈现出阶段性波动式增长的特征，分别在2002年及2013年达到阶段性高峰。

2000年及以前为我国公共文化服务政策的肇始阶段。这一阶段的公共文化服务政策主要着眼于对"文化事业""文化产业"与"文化市场"的相关规定。1982年始，中央陆续出台了《文化部关于省（自治区、市）图书馆工作条例》及《中华人民共和国国民经济和社会发展第六个五年计划（1981—1985）》，为我国最早出台的公共文化服务政策。1987年，文化部、公安部、国家工商行政管理局联合发布《关于改进舞会管理问题的通知》，这标志着文化市场的开放；1988年文化部、国家工商行政管理局联合发布《关于加强文化市场管理工作的通知》，表明中央政府开始重视对文化市场的管理，推动文化市场规范发展。

在公共文化服务政策的肇始阶段，我国非连续性出台了为数不多的关于公共文化服务的政策文件。截至2000年，中央政府相继出台《群众艺术馆、文化馆管理办法》（1992年）、《文化部关于进一步加强农村文化建设的意见》（1998年）、《文化部印发〈关于加强老年文化工作的意见〉的通知》（1999年）、《文化部关于实施西部大开发战略，加强西部文化建设的意见》（2000年）等公共文化服务政策。这些政策主要针对公共文化服务场馆建设及农村地区、西部地区和老年人群体等，对这些地区的公共文化服务提出了相应要求，公共文化服务政策的雏形开始形成。然而，该阶段公共文化服务相关政策辐射面较小，政策的专业性、系统性均较弱。

（二）公共文化服务政策的探索阶段

2001年至2005年为我国公共文化服务政策的探索阶段。2001年，第九届全国人大四次会议表决通过了《中华人民共和国国民经济和社会发展第十个五年计划纲要》，该纲要将文化建设作为精神文明建设的重要部分，开辟专章对"繁荣社会主义文化，提高文化生活质量"进行了全面的规划和部署。这不仅标志着文化事业作为我国国民经济和社会发展重要领域之一的地位和作用得到承认与肯定，而且体现出公共文化服务作为文化事业的重要组成部分已得到充分重视。同年，文化部下发《文化部关于印发〈文化部关于"十五"期间文化建设的若干意见〉和〈文化部关于深化文化事业单位改革的若干意见〉的通知》，对"十五"期间文化建设的要点进行了指导性补充，并指出对提供公共文化产品和服务的公益性文化事业单位进行重点扶持。2001年至2005年间，中央先后出台《中组部、文化部、教育部、民政部、全国老龄工作委员会办公室关于做好老年教育工作的通知》（2001年）、《文化部、教育部关于做好基层文化教育资源共享工作的通知》（2002年）、《公共文化体育设施条例》（2003年）等多项政策。

这在政策层面勾勒了公共文化服务的轮廓，并对公共文化服务的主要方向与重点内容进行了整体把控，从而为公共文化服务体系的提出与初步构建奠定了基础。这一阶段虽把公共文化资源共享作为政策的重点进行推进，但系统的公共文化服务政策体系在此阶段尚未形成。

（三）公共文化服务政策的深化阶段

2006年至今为我国公共文化服务政策的深化阶段。2006年，第十届全国人大四次会议表决通过《中华人民共和国国民经济和社会发展第十一个五年规划纲要》。该纲要进一步将文化建设作为独立的篇章从"社会主义精神文明建设"中单列出来，首次提出了"公共文化建设"这一概念，确定了包括村村通广播电视、农村电影放映、乡镇综合文化站建设、文化信息资源共享、重大文化自然遗产保护、"西新工程"、重大文化设施建设等在内的公共文化建设重点工程，进一步明确了我国"十一五"期间加强社会主义文化建设的具体措施和要求。国务院办公厅相应出台了《国家"十一五"时期文化发展规划纲要》，这是我国第一个在中央层面专门部署文化建设的中长期规划。该规划将公共文化服务从文化中抽出作为单独的部分，针对我国"十一五"期间公共文化服务的发展提出了完善公共文化服务网络、加强农村文化建设、普及文化知识、建立健全文化援助机制、鼓励社会力量捐助和兴办公益性文化事业等方面的要求和任务。

2011年,第十一届全国人大四次会议审议通过了《中华人民共和国国民经济和社会发展第十二个五年规划纲要》。该纲要对文化建设的主要内容进行了扩充,明确指出公共文化属于"十二五"时期基本公共服务范畴,并且为"十二五"期间基本公共服务的重点领域之一。该纲要提出,要大力发展文化事业,增强公共文化产品和服务供给能力,并从基层公共文化服务提供、体育设施免费开放、特殊人群公共文化服务供给、中西部等欠发达地区公共文化服务工程建设等多方面明确了"十二五"期间公共文化服务的发展目标。同时,该纲要在"十一五"规划纲要的基础上,对作为文化事业重点工程之一的公共文化服务体系建设工程做了明确部署,并在"十一五"规划纲要确定的公共文化建设重点工程的基础之上,新增了边疆少数民族地区新闻出版东风工程,以及地市级公共图书馆、文化馆、博物馆规划建设工程。中共十七届六中全会的召开强有力地推动了公共文化服务政策体系的发展,会议通过的《中共中央关于深化文化体制改革推动社会主义文化大发展大繁荣若干重大问题的决定》强调,要大力发展公益性文化事业、保障人民基本文化权益,建设文化人才队伍,加强文化基础设施建设,完善公共文化服务网络,构建公共文化服务体系。

2012年,中共中央办公厅、国务院办公厅共同印发《国家"十二五"时期文化改革发展规划纲要》,指出要加快构建公共文化服务体系、加强公共文化产品和服务供给、加快城乡文化一体化发展、广泛开展群众性文化活动,按照公益性、基本性、均等性和便利性的要求,以保障人民群众看电视、听广播、读书看报、进行公共文化鉴赏、参与公共文化活动等基本文化权益为主要内容,完善覆盖城乡、结构合理、功能健全、实用高效的公共文化服务体系。党的十八大以来,以习近平同志为核心的党中央将加快构建现代公共文化服务体系纳入全面深化改革的全局。党的十八届三中全会结合新的形势和时代特征,提出了构建"现代公共文化服务体系"的要求。党的十八届四中全会明确提出"制定公共文化服务保障法，促进基本公共文化服务标准化、均等化"。党的十八届五中全会则站在"四个全面"战略布局和"五位一体"总体布局的高度，按照"创新、协调、绿色、开放、共享"的发展理念，将"2020年公共文化服务体系基本建成"的目标纳入"十三五"规划。2015年年初，中办、国办印发《关于加快构建现代公共文化服务体系的意见》，对构建现代公共文化服务体系作出了全面部署。党的十九大把推动社会主义文化繁荣兴盛作为一项重要目标任务，并且特别提出"完善公共文化服务体系，深入实施文化惠民工程，丰富群众性文化活动"，进一步明确了公共文化服务体系建设的主攻方向和基本遵循。2017年《中华人民共和国公共文化服务保障法》的实施，对公共文化设施建设与管理、公共文化服务提供、保障措施、法律责任等分别做了详细规定。这一法律的出台，弥补了我国文化立法的短板，进一步完善了我国文化法律体系，对推进公共文化服务的法治化规范化具有重要意义。同时，也将有力促进基本公共文化服务标准化、均等化，提升服务效能，切实保障人民群众的基本文化权益。

这一阶段，中央全方位制定了大量公共文化服务政策，包括纲领性的公共文化服务发展规划、针对具体公共文化服务工程的规划与标准以及公共文化服务场馆或设施的管理制度等。该阶段的公共文化服务政策种类齐全、覆盖面广、层次明晰、实际操作性强，为公共文化服务发展提供了制度支持。但总体而言，这一阶段的公共文化服务政策的质量和效果缺乏评估，政策目标聚焦于基本公共文化服务和已有的公共文化服务工程，层次亦未随着时间的进展而得到较为明显的提升。因此，公共文化服务政策体系的完善仍需一个更为完整且连贯的发展思路。当前我国公共文化服务政策还需要向公共文化的各个领域延伸，相关公共文化服务政策也需要得到持续的落实，相关法律的丰富和完善也应得到重视。

第二节 乡村公共文化服务建设的特点

在全国公共文化服务体系建设的总体推动下，全国的公共文化服务都具备很大的相似性。例如在公共文化服务均等化、标准化建设等方面，全国城市和乡村都具有一定的标准，显示出一些共性。乡村公共文化服务是公共文化服务的延伸，是以保障农民基本文化权益和满足农民基本文化需求为主要目标，以提供便捷性、公益性、多样性的文化产品和文化服务为主要内容，以政府为主导力量，社会力量广泛参与，以公共财政为主要支撑手段的公共产品供给体系。农村公共文化服务同样具备一般公共文化服务的基本特征，但因农村地区以及农民主体存在的特殊性，因此在政策安排方面需要有所调整。因此，综合我国公共文化服务的重要特点，乡村公共文化服务建设的发展特征主要表现在以下五个方面。

一、着重强调公共文化服务的公平原则

公共文化服务的基本特征决定了其社会公平特征，让公民能无差别的享受公共文化服务是乡村建设公共文化服务过程中着重强调的内容。其中，公平原则主要包括了公共文化服务的对象和资源配置的公平性。

例如，在服务对象上，我国的公共文化服务体系建设一直强调文化惠民工程的建设。要求不断整合公共文化资源，针对城乡基层和贫困地区服务和资源缺口，集中实施相应的公共文化服务项目；要求做好特殊群体公共文化服务，市以上图书馆设置盲人阅读区、配备盲文阅读设备和文献，各县（区）文化馆设立少儿艺术培训室、图书馆设立少儿阅览区，县级以上文化馆组织开展各类面向特殊群体的文体活动和专题文化培训等。

针对乡村人群复杂的现状和照顾弱势群体的特殊需求，我国在减少乡村

公共文化服务数字鸿沟的问题上也作出了许多努力。2018年云南省启动的公共文化服务云平台"文化云南云"项目就是彰显和推动乡村公共文化服务公平性的典型案例。该项目通过云平台汇集全省文化精品创作工程、现代公共文化服务体系、中华优秀传统文化传承体系、现代文化产业体系和对外文化交流体系等文化信息资源，通过手机终端向人民群众提供在线文化服务，打通公共文化服务"最后一公里"，努力缩小城乡、区域、群体之间的公共文化服务差距和数字鸿沟，促进公共文化资源配置向城乡基层，特别是少数民族地区和贫困地区倾斜，实现公共文化服务均等化。

不同于公平分配，免费也是公平的重要体现。因此，在公共文化服务的消费上还要尽可能做到公益性，特别是要尽可能实现公共文化基础设施的免费性。2020年广东省中山市南区推出打造"文化、公益、便民"三项服务协同的文化引领型社区项目。其中，"全民公益"是该项目强调的社会治理理念，同时也是公共文化服务公益性、公平性特征的彰显。中山市南区以"全民公益"为特色，探索出"党建引领、政府主导、公益先行，共建共享共融社会工作新高地"的路径，积极引进专业社会组织，为社区居民提供公益文化服务，并主动搭建社会组织孵化平台，进一步提升社会服务水平。其间，中山市南区以良都全民公益园为阵地，积极开展"博爱100"、"三社"联动、社区文化、公益路演等创投活动，以项目寻找资源对接的方式，有针对性地引入公益服务项目，进一步拓展了社区服务参与维度。同时，大力引进公益名牌，激发社工服务新动力。加强公共文化资源集约管理，积极推进自助图书馆建设管理。

二、努力推动公共文化服务便捷性建设

公共数字文化是信息化、网络化环境下文化建设的新平台、新阵地，具有内容海量、辐射面广、传输速度快、服务便捷等难以替代的优势。近年来，中央适应国内外形势变化和人民群众不断增长的精神文化需求，将信息技术、数字技术、网络技术等现代科学技术和传播手段应用于公共文化服务体系建设，谋划实施了全国文化信息资源共享工程、数字图书馆推广工程、公共电子阅览室建设计划、广播电视"村村通"工程等一系列重大公共数字文化建设项目，探索建立覆盖城乡的公共数字文化服务网络，对保障人民群众基本文化权益发挥了重要作用。

数字化建设对乡村的公共文化服务建设至关重要。以往，乡村往往由于地处偏远，许多书籍、服务很难直接聚焦乡村，提供相应的优质服务。随着物质的丰富和发展，乡村地区人民群众的精神文化需求正在飞速增长。为此，公共数字文化平台建设、资源建设、服务推广等各个环节成为推动乡村公共文化服务便捷性的关键内容。

目前，"数字化""云平台"成为或者已然成为各地积极探索公共文化服务提供的首选模式。其对于缩小区域、群体之间的公共文化服务差距，让公民无差别享受公共文化服务，充分实现公共文化服务的公平性产生了十分重要的影响。另外，线上的公共文化服务平台，使公众足不出户就可以进行充分的文化选择、掌握公共文化动态，极大地提升了便捷性。对于乡村用户而言，便捷的数字网络建设，极大地提升了他们的文化活动参与性和文化数据可得性，也更好地保存了当地的文化遗产，提升了乡村文化自信。

上海市静安区建设"智"文化服务平台，极大地提升了服务效能，提高了公共文化服务的便捷性。2018年上海市静安区推出"智"文化服务平台微信端微网站，采取精简、明确的形式。同时，在网站推出"场馆预约""抢票预约""文化日历""在线培训""团队空间""我型我秀""在线投票""个人中心""积分商城"等九大功能。其中，"场馆预约"更是涉及三个区级场馆和12个街镇社区文化活动中心的26个活动室，市民可根据场馆相关介绍及开放时间自主预约，极大便利了市民参与场馆活动。"智"文化服务平台的上线，不仅使市民可以掌握静安区公共文化活动资讯，进行活动预约、场馆预订等，而且可以享受无缝切换的"直通车"服务，同时也打通了区级之间、区镇两级各文化单位的行政壁垒，集成式提供公共文化服务，实现了全区公共文化服务资源整合优化，服务统一发布，大大提升了市民参与公共文化的便捷性与舒适度。

值得注意的是，在乡村发展中，公共文化服务建设的便捷性建设更为具体，主要包括三个方面。

（一）推进公共文化机构数字化建设，建立网上"三馆"

某种意义上讲，较为理想的乡村公共文化服务建设要求100%建有网站。"三馆"包括建立网上图书馆、建立网上博物馆、建立网上文化馆。其中，图书馆网站应有信息发布、文献检索、数字文献阅览、视频阅览、读者服务、信息咨询等功能；博物馆网站应有资讯、展示、典藏、活动、服务等功能；文化馆网站应有信息发布、艺术欣赏、网上培训、活动开展、咨询指导等功能。

（二）建设地方特色数字资源库

打造地方特色数字资源库，旨在利用现代科技手段，将各地文化特色集中展示，有助于大家全面、深入了解乡土文化。地方特色数字资源库采用文字、音频、图画、动画、视频等多种媒体，并加入多种特效，综合表现展厅和展品的内容主题，具有强烈的视觉冲击效果。在虚拟环境中，观众可以根据自己的喜好，在不受时间、地点、次数限制的前提下，对博物馆展出展品进行形象、直观地了解。对于乡村而言，富有地方特色的数字资源库能够为乡村提供长期、稳定的高质量公共文化服务，且具有一定规模、便于检索。目前，一般的标准是，市级图书馆可用数字资源不低于20TB，县级图书馆可用数字资源不低于2TB。

（三）提升基层数字服务能力

基层数字服务能力主要包括两个方面：一是乡镇（街道）综合文化站数字服务能力提升，二是村（社区）综合文化服务中心数字服务能力提升。提升基层数字服务能力的主要目的是各县（区）人民政府配备数字文化设施，具备数字文化服务能力，保障无线网络覆盖，数字服务项目健全。基层群众可以通过固定上网终端、网络电视、手机等多种方式使用文化共享工程数字服务产品，以及"三馆"数字服务资源。

三、不断推进乡村公共文化服务的供给多样性

公共文化服务的多样性指的是公共文化产品和服务的多样性，同时也指提供服务方式的多元化，以满足不同群体的文化需求，还要兼顾不同的文化类别，特别是在多元化的民族聚集区，多样性的服务和产品供给必不可少。

在多样性服务方面，许多地方已经提供了非常值得学习的范例。近年来，浙江嘉善县设立"文化庭院"，推出设定"3+X"项目模式，不断丰富公共文化产品供给。一是由村（社区）文化员定期指定两户以上农户编排文艺节目、进行才艺展示等，激活民间骨干力量，充分发挥基层文艺爱好者作用，创作群众爱看、爱参与的小型文艺节目，开展群众参与性、互动性较强的边学边比活动。二是设定以县、镇、村（社区）党员干部和普通农户三级联动的固定活动和若干主题活动。在三级联动活动中，县级党员干部以走基层宣讲为主要形式，通过所在村大学生村官的组织策划，定期搜集群众感兴趣的问题，有针对性地加以分类梳理，根据公共文化服务平台提供的"县形势政策宣讲团""百姓课堂宣讲团""文化礼堂百姓讲师团"等菜单，邀请讲师团成员以问答式、座谈式进行宣讲。三是镇村党员干部以"走亲连心"为主要内容，在庭院活动中开展民情民意调查，记下民情日记，准确掌握一手资料，零距离访民情、听民意，掌握实情，并形成意见反映、问题办理的双向服务机制。四是"X"，即结合县情形势和传统节日，设定主题，推出文化礼堂派送等一批"微节目"。理论宣传普及、文化惠民普及、乡风文明在"大礼堂"与"小庭院"间形成联动效应。该模式的设立与推出，不仅使当地公共文化产品供给呈现出多元化，而且因党员干部、大学生村官的积极参与使得提供公共文化产品的主体、公共文化服务呈现出多元化。

四、注重公共文化服务的社会化建设

2013年11月，党的十八届三中全会通过的《中共中央关于全面深化改革若干重大问题的决定》（以下简称《决定》），在构建现代公共文化服务体系中提出，要"引入竞争机制，推动公共文化服务社会化发展。鼓励社会力量、

社会资本参与公共文化服务体系建设，培育文化非营利组织。"随着学界和政府实践对公共文化服务社会化建设认识的不断加深，公共文化服务的社会化建设程度也在不断加深，其中主要包括五个方面的重点建设。

第一，建立健全政府向社会力量购买公共文化服务机制。贯彻落实国务院办公厅转发文化部等四部委《关于做好政府向社会力量购买公共文化服务工作的意见》，确定具体的购买项目和内容，并及时向社会公布。将政府购买公共文化服务资金纳入本地财政预算，促进公共文化服务提供主体和提供方式多元化。

第二，鼓励社会力量参与提供公共文化服务。鼓励和支持社会力量通过兴办实体、资助项目、赞助活动、提供设施、捐赠产品等方式参与提供公共文化服务。山东省东营市在完善基层综合性文化服务中心的同时，创造性地配套建设了乡村剧场，在基层公共文化服务体系建设上探索形成了一条新的路径，取得了显著的社会效益。在这一过程中，东营市明确县区是乡村剧场建设的责任主体，采取"财政支持一点、项目安排一点、社会筹措一点"的办法解决建设资金不足问题。东营市财政按照每建成一处乡村剧场、数字文化广场补助3万元的标准对县区进行补贴奖励。采取PPP建设模式积极吸引社会资金，东营市广电网络公司投入500万元对具备条件的文化广场免费安装数字设施设备，县区以政府购买服务的方式分期支付Wi-Fi使用费用，并采取委托管理的方式，将广场数字化设施设备的日常运行管理维护委托给公司负责，形成了多部门协调机制。同时宣传文化部门负责研究制定建设规划和建设标准。为保证建设成效，东营市把乡村剧场、文化广场建设纳入各县区年度目标责任制考核和公共文化服务体系建设考核，并建立了督导检查和责任追究制度，确保建设工作责任到位、投入到位等。

东营市采取在公共文化服务提供和群众基本权益方面基本采取政府或乡镇党委负责人牵头，动员社会力量参与的模式，充分整合资源、充分调动力量，保障了公民的基本文化权益，满足了公众对于公共文化的需求。

第三，发展文化志愿服务。政府有关部门对公共文化志愿服务给予必要的指导和支持，建立管理评价、教育培训和激励保障机制。公共文化机构建立文化志愿者注册招募、服务记录、保障等机制，组织开展文化志愿服务活动。

第四，培育和促进文化消费。对接文化消费城市试点工作方案，促进文化消费。完善公益性演出补贴制度。通过票价补贴、剧场运营补贴等方式，支持艺术表演团体提供公益性演出。鼓励在商业演出和电影放映中安排低价场次或门票。贯彻落实文化部等四部委《关于推动文化文物单位文化创意产品开发的若干意见》，加大文化创意产品开发力度。

第五，培育和发展公共文化服务领域的社会组织。实施群众文化团队扶持项目，形成群众文化团队建设运行长效机制，建立群众文化活动交流平台，推动公共文化服务社会化、专业化发展。

五、不断完善公共文化服务体制机制建设

党的十九大报告指出，"要深化文化体制改革，完善文化管理体制""完善公共文化服务体系"。如何转变政府职能、推动公共文化服务社会化发展、满足人民群众日益增长的美好生活需要，这是公共文化服务建设的重要问题之一。总体来看，我国公共文化服务建设体制机制的确立包括以下几个层面。

首先，要完善党委领导、政府管理、部门协同、权责明确、统筹推进的公共文化服务体系建设工作机制，加强对公共文化服务的统筹。建立由党政主要领导牵头、相关职能部门参与的国家公共文化服务体系示范区建设的协调机制，加强对各类重大文化项目的统筹实施，提升综合效益。

浙江嘉善县建立的三项活动机制是不断完善公共文化服务体制的一项示范。其中三项重点内容：一是建立院长负责制度。选择村内文化带头人、宣讲带头人、创业致富带头人等有影响力、有组织力的农户作为庭院院长，村（社区）文化负责人和院长共同负责日常庭院活动的组织联络，定期策划活动，召集周边农户、主持活动。二是建立干部联系制度。结合基层干部住夜值班制度，每户庭院均设有镇干部指导员、村干部联系员和文化礼堂联系制。定

期派送文化礼堂及镇村的文化活动入院，定期评选推送出一批优秀节目进入文化礼堂巡回展演。三是建立院企结对制度。镇内企业以村为单位与相关庭院进行结对，通过庭院优秀作品走进企业展演，企业积极助推庭院创建，每年提供结对经费等互动形式，推动活动的长效开展。该制度对于保障公共文化服务的长期提供和有效运转、极大满足广大人民群众的基本需求具有重大意义。

其次，完善公共文化机构管理运行机制。市级和有条件的县级公共图书馆、文化馆、博物馆等要建立法人治理结构，建立公共文化设施资产统计报告制度和公共文化服务开展情况年报制度。建立健全安全管理制度，开展公共文化设施及公众活动的安全评价。

最后，建立以效能为导向的多元评价机制。把公共文化服务绩效考核结果纳入各级领导班子和党政领导干部绩效考核体系，并加大分值比重。建立公众参与的公共文化服务考核评价制度，将考核评价结果作为补贴或奖励考核对象的重要依据。建立公众参与的公共文化设施使用效能考核评价制度，根据评价结果改进工作。对重大文化项目资金使用、实施效果、服务效能等方面实行监督和评估。研究制定公众满意度指标，建立群众评价和反馈机制。引进第三方机构，对公共文化服务的建设、管理、运行、效能进行独立评价。

第三节　乡村公共文化服务与旅游协同发展的背景

旅游业在扶贫、教育、就业等领域发挥了重要作用，通过在农家乐、民宿、景区、历史文化街区、美丽乡村建设、在线旅游平台的投资与运营，旅游业有效带动了农民致富和乡村振兴。改革开放40多年来，中国已经发展为旅游大国。[①]2018年，我国共接待入境旅游者1.39亿人次，国内旅游者50亿人次，全国旅游总收入5.4万亿元，全国旅游直接就业2825万人，旅游直接和间接就业8000万人，对社会就业综合贡献达10.28%。随着研学旅行、科技旅游、休闲旅游、养老旅游、定制旅游等新需求的提出，旅游产业发展的空间更加广阔。随着政府在旅游和文化公共服务领域投资的扩大，公共博物馆的免费开放，高速公路节假日免费通行等举措，也让旅游产业的发展环境更加优化。

在旅游行业不断增长，不断带动乡村发展的背景下，推动公共文化服务与旅游业协同发展，是促进乡村发展，完成产业帮扶＋全域旅游创新旅游行业精准扶贫模式，使乡村转向高质量发展的重要途径。总体来看，公共文化服务与旅游优势互补、密不可分。一方面，旅游为公共文化服务的资源拓展与内容创新提供了新的途径，以产业的形式加快了公共文化传播，以社会化运营方式优化了公共文化服务体系建设；另一方面，公共文化服务拓宽了旅游的文化内涵，公共文化服务的网络建设、服务内容都逐渐成为旅游发展的重要动力。因此，从文旅资源、资金、人力等各方面来看，公共文化服务的使用资源与文旅产业的发展资源能够实现较大程度的共享共建。

公共文化服务与旅游建设是一个相辅相成、互为依托的过程。公共文化服务体系建设中的图书馆、博物馆、文化馆都正在逐渐成为旅游的重要依托，成为区域发展新的增长点。同时，旅游产业项目中的新产品、新技术以及各类宣传活动，极大丰富了公共文化服务的供给能力，扩大了受众范围，丰富了公共文化服务的整体内涵。因此，公共文化服务与旅游协同发展是乡村发展的重要支撑和动力，二者可以起到互为补充的作用，主要体现在以下几个方面。

一、促使旅游高质量带动乡村发展

2018年注定是载入文化和旅游业历史史册的一年。这一年，两个和人

---

① 雒树刚. 改革开放40年 中国从旅游资源大国发展为旅游大国 [EB/OL]http：//www.toptour.cn/tabid/2019/infold/263105/frtid/2006/Default.aspx

吴忠市红寺堡区新庄集乡西川村旅游超市（展帆/摄）

民幸福生活息息相关的行业高度协同，步入新时代。文化和旅游的新任务、新课题是在中国经济增长向消费主导型转变中，要着力解决好文旅中不平衡不充分的问题，持续提高服务供给的质量和效益，满足人们对美好生活的向往。[①]

文化正成为国家核心竞争力的主要因素，旅游则是人民群众的生活方式，文化是灵魂，旅游是载体，用文化的旅游发展，用旅游的方式传播文化，已经成为行业共识。以旅游为载体和平台，开展文化交流活动，不仅可以促进文化旅游产业的发展，而且推动着中国文化不断传播。利用乡村公共文化服务设施、服务内容能够极大带动旅游发展，从而提升乡村发展的质量。

早在2011年，广州广之旅国际旅行社推出了最美乡村系列产品，成功打造一系列具有独具特色的旅游产品。2018年7月，广东省政府出台了《广东省

---

① 戴斌. 开创文化和旅游协同发展新时代 [J]. 新经济导刊，2018，No.265（06）：51-56.

全域旅游发展实施方案》，提出打造"粤美乡村"旅游品牌，围绕"上山下海·广东人游乡村"大主题，重新对省内外乡村旅游目的地进行精准定位、线路规划和研发产品。"粤美乡村"一经推出即成为最热门的短线旅游产品之一，拉动乡村旅游线路销售同比增长3倍，居周边短线旅游销售榜首。在发展中，公关文化服务与旅游的协同发展对"粤美乡村"也有极大的带动作用。正是因为与公共文化服务紧密贴合，"粤美乡村"也才得以顺利发展，从而带动乡村高质量发展。总体而言，其带动方式有两个重点。

1.巧用公共文化服务体系建设，带动沿线乡村文旅发展

在广东省的相关开发中，格外注重民俗开发、民族生活形态的保护。通过借力公共文化服务留下的文化遗产建设工程，岭南旅游业深耕广东乡村旅游，将旅游产品开发与民俗文化相结合，尊重原住村民生活形态，活化历史人文素材，在粤西依托龙山、千层峰景区，把旅游线路延伸到封川古城、状元故里。在粤北，位于世界过山瑶之乡的乳源蓝山源岭南东方温泉酒店已经开业，在连州遵循环保优先原则，活化历史人文素材，实施的双精准扶贫办水村古民宅改造项目也投入市场。

2.利用公共文化服务建设的"粤菜师傅"培训活动，搞活产业发展

产业帮扶带动乡村振兴是广东省部分地区公共文化服务过程中的一项重点工程。岭南集团联合广东省旅游局，率先推出粤菜走进美丽乡村的系列活动，在肇庆设立了首个粤菜师傅定点培训基地，培训乡村厨师近百名；在阳江海岭岛启动万名游客进海陵，给阳光乡村厨师们带去粤菜师傅走进美丽乡村的课堂培训和以阳江名优食材为主的海岛菜单等丰富内容。习近平总书记视察广东时提及乡村振兴工程，两次肯定了"粤菜师傅"工程。

二、依托旅游产业提升公共文化服务效能

发达国家和地区公共文化服务与旅游业密不可分。通过文化和旅游的协同发展，逐步形成了公共文化服务与旅游相辅相成，相互促进的发展格局。同时，在乡村文旅协同发展的趋势下，构建适应大众旅游时代的公共文化服

务体系，培育主客共享的公共文化空间，促进文化消费，已经成为公共文化服务体系建设的题中应有之义。目前，全国有许多通过促进公益性文化事业单位与旅游协同发展，提升公共文化服务体系建设效能的成功案例。

一是依托旅游商业活动提升公共文化服务的效能。公共文化服务多数依托静态的场馆，例如图书馆、博物馆等。在国外，公共文化场馆由于其自身的学术价值、知识价值、历史价值而成为公共文化服务传播媒介与城市文化的象征，如法国的卢浮宫、英国的英国国家博物馆等。但是，静态的服务往往难以被更多的人群所注意，其单独的文化体系价值传播效力十分有限。为进一步增强自身影响力，许多城市选择借力电影节、音乐节、时装节、运动会等，提升城市的文化吸引力。例如纽约市每年依托公共文化场馆举办商业文化活动4万场以上，这些文化活动效果显著，不仅提高了公共文化服务的影响力，而且激发了文化旅游产业活力。据统计，这类公共文化服务场所的商业活动占纽约市第三产业的40%以上。

二是通过旅游集聚培育公共文化服务品牌。国外许多不知名的城镇借助旅游资源的整合，以"无中生有"的方式建立了特色文化品牌，并为游客和居民提供网络化、特色化的优质文化服务。其品牌塑造有两个途径值得重视。

第一，发展全域旅游，重视文旅集聚效应。不少国家都有意识地进行文化旅游的区域整合，以地理环境、交通条件、文化资源等为出发点发展全域旅游。这不仅构建了文化旅游的地理性集聚和协作性网络关系，而且实现了区域内的公共文化服务全域优化、全域配套、全域覆盖、全域联动以及全民共享。比如闻名世界的法国普罗旺斯就通过64个小镇的整合发展，以薰衣草为主打品牌，吸引了大量游客。其所得收入大部分被用来保护当地的古堡建筑等文化遗产，并每年为当地居民及游客提供各类文化服务。

第二，开发精品文化旅游线路，打造文化旅游品牌。文化品牌有利于长期保护当地文化价值，丰富公共文化服务内容。其中，文化旅游线路是打造文化品牌、提高民众和游客对文化遗产认识的重要方式。比如西班牙推出圣地亚哥之路、白银之路、唐吉坷德之路等文化旅游线路，意大利组织"意大利魔幻之旅"等，都是以此提升整体文化品牌形象及公共文化认同程度的重要举措。

大量实践表明，公共文化服务与旅游已成为一个相辅相成、相互促进的共同体。一方面，公共文化服务成为旅游转型升级的重要支撑，不断为其注入新生力量和文化内涵；另一方面，旅游通过业态协同、品牌推广等，不断为公共文化服务的发展提供新的机遇。总体而言，通过公共文化服务提升旅游公共服务[①]水平，通过发展旅游业丰富公共文化服务内容，兼备理论和实践基础。

三、更好利用公共文化服务资源，推动乡村发展

公共文化资源是公共文化服务体系的有机组成部分，也是建设现代化公

吴忠市红寺堡区新庄集乡西川村综合文化服务中心（展帆/摄）

---

① 旅游公共服务指的是政府和其他社会组织、经济组织为满足游客的公共需求所提供的基础性、公益性的旅游产品与服务，它强调基础性和公益性的特征。

共文化服务体系的重要内容。通过对于公共文化资源的整合，有利于完善公共文化基础设施建设、充实公共文化内容、提高公共文化服务效能、建立起公共文化长效投入机制，并在此基础上推动乡村文化旅游发展。乡村文旅协同发展主要利用两个方面的资源整合。

一是基层综合性文化服务中心和乡村旅游服务中心协同的资源整合。乡村旅游的迅速发展，对于管理模式及机制提出了新的要求。在这一环境下，乡村旅游服务中心在不少地区应运而生。然而，在中西部经济欠发达地区，乡村旅游服务中心的建设仍然存在一定的困难，比如经费预算不足、用地紧张、人员不足、规划困难等问题。将基层公共文化服务中心和乡村旅游服务中心协同为其提供了一个行之有效的方式。对于乡村旅游服务中心来说，不需要另起炉灶就会为该机构和场所增加文化含量；对于基层文化服务中心而言，借助旅游的人流量和相关活动，改变了以往不开门的隔绝状态。设施、资金、人员、组织体系和服务的全面协同，两类服务机构的全面整合，无论是对于乡村旅游服务中心同基层综合性文化服务中心，还是整个乡村文旅协同发展新局面的开创都具有重大意义。①

二是乡村文化场馆、非遗传习场所与研学旅行相结合。目前，研学旅行是我国大力倡导和推崇的素质教育、通识教育的重要内容。据统计，截至2018年，国内研学人数达到400多万，需求旺盛、市场广阔、内容丰富、产品多样成为当前研学旅行的现状，其中文化研学游是重要的组成部分。依托乡村优秀文化传统及文化资源，利用公共文化服务设施建设研学游基地，是发展文化研学游的重要方式。就乡村地区而言，加快乡村文化场馆，如乡村文化馆、美术馆等场馆以及非遗场所的资源整合，使其与书本知识，爱国爱家、文化自信等信念和意识的培养紧密结合，从而有力推动乡村公共文化服务同旅游服务紧密结合。

三是开发了公益性文化单位的旅游功能。国外公益性文化单位对旅游业

---

① 李国新，李阳 . 文化和旅游公共服务协同发展的思考 [J]. 图书馆杂志，2019（10）.

的促进作用十分显著。例如，西班牙毕尔巴鄂市通过公共文化设施（如古根海姆博物馆等）和公共空间（如广场、休闲场所等）的建设，完成了从一个铁器生产为主的工业城市到休闲观光城市的转型，成为欧洲最有活力的城市之一。卢浮宫、巴黎博物馆等，都在当地的城市经济发展中发挥了重要作用。利物浦市因拥有整体仓储建筑和设施，被列为英国最高级别的工业建筑文化遗产，后来被规划为历史文化保护区。通过吸纳私人资金引入"甲壳虫乐队故事"纪念馆、泰特利物浦美术馆等，都使利物浦市逐渐成为英国知名的文化旅游目的地。[①]

四是公共文化服务资源的创意旅游产品转化。公共文化服务为旅游注入更多文化元素，实现了旅游的创意转型。例如，英国国家博物馆的衍生产品商店，通过对馆藏文物进行创意开发，形成了复制品、装饰品、明信片、日历、珠宝、服装、生活用品、布偶玩具、食品等一系列文创产品。再如，文物保护和建筑设计专业人员通过30年的修复、保护和开发，将英国都铎王朝时期的玛丽·露斯号军舰打造为玛丽·露斯博物馆。通过文化遗产与博物馆的结合，发展博物馆旅游，吸引了上百万人次的游客。这些案例都表明公共文化服务有助于丰富旅游的文化内涵，提升旅游自身的吸引力。

四、重塑乡村空间，打造多方利益主体联合机制

农村公共文化服务体系本质上就是一种公共文化空间的构建过程。要提供内容丰富、质量优良的符合群众偏好的公共文化活动或公共文化产品并使其融入乡村旅游，必须打造传统与现代相结合、多方利益主体联合的新型公共文化空间。公共文化服务机构通过将承载着村落悠久的文化传统、历史记忆和乡愁情感，体现乡村独特文化符号标识的传统公共文化空间与乡村文化站、农村书屋等现代传统公共文化空间相结合，整合公共文化资源，打造文

---

① 董一平，侯斌超. 英国工业建筑遗产保护与城市再生的语境转换——以阿尔伯特船坞地区为例 [J]. 城市建筑，2012（8）.

化旅游品牌。与此同时，公共文化服务机构动员市场力量广泛参与，培养农民主体意识，培育民间文化社团，形成政府力量与市场力量、民间力量共建共治共享的公共文化空间，打造"政府＋公司（企业）＋农户（农民）"的乡村旅游运行模式，走传承保护民族文化、带动乡村文化旅游、增加农民收入的"有文化、有情怀、有方向"的乡村文旅协同发展之路。

与公共文化服务相比，旅游公共服务在旅游中往往容易受到忽视。旅游公共服务涉及旅游基础设施、旅游公共信息服务、文化传播体系建设、旅游惠民便民服务等多个方面，是旅游建设不可忽视的一环。建设住客共享的文化和旅游公共服务体系，使公共文化服务同时能够满足旅游的公共服务需求成为现实。优质高效的公共文化服务，不仅能够满足本地群众的基本文化需求，而且可以为游客体验异地文化提供重要载体。部分旅游公共设施也具备为本地居民提供服务的可能，如博物馆、美术馆、科技馆、纪念馆、剧院、图书馆、文化馆（站）等公共文化设施可为旅游所用。苏州、杭州等地的旅游咨询中心不仅为旅游者提供服务，而且为本地居民提供相应的社会服务和出游咨询服务。一些城市推出的市民卡或便民卡，兼具旅游功能，而原本为本地居民服务的项目，如公共自行车租赁，也开始向旅游者开放和共享。

总之，在公共文化服务和旅游协同发展的背景下，公共文化服务与旅游服务能够实现极大程度的共享共建，从而推动乡村地区空间质量的提升。城市书房、特色图书馆以及流动公共文化服务设施进旅游景区、旅游度假区；推动文化志愿服务进旅游景区、旅游度假区；将农家书屋等农村文化公共服务设施与乡村旅游公共服务设施整合等协同内容，都能够促进文化和旅游的公共服务体系互惠共赢，从而打造一个既能够为游客服务，又能为广大居民服务的双赢空间。

目前，在地域空间上，广大中西部地区和乡村正成为旅游投资和产业发展的主战场，"一带一路"、京津冀协同发展、长江经济带、粤港澳大湾区等国家部署极大拓展了旅游产业的空间，分享住宿、共享交通、人工智能和大数据等新科技、新业态和新模式正改变着旅游业的既有发展方式和产业格局。

挖掘和运用优秀的文化来提高产品和服务的品位，从源头上构建旅游产业的品质基础，乡村才能够根据自身的资源、能力和文化取向加强产业链的生态系统建设，实施空间上的集群化发展、组织内部的资源整合和协同发展。

第四节　乡村公共文化服务与旅游协同发展的政策支撑

近年来，党和国家一直致力于推进文化和旅游协同发展。在乡村文旅协同发展方面，推出了许多相关政策。事实上，无论从乡村旅游产业发展政策、公共文化服务政策还是从国家层面的相关政策来看，我们能够发现，在乡村的高质量发展中，公共文化服务早已与旅游融为一体，成为相辅相成，不可分割的整体。

一、国家层面推动乡村文旅协同发展的相关政策及要求

早在2009年，由原国家部、旅游局联合发文的《关于促进文化与旅游结合发展的指导意见》（以下简称《意见》）中就明确指出："文化是旅游的灵魂，旅游是文化的重要载体。"督促各地采取措施加强乡村文旅协同。《意见》明确指出，"加强文化和旅游的深度结合，有助于推进文化体制改革，加快文化产业发展，促进旅游产业转型升级，满足人民群众的消费需求。"这是我国政府出台的第一份关于促进文化产业与旅游产业协同发展的政策性文件，所提出的打造旅游品牌、开发旅游产品等举措对于当今文化和旅游协同发展仍然具有指导意义。

党的十八大以来，中央和有关部委更加重视文化和旅游协同发展，对文化和旅游协同发展作出了一系列重要指示和部署。2014年，《关于推进文化创意和设计服务与相关产业协同发展的若干意见》发布，强调以旅游扩大文化的传播和消费。2017年，国家发改委等发布的《"十三五"时期文化旅游提升工程实施方案》提出，要发挥文化旅游在促进地方经济转型升级中的作用。

近年来，党中央、国务院和有关职能部门先后发布了《关于促进旅游演艺发展的指导意见》《中共中央国务院关于实施乡村振兴战略的意见》《国务院办公厅关于促进全域旅游发展的指导意见》《国务院办公厅关于进一步促进旅游投资和消费的若干意见》《"十三五"时期文化扶贫工作实施方案》等十多个文件，从不同方面大力推动文化和旅游协同发展。

2018年批准成立文化和旅游部（以下简称文旅部），对于推动文化事业、文化产业和旅游业协同发展具有里程碑式的意义。文旅部成立之后，积极推动乡村文化和旅游协同发展，各地区在要求之下，因地制宜，推出了众多促进乡村公共文化服务文化和旅游协同发展的活动与政策，如建设特色小镇、规划现代农业庄园以及发展乡村特色民宿等。文旅部按照"宜融则融、能融尽融，以文促旅、以旅彰文"的思路，积极推进文化事业、文化产业和旅游产业协同工作。这不仅是国家转变发展方式、实现高质量发展的重要抓手，而且是文化事业、文化产业和旅游业实现高质量发展的必由之路。未来，仍要加大资金投入，用于各地各类文化旅游设施建设，完善基层公共文化服务体系，夯实乡村文化基础，促进农村文化建设；大力支持乡村文化产业发展，突出传统特点，彰显文化特色，鼓励文化资源丰富的村镇因地制宜发展特色文化产业。充分发挥文化的资源优势和旅游的市场优势，引导和整合社会力量发挥优势，多元介入文化创新创意领域。引导企业、高等院校、行业联合会、新媒体平台等社会力量深入乡村，对乡村手工艺、民居、餐饮等特色文化资源深入挖掘、科学提炼，形成创意产品，达成创意合作，促进乡村旅游和乡村特色文化产业发展。

二、乡村公共文化服务建设的政策及要求

梳理近年来出台的关于公共文化服务的政策，可以发现乡村公共文化服务虽然一直都是热点话题，但尚无针对或以"乡村公共文化服务"命名的党政机关文件。目前主要是在《中华人民共和国公共文化服务保障法》和中办、国办《关于加快构建现代公共文化服务体系的意见》《国家基本公共文化服务指导标准（2015—2020年）》《推进基层综合性文化服务中心建设的指导意见》等文件的指引下，根据文件所提出的拓展重大文化惠民项目服务"三农"内容，加大对农村民间文化艺术的扶持力度，完善农家书屋出版物补充更新工作；统筹推进农村地区广播电视用户接收设备配备工作，打通公共文化服务"最后一公里"；以县级文化馆、图书馆为中心推进总分馆制建设，加强对农家书屋的统筹管理，实现农村、城市社区公共文化服务资源整合和互联互通；建设综合性乡村文化服务中心，整合乡村公共文化资源；加大对乡村弱势群体、贫困地区群众的文化权益保护等要求，推动乡村公共文化服务在农村的贯彻落实。

2018年出台的《中共中央国务院关于实施乡村振兴战略的意见》对乡村公共文化服务有了较为明确的要求。其中包括：加强农村公共文化建设按照有标准、有网络、有内容、有人才的要求，健全乡村公共文化服务体系。发挥县级公共文化机构辐射作用，推进基层综合性文化服务中心建设，实现乡村两级公共文化服务全覆盖，提升服务效能。深入推进文化惠民，公共文化资源要重点向乡村倾斜，提供更多更好的农村公共文化产品和服务。支持"三农"题材文艺创作生产，鼓励文艺工作者不断推出反映农民生产生活，尤其是乡村振兴实践的优秀文艺作品，充分展示新时代农民的精神面貌。培育挖掘乡土文化本土人才，开展文化结对帮扶，引导社会各界人士投身乡村文化建设。活跃繁荣农村文化市场，丰富农村文化业态，加强农村文化市场监管等重要内容。

总体而言，在政策的指引和文件的要求下，乡村公共文化服务取得了一定的进展。目前，全国的农村公共文化设施网络逐步健全，基本实现了"县有图书馆、文化馆，乡镇有综合文化站"的建设目标，各级图书馆、文化馆（站）均实行免费开放。村一级集宣传文化、党员教育、科技普及、普法教育、体育健身于一体的综合性文化服务中心，建成率已经超过80%。2018年起，我国推动了各地对7937个乡镇综合文化站进行专项治理；推动县级文化馆、图书馆总分馆制建设，全国已有1600个县建立文化馆总分馆制，1705个县建立图书馆总分馆制，畅通了将优质资源输送到乡村的渠道。在文化活动方面，仅2017年，全国艺术表演团体赴农村演出184.44万场，农村观众达8.3亿人次，人均观看演出1.4次。自2018年开展"戏曲进乡村"活动以来，已经为国家级贫困地区12984个乡镇配送77094场以地方戏为主的文艺演出。同时，文化志愿服务广泛深入开展，实施"春雨工程""阳光工程""圆梦工程"等示范性项目，2018年服务群众超过百万人次。

今后，仍然要加大对于乡村公共文化的政策支持力度，深入贯彻现行文件要求，在乡村公共文化服务建设方面，着力提升服务效能，加强高质量文化产品供给，加大对村级公共文化设施建设的支持力度，进一步丰富农村群众文化生活，为乡村振兴和乡村发展提供精神文化支撑。

三、乡村旅游政策及相关要求

党的十九大报告提出实施乡村振兴战略，并提出了"产业兴旺、生态宜居、乡风文明、治理有效、生活富裕"的总要求。围绕农村产业发展，我国实际上从多个层面提出了发展乡村旅游的相关政策。

2018年，中央一号文件《中共中央国务院关于实施乡村振兴战略的意见》提出，我国实施休闲农业和乡村旅游精品工程，建设一批设施完备、功能多样的休闲观光园区、森林人家、康养基地、乡村民宿、特色小镇；《国家乡村振兴战略规划2018—2022》也提出，应顺应城乡居民消费拓展升级趋势，结合各地资源禀赋，深入发掘农业农村的生态涵养、休闲观光、文化体验、健康养老等多种功能和多重价值，以形成新的消费热点，增加乡村生态产品和服务供给。

《国务院办公厅关于促进全域旅游发展的指导意见》对乡村的全域旅游建设也作出了明确指示。2018年10月，国家发展改革委、文化和旅游部等13个部门联合发布《促进乡村旅游发展提质升级行动方案（2018—2020年）》，该方案聚焦乡村旅游短板，推进垃圾和污水治理等农村人居环境整治；建立健全住宿餐饮等乡村旅游产品和服务标准；鼓励引导社会资本参与乡村旅游发展建设以及加大对乡村旅游发展的配套政策支持作为公共文化服务机构工作的重点方向。

2018年12月，文化和旅游部等17部门联合印发《关于促进乡村旅游可持续发展的指导意见》中提出，要从农村实际和旅游市场需求出发，强化规划引领，完善乡村基础设施建设，优化乡村旅游环境，丰富乡村旅游产品，促进乡村旅游向市场化、产业化方向发展，全面提升乡村旅游的发展质量和综合效益，为实现我国乡村全面振兴作出重要贡献。

2019年，中央农村工作会议再次明确指出，要大力发展农村产业，促进农民就地就近就业创业。2019、2020年中央一号文件对文物古迹、传统村落、民族村寨、传统建筑、农业遗迹、灌溉工程遗产的保护；农村地区优秀戏曲曲艺、少数民族文化、民间文化等传承发展作出了明确的要求。

总之，随着乡村振兴战略的提出，在全域旅游发展理念的指引下，乡村旅游发展所面临的宏观环境发生了很大变化，发生模式也在不断丰富。为了充分发挥乡村旅游的经济效益与社会效益，要进一步挖掘农村自然和人文旅游资源，充分发挥乡村旅游规划的引领作用，积极开发特色化、差异化、多样化的乡村旅游产品；积极鼓励各类社会资本投向乡村旅游，不断完善乡村旅游公共服务设施建设；开展有针对性、专业性、实践性的技能培训，着力提升乡村旅游从业人员的综合素养、专业技能和服务意识，大力促进乡村旅游持续健康发展。

第二章 宁夏乡村公共文化服务建设现状

习近平总书记在党的十九大报告中指出"中国特色社会主义进入新时代，我国社会主要矛盾已经转化为人民日益增长的美好生活需要和不平衡不充分的发展之间的矛盾"。宁夏回族自治区辖193个乡（镇）、2259个行政村，乡村公共文化服务建设是宁夏文化事业的重要组成部分，乡村公共文化服务发展是整个农村社会发展的基础，也是推动农村不断进步的精神动力。

第一节 宁夏乡村人文生态特征

宁夏乡村文化承载着乡村文明及民族精神，是弘扬中华优秀传统文化的重要组成部分，是促进经济社会发展的内生动力，是培育社会主义核心价值观、凝聚同心共筑中国梦磅礴力量的重要滋养。2018年、2019年中央一号文件及《国家乡村振兴战略规划（2018—2022）》明确提出实施乡村振兴战略"是解决人民日益增长的美好生活需要和不平衡不充分的发展之间矛盾的必然要求""是传承中华优秀传统文化的有效途径"，党中央从坚定文化自信、传承中华文明、实现中华民族伟大复兴中国梦的战略高度，为乡村振兴的工作布局、基本任务和原则要求指明了方向道路。宁夏回族自治区第十二次党代会提出了"更加注重自然生态保护和历史文化传承，更加注重发掘特色优势，推动城市乡村特色发展、错位发展、个性发展，让居民望得见贺兰山、看得

见黄河水、记得住塞上江南风情",助力乡村振兴的要求。乡村文化振兴只
有"充分发挥乡村资源、生态和文化优势",通过挖掘乡村文化资源,推动乡
村供给侧结构性改革,发展壮大乡村产业,才能实现"产业兴旺、生态宜居、
乡风文明、治理有效、生活富裕"的总目标。

一、宁夏区位条件和社会经济发展概貌

生态环境是影响人类精神生活以及所创造的经济文化发展方式的主要因
素之一。区位优势以生态环境为发展基础,是某一地区在发展经济方面客观
存在的有利条件或优越地位,主要涵盖地理环境、自然资源、社会结构、科
技发展以及文化旅游等综合资源状况。宁夏乡村文化作为宁夏文化的重要组
成部分,很大程度上受地形、地貌、气候、物产等生态特点和区位影响,因此,
研究宁夏乡村文化首先要了解宁夏的生态环境、区位特点和优势。

（一）宁夏区位条件

宁夏位于我国西北内陆、黄河上游地区,处于黄土高原和蒙古高原交汇
地带,区位扼要。宁夏自古以来就是防御重地,也是丝绸之路上的重要节点。

地理区划:宁夏疆域南北狭长,南北相距450公里,东西相距250公里,
地理坐标在东经104°17~107°39,北纬35°14~39°23之间,面积6.64万平方公里,
约占全国国土面积的0.54%。2019年年末全区常住人口694.66万人,其中回族
人口占36.69%,辖5个地级市,22个县、市（区）。宁夏地势南高北低,落差
近1000米,呈阶梯状下降,地形分三大板块:一是北部引黄灌区,地势平坦,
土壤肥沃,素有"塞上江南"的美誉;二是中部干旱带,中北部以干旱剥蚀、
风蚀地貌为主,干旱少雨,风大沙多,土地贫瘠,生存条件较差;三是南部
山区,南部以流水侵蚀的黄土地貌为主,丘陵沟壑林立,部分地域阴湿高寒。

自然生态:宁夏属典型的大陆性气候,为温带半干旱区和半湿润地区,
具有春多风沙、夏少酷暑、秋凉较早、冬寒较长、雪雨稀少、日照充足、蒸
发强烈等特点,年平均降水量300毫米左右。宁夏区域内生态系统具有防风固
沙、维护生物多样性、保持水土、涵养水源等重要生态功能,是我国"两屏

三带"生态安全战略格局中"黄土高原—川滇生态屏障"和"北方纺纱带"的重要组成部分，保障了黄河上中游及华北、西北地区的生态安全。

交通优势：宁夏是我国五个少数民族地区中唯一不沿边、不靠海的省区，周边与内蒙古自治区、陕西省、甘肃省毗邻，宁夏公路网密度53.3公里/百平方公里，高于全国平均水平交通密度。同时，宁夏地处新亚欧大陆桥国内段的重要位置，承东启西，连南接北，在我国与中东、中亚交通联系中具有区位优势。宁夏交通运输方式齐全，主要包括公路、铁路、航空、水运和管道运输五种。

自然资源：宁夏可利用黄河水41.49亿立方米，占分配总量的7%；已探明煤炭储量469亿吨，居全国第六位，其中宁东煤田探明储量393亿吨，被列为国家14个大型煤炭基地之一；现有大中型火电厂20座，人均发电量居全国第一位；探明矿产资源50多种，人均自然资源潜值为全国平均值的163.59%，居全国第五位。

土特物产：宁夏最有名的地方特产分别是枸杞、甘草、贺兰石、二毛皮、发菜，又称宁夏"五宝"。还有宁夏大米、西吉土豆、甘城子苹果、灵武长枣、沙湖鱼头等特色物产。

旅游资源："两山一河"（贺兰山、六盘山、黄河）、"两沙一陵"（沙湖、沙坡头、西夏王陵）、"两堡一城"（将台堡、镇北堡、古长城）体现了宁夏深厚的文化底蕴，展示着独特的自然风光，构成了多姿多彩的旅游资源。宁夏境内有高山、河流、草原、大漠、湖泊，有"中国地质生态的集合体"和"中国旅游景观的微缩盆景"之称，"塞上江南·神奇宁夏"的旅游品牌日益崛起，吸引着越来越多的中外游客。目前，宁夏乡村旅游资源发展势头迅猛、富民效果突出、发展潜力巨大，形成了一定的规模和特色，已成为宁夏休闲旅游和假日消费的新亮点、农民脱贫致富的主渠道、全域旅游示范区创建的新引擎。

（二）宁夏社会经济发展概貌

宁夏有农业、能源、旅游等三方面的优势，开发前景广阔。现有耕地1650万亩，人均2.8亩，居全国第二位；引黄灌溉790万亩，是全国12个商品粮生产基地之一；有草场3665万亩，是全国十大牧区之一。全年地区生产总值增长6.5%；地方一般公共预算收入423.6亿元，剔除新增减税降费因素，同口径增长7.2%；社会消费品零售总额增长7.8%；全体居民人均可支配收入24412元、同比增长9%，其中城镇和农村常住居民人均可支配收入分别为34328元和12858元、同比增长7.6%和9.8%。原州、海原、同心、红寺堡四县（区）可望脱贫摘帽，109个村脱贫出列，10.3万贫困人口脱贫，贫困发生率由3%下降到0.47%，脱贫攻坚战迈出了关键性步伐。

近年来，宁夏抢抓机遇，经济社会发展取得了显著成绩，但欠发达仍然是宁夏的基本区情。中国共产党宁夏回族自治区党委十二届八次全会指出，要坚持以习近平新时代中国特色社会主义思想为指导，深入学习和贯彻落实党的十九届四中全会和习近平总书记视察宁夏时的重要讲话精神，担当新使命，展现新作为，着力推进经济持续健康发展，着力保持社会和谐稳定，着力巩固和发展党的执政基础，坚决打好三大攻坚战，持续实施三大战略，守好促进民族团结、维护政治安全、改善生态环境"三条生命线"，走出一条高质量发展的新路子，确保与全国同步全面建成小康社会，努力建设好经济繁荣、民族团结、环境优美、人民富裕的美丽新宁夏。在这个基础区情下，通过促进乡村文化高质量发展解决发展不平衡不充分与人民日益增长的美好生活需要之间的矛盾，成为宁夏乡村经济社会进步的不二选择。

二、多维度的宁夏乡村文化资源禀赋

区位要素和资源禀赋是影响乡村经济社会发展的关键，区位要素中乡村是否有文化遗产、是否靠近旅游区、是否有产业等，对乡村经济社会发展影响至关重要。2020年，自治区《关于推进农业高质量发展促进乡村产业振兴的实施意见》指出，产业兴旺是乡村振兴的重要基础，是解决农村一切问题的前提。促进乡村产业振兴的前提和关键是梳理、确认、挖掘、阐释乡村文化资源，提炼蕴涵其中的普遍价值和时代精神，以开发乡村文化资源为手段，实现乡村文化资源的创造性转化和创新性发展。

宁夏乡村文化资源具有独特的、多维度的资源禀赋，全区70%以上的自

然风光、民俗风情、文化遗产富集在乡村，清新的空气、良好的生态、优美的环境、古朴的风貌对城市居民有着强烈的吸引力。宁夏乡村文化资源受自然环境和历史文化的影响，无论是乡村文化的涵盖内容，还是乡村文化的表现形式都呈现出独特的生态性和深厚的文化底蕴，有着浓厚的乡土色彩。

（一）丰厚的物质文化遗产资源

宁夏地处黄河上游地区，自古以来就是各民族生息繁衍的要地，境内留下了数量众多而又弥足珍贵的文化遗产。经全国第三次文物普查，宁夏境内有不可移动文物3818处，全国重点文物保护单位37处，自治区文物保护单位135处，市县级文物保护单位334处。大部分具有较高历史、艺术和科学价值的古遗址、古墓葬、古建筑、石窟寺及石刻、近现代史迹及代表性建筑分布在乡村。经长城资源调查和国家文物局核准，宁夏境内现存1038公里的战国、秦、汉、宋、明等数朝长城资源分布在19个县域的广大乡村，还有众多充分反映宁夏农耕文明的黄河古灌区遗产资源，以及见证宁夏革命斗争历史和革命遗址遗迹。

（二）多维度的非物质文化遗产资源

截至目前，宁夏非物质文化遗产项目代表性传承人国家级18人，自治区级142人，市级337人，县（区）级533人，这些代表性传承人大都来自乡村、绝大部分非物质文化遗产资源也出自乡村，是非常珍贵的乡村文化资源。全国第一次非物质文化遗产资源普查确认非物质文化遗产资源2968项，涵盖了各个民族所创造的民间文学、民间艺术、民俗等多个门类在国家确定的非物质文化遗产名录体系十大类别（民间文学、传统音乐、传统舞蹈、传统戏剧、曲艺、传统体育游艺与杂技、传统美术、传统技艺、传统医药、民俗），且数量可观，具有鲜明的地域文化特色。

（三）独特的传统村落村镇

独特的传统村落村镇是宁夏乡村文化的重要载体，传承了包括环境文化、祠堂文化、民俗文化等在内的大量历史文化信息，是宁夏乡村文化资源的重要内核。2013年，国家民委下发了《关于印发开展中国少数民族特色村寨命名

2020宁夏黄河流域非遗作品创意大赛作品展——六盘山木板年画（展帆／摄）

2020宁夏黄河流域非遗作品创意大赛作品展——农民画（展帆／摄）

挂牌工作意见的通知》，宁夏12个村寨被命名并挂牌为首批"中国少数民族特色村寨"，包括宁夏银川市兴庆区大新镇塔桥村、银川市永宁县闽宁镇原隆村、银川市永宁县杨和镇纳家户村、石嘴山市平罗县灵沙乡东润村、吴忠市利通区金积乡秦坝关村、吴忠市利通区古城镇党家河湾村、吴忠市利通区东塔寺乡穆民新村、青铜峡市青铜峡镇余桥村、吴忠市盐池县冯记沟乡强记滩村、固原市原州区三营镇三营村、固原市泾源县泾河源镇冶家村、中卫市沙坡头区迎水桥镇鸣沙村。在历史文化名村建设方面，中卫市香山乡南长滩村（现划归迎水桥镇）为历史文化名村，现有南长滩、北长滩等5个村列入中国传统村落。文化部前三批命名"中国民间文化艺术之乡"18个（兴庆区的"花儿"、平罗县头闸镇的绘画和民间艺术、利通区高闸镇的舞蹈、金积镇的社火、利通区板桥乡的舞龙、青铜峡市峡口镇的峡口社火、青铜峡市青铜峡镇的民间艺术、大武口区隆湖开发区的戏曲、海原县的"花儿"和剪纸、海原县兴仁镇的剪纸、原州区的社火和民间艺术、隆德县的剪纸、社火、民间艺术、彭阳县城阳乡的民间艺术等），非遗特色小镇2个（西夏区镇北堡镇、泾源县泾河源镇）。

（四）集聚的乡村文化产业资源

宁夏乡村产业资源区主要包括北部引黄灌区、中部干旱带和南部黄土丘陵区。截至2019年年底，全国乡村旅游重点村9个，特色产业示范村10个，特色文化旅游村30个，旅游扶贫重点村72个。以自然资源为依托，北部引黄灌溉区重点形成了以粮食、枸杞、畜产品、水产品、酿酒葡萄等乡村产业为基础的乡村文化产业资源；中部干旱带重点发展滩羊和硒砂瓜、红枣、设施蔬菜等抗旱性较强的特色农产品为基础的乡村文化产业资源；南部黄土丘陵区重点发展马铃薯、小杂粮、草食畜牧业等为基础的乡村文化产业资源。此外，乡村旅游资源也成为宁夏乡村文化产业资源的重要组成部分。宁夏乡村旅游发展的总体定位是以"山、水、酒、乡"特色资源为基础，建设乡村旅游特色精品项目的乡村文化发展空间结构。中卫形成以中卫市区、县城为旅游服务主副中心，以沙漠湿地为龙头，以黄河为纽带的"一心双核三带四区多节点"大旅游格局。盐池县是干旱、荒漠地区少有的具有代表性的自然综合体，

固原市西吉县龙王坝——全国乡村旅游重点村（邓娜／摄）

有比较完整的自然生态系统，沙、水、草、树、鸟等风景要素在这里巧妙结合，形成独特的沙漠景观。

（五）宝贵的乡村文化名人资源

乡村历史发展过程中受其养育的名人、能人同样也是乡村文化资源的重要载体和传承传播者。乡村文化名人包括乡村历史文化名人、乡村文化人、文化户、老手艺人、乡村工匠、文化能人、非遗传承人等，作为乡村特有资源，他们的精神、思想和价值观、遗迹遗物以及他们传承的技艺和作品等都是十分宝贵的乡村文化资源，对乡村文化事业和乡村文化产业的发展具有重要推动作用。宁夏乡村名人资源众多，是宁夏乡村文化中不可忽略的一部分，也是助力宁夏乡村发展的重要力量源泉。

总而言之，宁夏乡村文化的发展和乡村振兴最重要的手段是发挥乡村文化资源优势，把传承弘扬优秀乡村文化融入新农村建设总体规划。在实现资源组合的基础上，依托乡村文化平台，形成优势产品，并最终转化成为商品优势，发展有历史记忆、地域特色、民族特点的美丽乡村，走出一条依托特色乡村资源的新乡镇发展模式，从而实现乡村振兴。

三、宁夏乡村文化构成及其特征

宁夏乡村文化以乡村文化资源为酝酿发展基础，涵盖了以岩画为代表的远古文化等多种地域文化构成，具有历史厚重性、地域性、生态性、多元性、群众性、时代性、产业化等特征。宁夏乡村文化的多元化构成，各文化类型间的交融与互动，相互叠加与渗透，共同构成了宁夏乡村文化的丰富美丽画卷。

（一）宁夏乡村文化的历史厚重性

宁夏乡村文化以物质文化遗产资源为基础，形成了深厚的乡村历史文化积淀。其中，宁夏北部得益于黄河沿岸有利的水土条件，旧石器时代、新石器时代等史前时期就有古人类活动遗迹，是最早的乡村村落。灵武市境内的水洞沟遗址是我国发现最早且进行科学发掘的旧石器时代文化遗址之一，也是宁夏境内迄今发现的最早人类活动遗址。青铜峡市境内的鸽子山遗址是继水洞沟遗址之后宁夏发现的又一处重要石器时代遗址，被誉为"中国中石器时代的新年代"。贺兰县暖泉村发现的暖泉新石器民居遗址是研究原始社会新石器文化居民住房和生活习俗的重要资料。平罗县境内的高仁镇遗址地表残存大量打制石器、磨制石器、细石器和陶片，属于新石器时代遗址。海原县菜园遗址也是宁夏新石器时代文化内涵的典型见证。宁夏境内新石器文化遗址分散于全区大多数乡镇境内，如贺兰县金山林场遗址，同心县红梁、铁庄子等遗址，中卫长流水遗址，原州区孙家庄等遗址，隆德县周家嘴头遗址，泾源县什字乡遗址，彭阳县打石沟遗址，海原县曹洼水冲寺等。

（二）宁夏乡村文化的地域特色性

宁夏乡村文化的地域特点渊源于宁夏特殊的地理环境和区位条件。黄河从今中卫市入境，流经宁夏397公里，贯穿10个市县，流域面积34823平方公里。自秦揭开宁夏乡村农耕开发序幕始，经汉唐以后农业文化与草原文化进一步融合，形成了体现宁夏乡村最主要农耕文明的黄河文化。它涵盖了农耕文化、传统种植、养殖以及服饰、饮食、建筑、手工、家庭作坊等手工业和商业服务业等乡村经济。这种地域性还形成了丰富多彩的文化艺术，包括神话、传说、故事、歌谣、谚语、叙事诗、说唱等多种形式的民间文学，还包括"花儿"、口弦、泥哇呜、咪咪舞等乐舞艺术和书法、刺绣、剪纸、砖雕、传统建筑艺术，这些乡村文化资源为乡村文化的创造性发展奠定了资源基础。

宁夏境内现存大量西夏文物，包括西夏陵园、墓葬，贺兰县拜寺口双塔、宏佛塔、同心韦州康济寺塔和青铜峡一百零八塔等西夏古塔，以及西夏古城遗址、西夏窑址、西夏碑刻等西夏遗迹，这些遗址遗迹大多都坐落或分布在乡村，成为宁夏乡村文化的组成部分。

（三）宁夏乡村文化的生态性

宁夏地理、气候等生态环境的复杂性决定了宁夏乡村文化天然具有生态性。宁夏全境由北向南分别为贺兰山山地、银川平原、卫宁平原、灵盐台地、宁东山地与山间平原、黄土丘陵、六盘山山地等地貌单元，使得宁夏乡村文化也呈现出从北向南的依次变化。宁夏北部以南北长约250公里的贺兰山山脉为土壤，有分布于山沟内外岩壁上和山前洪积扇荒漠草原上的岩画资源，以及周边发现的多处古人类文化遗址，其中还有史前人类居住过的房址和洞穴，见证了从远古时代起北方狩猎和游牧部落最早的古村落活动区域，反映了宁夏早期乡村生活场面。中北部自然条件优越，既有大片淤积坦荡平川，又有充沛的黄河水源，贺兰山也作为黄河西岸灌区边缘的天然屏障。从开疆扩土到戍边卫国，经历代劳动人民开发利用黄河水资源，使宁夏河套平原由塞外荒原变成"塞上江南""鱼米之乡"，时至今日依旧是宁夏乡村文化发展赖以生存的摇篮。中南部干旱带台地与山间草原形成的畜牧文化，是宁夏乡村文化的重要内涵和特色。最具代表性的是盐池县的滩羊养殖，盐池县草原产草量虽然较低，但牧草中干物质含量高，尤其牧草中蛋白质和硫、钙、磷等矿物质含量特别丰富，这种独特的天然草场和水土资源，形成了独具特色的乡村文化。有"黄土高原绿岛"之称的六盘山，产生了灿烂的龙文化和传统的畜牧文化。这些都是以自然生态为发展基础形成的具有特色资源的乡村文化类型。

（四）宁夏乡村文化的多元性

宁夏特殊的区位，形成了边塞文化、黄河文化、草原文化和农耕文化等，各种文化在河套地区聚集、撞击、融合、传承、积淀。宁夏自秦始军屯移民、民屯移民、安置灾民、战争移民，境内留下了较为丰富的来自内地、边地的移民及其文化遗存，包括分布在固原境内的秦长城，以及历代文人创作的相关诗文和流传的"孟姜女哭长城"的故事、民歌等。近三十年来，宁夏经济社会发展发生了翻天覆地的变化，吴忠市红寺堡区成为宁夏目前最大的生态移民区。宁夏南部地区自然条件极为恶劣，西海固地区早在1972年就被联合国世界粮食计划署定义为"最不适合人类居住的地区"之一，先后实施的一系列移民工程，累计搬迁贫困人口66万人。此外，宁夏境内从黄河两岸到六盘山区，有着丰厚的红色文化遗产，包含见证宁夏新民主主义革命的遗址、遗物、纪念物等物质文化和在这一革命过程中孕育出来的具有宁夏特色的革命历史、革命精神、革命文艺等非物质文化形态。

（五）宁夏乡村文化的时代性

宁夏乡村文化不是一成不变的，它随着时代的进步和近现代经济的发展得到变动与适应。乡村生活方式的改变，特别是乡村居民价值观对乡村文化改变的影响，也从某些方面体现了宁夏乡村文化发展的可持续性。一是与乡村生产方式变化相适应的乡村文化改变。加大支持建设数字乡村自然资源信息化等基础设施建设向农村地区覆盖，在自然资源确权登记、数字乡村建设、基础地理信息建设等方面加大资金、技术以及人才支持。未来乡村实现数字化，更多的项目和人才势必将由城市向乡村集结。二是创新业态带动宁夏乡村文化创新发展。提升农家乐等传统业态，发展精品民宿等高端业态，探索健康养生等新型业态。以贺兰山东麓生态为发展基础的葡萄文化旅游廊道，范围为贺兰山东麓葡萄酒产区，构建国际著名葡萄酒旅游目的地。

（六）宁夏乡村文化的民俗性或群众性

乡村文化是乡村社会的重要组成部分，是建立在乡村生产力基础上的文化形式，是农民群众文化素质、价值观、生活方式、休闲活动的集中反映。

宁夏乡村文化具有很强的群众性特征。其一，宁夏乡村文化创造、传承、弘扬的主体是农民，如剪纸、刺绣、社火演艺、麻编、贺兰砚制作等民间艺术都是建立在农民自主参与的基础之上，显示了广泛而深厚的群众性特色。其二，宁夏乡村文化内容呈现民俗性特点，如非遗文化遗产传承等民间艺术中包括具有重要的民俗文化资源，形成了独具魅力的民俗文化风景线。其三，宁夏乡村文化传承弘扬的媒介是公益性的，形成了以乡镇文化站为枢纽，以农村文化室、农民文化大院和乡镇综合文化站为活动平台，以农村文化户、民间文艺团队为基础的五级群众文化网络。

（七）宁夏乡村文化的产业化

宁夏乡村文化产业聚焦资源禀赋，依托区位优势和差异化特色，整合乡村自然资源、生态资源、文化资源、农业景观资源等多种资源，乡村文化产业特点显著。一是坚持以水定地、以水定产的乡村黄河文化为依托，重点发展以优质粮食、枸杞、奶牛、瓜菜、酿酒葡萄为主的高效集约种养；中部干旱带乡村畜牧文化重点发展以草畜、滩羊、特色种植为主的旱作节水农业；南部山区重点发展以冷凉蔬菜、肉牛、小杂粮、马铃薯等为主的生态农业，形成聚集效应的绿色产业。二是立足资源禀赋发展主导产业并创新业态，建设一批现代农业产业园区和农业产业强镇，不断提升辐射带动功能。以乡村物产资源为基础的乡村休闲旅游业开始产业化，实施休闲农业和乡村旅游改造提升工程，培育一批美丽休闲乡村、特色小镇、精品农庄、旅游酒庄、乡村民宿和康养基地，打造一批休闲观光农业精品路线。支持发展具有地方特色的食品、制造、手工业等乡土产业，推动剪纸、砖雕、刺绣等非遗产品转化利用。三是乡村文化商品供给日新月异。二毛皮制作技艺、传统酿醋技艺等10个国家级、自治区级项目参加在敦煌风情城举办的非遗商品展，展览组织了一些商品性强的非遗产品和非遗文创产品进行展示、展销，形成一体化推介、一体化销售的非遗营销模式。只有走生态化、可持续的开发道理，才能够打造出商业性与公益性兼容、经济效益与社会效益双丰收的文化旅游项目。可以说，历史厚重性、地域性、生态性、多元性、群众性、时代性、产业性的特征，相互交织，共同交错，构成了宁夏乡村公共文化的丰富画卷，为宁夏乡村振兴提供了取之不尽的资源。

第二节　宁夏乡村公共文化服务发展基本情况

　　乡村文化资源是传承和弘扬乡村文化的根与魂，是促进乡村旅游等产业高质量发展的动能。宁夏乡村文化以丰富而又多维度的乡村文化资源为基础，以深厚的乡村历史文化为积淀，兼具多种文化，宁夏回族自治区成立60多年来，特别是党的十八大以来，在党中央、国务院的关怀支持下，在自治区党委、政府的坚强领导下，宁夏着力构建现代公共文化服务体系，有效保障人民群众基本文化权益，坚持抓重点、补短板、强弱项，着力满足群众多样化文化需求，全力推动和实现公共文化服务设施全覆盖、全达标，运行效果和质量

固原市秦声演艺公司下乡演出（展帆／摄）

大提升，切实促进公共文化服务标准化、均等化。目前，全区共有文化馆26个，公共图书馆26个、博物馆61个，乡镇（街道）文化站237个，行政村（社区）综合文化服务中心2782个，农民文化大院730个，各类民间文艺团队1136支，基本形成覆盖城乡五级公共文化服务设施网络。全区5个地级市已有4个市开展了国家公共文化服务体系示范区创建活动，创建工作覆盖率在全国领先。全区年送戏下乡惠民演出1600场次以上，开展"清凉宁夏"广场文化演出1500场次以上；"欢乐宁夏"全区群众文艺会演、"新春乐"全区社火大赛等品牌文化活动常态化、制度化举办，全区各级公共文化场馆实现无障碍、零门槛向公众免费开放，年服务群众150万人次以上。

一、宁夏乡村公共文化服务发展基本现状

乡村公共文化服务发展是乡村文化的重要内容，聚焦乡村公共文化服务发展，可以更好地保障群众的基本文化权益，是新时代构建宁夏特色现代公共文化服务体系，解决人民日益增长的美好生活需要和不平衡不充分的文化发展之间矛盾的基础和关键，是宁夏全面建成小康社会的重要内容。党的十八大以来，宁夏高度重视文化建设，大力实施"文化强区"战略，自治区党办、政办印发了《关于加快构建现代公共文化服务体系的实施意见》，出台了《宁夏公共文化服务体系建设"十三五"规划》《自治区贯彻落实"十三五"时期贫困地区公共文化服务体系建设规划实施纲要实施方案》等多个配套政策，明确了目标、任务和时间表、路线图，着力构建区、市、县、乡、村五级公共文化服务体系。

（一）乡村公共文化服务发展基础设施建设全面推进

宁夏从基础设施最薄弱的地区入手，立足基层，把难点重点放在村一级上，全面推进全区村综合文化服务中心建设，推动全区乡村公共文化基础设施覆盖率、达标率。宁夏农民文化大院依托民间乡土人才打通公共文化服务"最后一公里"的做法得到中央肯定，中央多家主流媒体给予宣传报道。

按照《宁夏全面建成小康社会统计监测指标体系》要求，全区大力实施文化扶贫工程，从贫困地区9个县（区）切入，精准实施村综合文化服务中心建设。

特别是2016年至2017年，在中宣部和国家文化部、新闻出版广电总局、体育总局的大力支持下，宁夏按照"七个一标准"，即一个文化活动广场、一个文化活动室、一个乡村大舞台、一个图书电子阅览室、一套文化器材、一套广播影视器材、一套体育健身设施，采取整合资源、盘活存量、集中利用、新建改建等多种方式，建成1266个村综合文化服务中心，实现了文化设施到村、文化服务到户、文化普及到人、文化扶贫到"根"的"四到"目标，率先在全国贫困地区实现了村综合文化服务中心全覆盖。同时，加快推进川区村综合文化服务中心建设，发挥川区综合实力较强、人口居住集中、地理交通方便、群众文化需求旺盛等优势，采取县（区）自筹自建、整合利用公共资源和自治区相关部门扶持器材设备、跟进指导等办法，全区13个县（区）963个行政村基本实现川区村综合文化服务中心全覆盖（一些村存在设施短缺或不达标情况），其中全达标175个村，达标率18%。截至2019年1月，788个村综合文化服务中心或多或少存在设施不完善和活动器材短缺等情况。

表1　宁夏川区13个县（区）村综合文化服务中心设施建设情况

县区	行政村（个）	村综合文化中心（个）	文化活动室			文化广场			乡村大舞台		图书（电子）阅览室		
			100 m²以上（个）	100 m²以下（个）	没有（个）	1000 m²以上（个）	1000 m²以下（个）	没有（个）	有（个）	没有（个）	有（个）	藏书量（万册）	没有（个）
兴庆区	35	35	24	11	0	15	16	4	4	31	33	8.1	2
金凤区	25	25	7	18	0	14	7	4	9	16	25	11.76	0
西夏区	17	17	10	6	1	2	10	5	4	13	16	1.8	1
永宁县	67	67	25	29	13	19	29	19	10	57	51	11.7	16
贺兰县	63	63	5	12	46	3	40	20	12	51	63	11.6	0
灵武市	70	70	38	27	5	37	26	7	3	67	69	12.7	1
大武口区	12	12	3	9	0	10	2	0	7	5	12	3.1	0

续表

县区	行政村（个）	村综合文化中心（个）	文化活动室 100 m²以上（个）	文化活动室 100 m²以下（个）	文化活动室 没有（个）	文化广场 1000 m²以上（个）	文化广场 1000 m²以下（个）	文化广场 没有（个）	乡村大舞台 有（个）	乡村大舞台 没有（个）	图书（电子）阅览室 有（个）	图书（电子）阅览室 藏书量（万册）	图书（电子）阅览室 没有（个）
惠农区	38	38	4	31	3	8	26	4	6	32	33	7.2	5
平罗县	144	144	50	94	0	39	57	48	46	98	144	25.5	0
利通区	109	109	90	18	1	87	59	7	18	92	102	22.29	7
青铜峡市	86	86	49	34	3	77	4	5	38	48	70	14	16
中宁县	130	130	0	115	15	21	89	20	9	121	111	36.3	19
沙坡头区	167	167	5	129	33	108	18	41		158	152	35.5	15
合计	963	963	310	533	120	44	383	184	175	789	881	201.9	82

注：贫困地区9个县区设施已实现全覆盖

表2　宁夏川区村综合文化服务中心器材配置及活动情况汇总表

县区名称	行政村（个）	村综合文化中心	文化器材 现有器材	文化器材 需配器材	广电器材 现有器材	广电器材 需配器材	体育器材 现有器材	体育器材 需配器材	能够正常开展活动	活动类型
兴庆区	35	35	拉杆音响、社火道具、点歌机、投影仪	移动音响、LED显示屏、服装、社火道具	广播、投影	气象显示屏、电视机、调音台、话筒	健身路径、篮球架	球类、棋类、健身器材	35	文艺演出、趣味运动会、广场舞、读书会、农民文化节
金凤区	25	25	拉杆音响	照相机、组合舞台、音响	数字图书	网络电视	篮球架、乒乓球桌、健身路径	塑胶篮球场、健身器材	25	农民运动会、"花儿"大赛、其他文艺演出

续表

县区名称	行政村（个）	村综合文化中心	文化器材		广电器材		体育器材		能够正常开展活动	活动类型
			现有器材	需配器材	现有器材	需配器材	现有器材	需配器材		
西夏区	17	17	图书、拉杆音响	服装、拉杆音响、舞台灯光设备、音响设备	投影仪、电视	电视机、投影仪	健身路径、篮球架	健身路径、球类	6	文体活动
永宁县	67	67	音响、社火道具、服装	服装、音响、社火道具	卫星电视、功放、点歌机、电子借阅机	卫星电视	健身器材、篮球架、乒乓球台、棋牌桌	球类、棋类、健身器材	31	运动会、文艺演出、广场舞、柔力球、图书借阅
贺兰县	63	63	音响设备、社火道具、服装、调音台	数字阅读一体机、拉杆音响、乐器	电影放映院、电子阅报屏	无	健身器材、篮球架、乒乓球台	球类、棋类、健身器材	49	广场舞、运动会、其他文艺演出
灵武市	70	70	鼓、锣、擦、音响	电脑、音响、乐器	电视机、投影仪、点歌系统	电视机、投影仪、音响、点歌系统	健身路径、篮球架、乒乓球桌	健身器材、篮球架、羽毛球架	64	广场舞、运动会、社火
大武口区	12	12	音响、乐器	音响、乐器、服装、道具、灯光、幕布、电子屏	喇叭、功放、电视机	喇叭、功放、电视机	篮球架、乒乓球台、健身器材	篮球架、羽毛球架、乒乓球台、健身器材	8	戏曲、歌舞、秧歌、社火、武术等
惠农区	38	38	锣、鼓、擦，音响	服装、图书、室外音响	电视机、投影仪、相机、广播	投影机、音响、照相机	健身路径、篮球架、乒乓球桌	健身器材	38	文艺演出、趣味运动会、秧歌、广场舞、快板
平罗县	144	144	音响、社火道具、乐器	服装、乐器、音响、照相机	电视机、投影仪	话筒、投影仪、电视机、电脑	篮球架、乒乓球桌、健身路径	健身路径、球类、棋类	130	体育健身、文艺演出、广场舞、社火

续表

县区名称	行政村（个）	村综合文化中心	文化器材		广电器材		体育器材		能够正常开展活动	活动类型
			现有器材	需配器材	现有器材	需配器材	现有器材	需配器材		
利通区	109	109	乐器、服装	音响、服装、乐器	电脑、拉杆音响、投影仪、卫星电视	电脑、音响、投影仪、点歌系统	健身路径、篮球架、乒乓球桌	室内健身器材、球类、棋牌桌	90	文艺演出、趣味运动会、图书阅读、广场舞等
青铜峡	86	86	鼓、锣、擦、音响	乐器、电脑、便携音响、扩音器	广播、投影仪	数字影院、数字放映机	健身路径	棋类、球类等健身器材	91	广场舞、小戏、小品、眉户剧、体育比赛
中宁县	130	130	社火道具、音响	服装、音响、乐器、点歌机	户户通、村村响、移动音箱	照相机、电视机、投影仪等	篮球架、乒乓球案、健身器材	健身路径、篮球架、乒乓球架、羽毛球架	89	图书借阅、广场健身舞、文艺演出、秧歌、戏曲等
沙坡头区	167	167	套装文化器材	音响乐器多套	套装广电器材	广播器材多套	篮球架、乒乓球台套装健身器材	篮球架、乒乓球台、套装健身器材	111	文艺演出、图书借阅等
合计	963	963							767	

表3 宁夏农民文化大院基本情况统计表

单位	数量（个）					内设功能（个）		年活动场次
	总数	文艺队	图书室	自乐班	乡村俱乐部	2~3个	3个以上	
银川市	81	46	28	35	26	70	11	2400
石嘴山市	65	20	22	28	15	58	7	1800
吴忠市	220	87	76	44	36	172	48	3800

续表

单位	数量（个）					内设功能（个）		年活动场次
	总数	文艺队	图书室	自乐班	乡村俱乐部	2~3个	3个以上	
固原市	263	128	88	73	56	198	65	7200
中卫市	101	64	36	38	26	75	26	3100
总计	730	345	250	218	159	573	157	18300

（二）乡村公共文化服务发展的管理水平不断强化

2017年，自治区财政支持贫困地区村综合文化服务中心招聘716名文化专管员，每人每年给予6100元工作补贴，由自治区组织集中培训后安排到岗工作，有效促进村综合文化服务中心运行。发挥县（区）文化馆图书馆业务功能，采取集中办班培训和下派辅导员驻村指导的方式，培养乡村文化人才参与村综合文化服务中心管理服务工作，提高管理运行水平。结合实施"三区"人才支持计划和"春雨工程—大讲堂"等项目，宁夏每年集中举办1~2期培训班，重点提升综合文化服务中心专管员和文化骨干的政治素养、专业技术和服务管理能力。认真实施文化部"阳光工程"农村文化志愿者行动计划，招聘文化志愿者协助管理村综合文化服务中心运行工作。2016年至2017年，招聘94名农村文化志愿者，并把他们安排到贫困县（区）村综合文化服务中心协助管理运行工作。引导民间文艺团队、农民文化大院的负责人和文化能人代管村综合文化服务中心。

（三）乡村公共文化服务发展模式发展创新

通过支持文化企业、社会文化组织"代管""托管"和购买公益岗位、招募文化志愿者驻村协助等方式，探索建立社会化管理模式，提高运行效能。如海原县探索"公建民营公助"管理运行模式，取得了一定成效。自治区成立文化扶贫工程实施领导小组，协调推进村综合文化服务中心建设，督导运行常态化，将村综合文化服务中心管理运行列入自治区年度效能目标考核指标体系，建立考核评价机制，各级政府跟踪督查督办。

（四）乡村公共文化服务发展的综合服务能力得到提升

乡镇文化站、村综合文化服务中心的文化广场、文化活动室、乡村大舞台、图书（电子）阅览室为当地群众提供了多样化的文化服务，为群众提供戏剧歌舞编排演出、广场舞表演、读书看报、体育比赛、知识培训等基本服务。有些村综合文化服务中心将民间文化传习、休闲乡村游、村史展陈等纳入其中，丰富运行内容，提升运行效能。如隆德县陈靳乡新和村综合文化服务中心融秦腔表演、高抬马社火展示、农家小院休憩、文化长廊观展、电商销售服务于一体，丰富了农民的"文化粮仓"。围绕群众享受文艺演出、读书看报、文体活动、教育培训等基本服务内容，实行乡镇文化站、村综合文化服务中心服务项目、时间公示制。同时，积极扶持群众自办文化，宁夏年均扶持150个村文化活动室、民间文艺团队和农民文化大院，推动群众自办文化与村综合文化服务中心有机协同，充实力量、丰富内容，促进管理运行由政府主导向多元化、社会化转变。

就农民文化大院而言，目前全区有762个，周围群众经常参加农村小戏排

海原县七营镇杨堡村综合文化服务中心（李佐珍／摄）

练表演和民间书画练习创作、民间手工艺制作等活动，每年自发组织开展文化活动1.8万场次以上，1.4万余人参加活动，农民既当演员又当观众，为乡村文明建设发挥了积极作用。如固原市有174个农民文化大院，年活动达8320场次，三营镇鸦儿沟马志学文化大院以山"花儿"传承为主，引导农民开展传唱活动，活跃了村庄文化生活，促进了邻里和谐相处。以自治区专业院团为主体，市、县（区）艺术团队为补充，推进送戏下乡惠民工程，扩大覆盖面，每个行政村每年送戏1场；深化广场文化活动，以农村广场舞表演为主要形式，引导村综合文化服务中心文化广场文化活动丰富开展；把村综合文化服务中心作为流动服务点，以流动图书车、图书"漂流包"等形式，将文化服务送到群众身边；以"欢乐宁夏"全区群众文艺汇演、社火大赛等品牌活动为牵引，组织群众利用村综合文化服务中心设施，开展民间文艺团队、农民文化大院文艺会演和农民歌手大赛等乡村文化活动。

随着全区乡村文化综合服务效能的不断提升，文化惠民落在了实处，引

海原县三河镇四营村文艺舞台（李佐珍／摄）

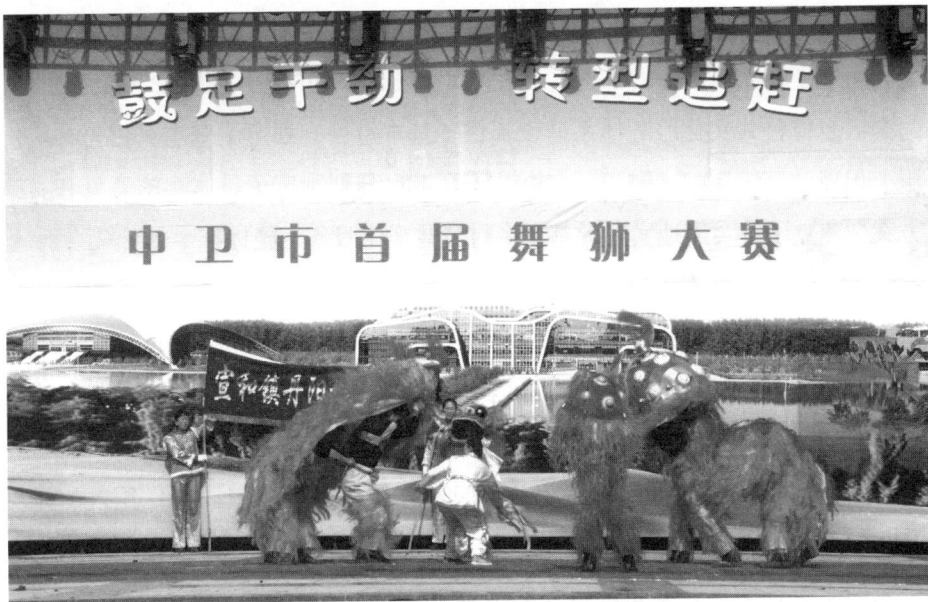

中卫市首届舞狮大赛（展帆／摄）

领乡村社会文明风尚的"加减"效应日益凸显，参加文化活动的农村群众增加了，聚众赌博的减少了；学习知识的增加了，戳弄是非的减少了；勤俭致富的增加了，铺张浪费的减少了；文明行为增加了，陈规陋习减少了，来乡村旅游度假的人也越来越多。

二、宁夏乡村公共文化服务发展的基本特征

新时代对乡村公共文化服务发展赋予了新的内容，也提出了新的目标和要求，综合来看，全区乡村公共文化服务发展主要呈现四个方面的特征，即标准化、全覆盖、体系化和信息化。

（一）乡村公共服务发展标准化

1. 全面建立乡村公共文化服务标准体系

2015年10月14日，宁夏回族自治区党办、政办印发了《关于加快构建现代乡村公共文化服务体系的实施意见》（以下简称《实施意见》），参照《国家基本乡村公共文化服务指导标准（2015—2020年）》，结合实际制定了《自治区基

本乡村公共文化服务实施标准（2015—2020年）》，将国家22条指导标准扩展细化为44条实施标准，明确了基本乡村公共文化服务的内容、种类、数量和水平，为全区乡村公共文化服务体系建设提供了基本遵循，划定了基本乡村公共文化服务保障"底线"。全区5市、22个县（区）也分别制定了具体实施意见和实施方案，建立了符合当地实际的基本乡村公共文化服务实施标准。

2. 完善协调督查机制

2016年1月，宁夏文化体制改革专项小组下发文件，成立由自治区党委、政府分管领导任组长、副组长，23个成员单位组成的乡村公共文化服务体系建设协调组，加强组织领导和统筹协调，推进规划编制、政策制定、项目实施、资源整合、考核评估等工作。相关部门发挥协调组办公室职能作用，加强对各市、县（区）贯彻落实《实施意见》情况的督促检查，指导各地陆续出台了本地实施意见、方案和规划等。自治区党委、政府将贯彻落实《实施意见》纳入全面深化改革督察范围，每年进行督导检查。

3. 推进乡村公共文化设施标准化

坚持夯实基础、补齐短板，实施了一批乡村公共文化设施建设项目，全区乡村公共文化场馆的设施装备条件显著改善，为群众提供的乡村公共文化服务项目从原来的5~6项普遍扩展到10项以上，群众享受乡村公共文化服务的舒适度、体验感和获得感均得到有效提升。

4. 丰富乡村公共文化服务供给

围绕重大主题，创排了一批精品剧目。组织各级文化馆、民间文艺团队推出优秀原创群众文艺作品600余件。广泛开展文化进万家、欢乐下基层等惠民演出活动，年均完成送戏下乡演出2000余场。每年元旦春节期间，组织举办"新春乐·全区社火大赛""三下乡"集中服务等十大类200~300余项文化活动，形成特色和品牌，切实保障人民群众基本乡村公共文化权益。

（二）乡村公共服务发展全覆盖

加快村综合性文化服务中心建设。以强化资源整合、创新管理机制，提升服务效能为重点，因地制宜推进基层综合服务中心建设，为巩固基层文化阵地、与全国同步全面建成小康社会奠定坚实基础。

1. 统筹资源，明确重点

2016年5月16日自治区政府办公厅印发《推进全区基层综合性文化服务中心建设实施方案》，明确目标任务、建设内容、建设标准、具体措施和实施步骤。以乡镇（街道）综合文化站、村（社区）综合文化服务中心建设为重点，统筹协调政府部门和社会力量，整合宣传文化、科技教育、广电体育等各类公共资源，加快推进基层综合性乡村公共文化服务中心建设。

2. 健全监督管理机制，提升乡村公共文化服务效能

建立区、市、县、乡、村五级基本乡村公共文化服务标准体系，制定《贫困地区村综合文化服务中心建设管理服务办法》等。各级公共图书馆积极推行错时延时服务，开展图书借阅、亲子阅读、数字图书体验等阅读促进活动，探索推进总分馆制建设，实现通借通还、共建共享。各级文化馆发挥阵地和人才优势，通过开办老年大学、组建文艺团队等形式，开展群众文艺创排演出、队伍培训、展览展示等活动，培训指导基层文化单位、组织举办活动。各乡镇文化站组织群众开展民间文艺展演、农民歌手大赛、秦腔比赛等文体活动。村（社区）综合文化服务中心实现有综合服务设施、有专门管理人员、有基本活动经费、有常态化群文活动、有稳定文艺团队的"五有"目标，具备宣传文化、党员教育、科学普及、普法教育、体育健身等综合服务功能，有的还增设了非遗展示、道德讲堂、农村实用技能和创业培训、电子商务等，有力增强了基层文化馆（站）的公共服务能力。

3. 注重建设，服务民生

自治区人民政府每年将乡镇综合文化站和村综合文化服务中心标准化建设列入民生实事稳步推进，每年扶持村综合文化服务中心、农民文化大院、民间文艺团队150个。目前，全区193个乡镇建成标准化综合文化站171个，达标率88.6%。

4. 实现全覆盖全达标

2016年以来，宁夏强力推进文化扶贫工程贫困地区村综合文化服务中心

建设，争取中央国家部委和自治区财政支持资金，统筹整合各部门资源资金，按照"七个一"标准，在贫困地区建成1271个村综合文化服务中心，率先在全国实现了贫困地区村综合文化服务中心全覆盖全达标。

（三）乡村公共服务发展体系化

试点推进县级文化馆图书馆总分馆制建设。通过推进乡村公共文化体制机制创新，深化文化馆图书馆总分馆制改革，实现资源下移、服务下移、统筹发展、提高效能，为广大基层群众提供标准化、均等化的基本乡村公共文化服务。

2017年8月25日宁夏回族自治区制定印发《自治区关于推进县级文化馆图书馆总分馆制工作的实施方案》，确立试点先行、稳步推进、全面实施的工作思路。坚持问题导向，采取政府主导、改革创新、强化基层、实事求是的原则，因地制宜推行试点建设。2017年确定银川市贺兰县、灵武市，石嘴山市大武口区、平罗县、吴忠市利通区、青铜峡市等8个县（区）进行总分馆制试点。边试点边推广，逐步延伸覆盖全区所有县（区）。组织全区12个县级图书馆、5个县级文化馆开展总分馆制试点建设，建成图书馆分馆66个、文化馆分馆14个。贺兰县、西吉县、西夏区等地在推进县级文化馆图书馆总分馆制建设上大胆探索、勇于创新，形成了图文一体化推进、"六朵云"乡镇分馆、城市书房、馆外阅读联盟等典型做法，得到了在全区进行表扬奖励和示范推广。整合群众文化艺术资源，加强对文化活动、文艺创作、文艺辅导、送戏下乡、队伍培训以及器材设备等方面的统筹。面向基层群众开展文化艺术服务，宁夏话剧团30多年如一日，以"大篷车"的形成跑遍全区乡村，把精神食粮送到农民家门口，逐步探索出一条话剧创作、展演方式，创作了《闽宁镇移民之歌》等一大批优秀作品，不仅收获25个国家级艺术奖项，而且赢得群众的口碑。此外，整合公共阅读资源与人才队伍，实行总馆主导下的文献资源统一采购、统一编目、统一配送、通借通还和人才统一调配，面向基层群众提供宣传教育和公共阅读服务。还充分利用流动舞台车、流动图书车等设施，广泛开展流动文化服务，扩大乡村公共文化服务的有效覆盖面。

（四）乡村公共文化服务发展信息化

宁夏是较早实现全区五级电子政务网联通的省份，这为文化资源的共享和向基层延伸提供了有利的条件和基础。宁夏以实施文化信息资源共享、公共电子阅览室建设、数字图书馆推广"三大工程"和公共数字文化建设工程为重点，依托各级公共文化服务设施，利用现代网络信息技术，加快推进乡村网络文化建设，全区基本建成覆盖城乡、互联互通、资源共享的乡村数字文化网络，为丰富农村群众文化生活、提高数字文化服务乡村发展能力发挥了积极作用。

1. 文化信息资源共享工程覆盖城乡

"十二五"时期，宁夏积极争取中央专项支持，大力实施文化信息资源共享工程，取得了一定的进展。截至目前，全区共建立自治区级文化资源共享分中心1个、地市级支中心5个、县级支中心20个。通过与农村党员干部现代远程教育、广播电视"村村通"、农村中小学远程教育工程、互联网涉农服务、自治区农村综合信息平台——呼叫中心等合作共建，建成乡镇基层服务站193个、行政村基层服务点2266个，实现了乡村两级全覆盖。现拥有数字资源总量100TB，其中自建资源10TB、外购资源90TB，依托互联网、卫星网、有线电视网、国家电子政务外网、移动硬盘（光盘）等传输渠道方式向基层乡镇、村服务点推送资源，实现了电脑、电视、手机、投影等各种终端服务设备的综合运用。

2. 公共电子阅览室扩展到乡村

积极争取文化部和自治区专项资金，以银川市、石嘴山市、吴忠市创建国家公共文化服务体系示范区为契机，加快推进公共电子阅览室建设，并为电子阅览室配送电脑终端、桌椅和应用软件工具等。截至目前，全区建成乡镇公共电子阅览室171个，覆盖率达到88.6%，建成村级电子阅览室513个，覆盖率达到22.6%。2017年，结合实施全区文化扶贫工程贫困地区村综合文化服务中心项目工程，盐池县、红寺堡区在各村全部建成公共电子阅览室，同心县共建成100个电子阅览室。吴忠市对标示范区创建标准，在全市建成358个村级电子阅览室，覆盖率达到70%以上。2016年以来，完成贫困地区

9县（区）18个乡镇综合文化站电子阅览室、33个村数字文化驿站设备和软件提档升级。

3.公共数字文化建设向乡村延伸

"十三五"时期，累计争取中央专项资金支持2532万元，重点实施公共数字文化平台建设、特色资源建设和基层服务推广活动。完成宁夏公共文化服务云平台建设，宁夏文化馆数字文化馆建设基本完成数字平台搭建，银川市、石嘴山市公共文化数字服务平台建成上线运行。实施了《丝路宁夏系列专题片》《宁夏地方戏剧资源》等9个特色文化资源建设项目。深入开展服务推广活动，在村、社区建设基层公共数字文化服务推广点8个，举办全区"文化共享工程和公共电子阅览室管理人员培训班"等技术骨干培训。

4.农村文化市场加快发展

在全国率先开展覆盖全区的规模以下文化及相关产业监测统计工作，建立全区统一的规模以下文化产业统计单位名录库，实现应统尽统，推动了包括农村文化产业在内的文化产业资源数字化建设水平。打造剪纸、刺绣、砖雕等具有浓郁乡村特色的文创产品，引导文化企业利用"互联网＋"搭建电子商务等线上销售渠道。目前，自治区级文化产业示范户中有18家文化企业专门从事剪纸、刺绣、砖雕等文创产品开发销售，占已命名示范户总量的27%，有效培育和扩大了农村文化市场。搭建农村特色文创产品展销平台，组织农村特色文化企业参加中国西部文博会、海峡两岸（厦门）文博会等国家级展会及银川市文化创意艺术节等活动，依托电视、互联网、微信等线上平台同步推介宣传宁夏优秀文创产品、民间艺术和非遗成果。2020年，银川市政府筹建非遗特色产品网络销售平台，联合农村电子商务机构，拓宽优秀非遗产品销售渠道。西吉县筹建"智慧文化·服务乡村振兴战略——六朵云工程"，在两个乡镇、24个村试点，配备触摸式电子屏等智慧服务终端设备，建成后可提供视频会议、远程培训、在线咨询、网络阅读等各类服务。

三、宁夏乡村公共文化服务发展的地方特色

由于地域不同，历史文化积淀不同，乡村公共文化服务发展也呈现出不同的特色。宁夏各地市主动作为，顺势而为，因地制宜，发挥优势，通过采取多种措施，找差距、补短板、求创新，形成特色，开创了乡村公共文化发展的新局面。

（一）银川市：文化重心下移，群众乐享实惠

作为国家首批公共文化服务体系示范区，银川市先后制定出台了《银川市加快构建现代公共文化服务体系的实施方案》《银川市公共文化服务基本标准》《银川市公共文化服务体系目标责任制考核办法》《银川市政府向社会力量购买公共文化服务实施方案》《银川市基层综合文化服务中心建设方案》等政策制度10余项，着力打造"城市十分钟文化圈""农村十里文化圈"，打通公共文化服务"最后一公里"，不断提升基层公共文化服务水平。全市现有图书馆8个、文化馆8个、乡镇（街道）文化站49个、文化广场12个、街道中心图书馆22个、基层综合文化服务中心100个、城市阅读岛60个、农家书屋274个、农民文化大院87个，县级两馆覆盖率100%，乡镇文化站覆盖率100%，农家书屋覆盖率100%，直播卫星"村村通"巩固率100%，"户户通"安装率100%。年均开展广场文化演出1000场次以上，送戏下乡演出1000场次以上，公益电影放映8000场次以上，组织开展各类大型文化活动（赛事）30项，参与群众300万人次以上。

坚持设施网络化，做到"八个有"。银川市以政府为主导，按照"重心下移、基层优先，缺什么补什么"的原则，整合资源，推行基层（农村和社区）文化设施"八个有"，即一个综合文化活动室（多功能室）、一个文化广场或室外活动场地、一个文化信息资源共享工程基层服务点（标准化的社区公共电子阅览室）、一个标准化的农家书屋（社区图书阅览室）、一名村（社区）文化管理员和一名文化辅导员、一支12人以上的业余文艺团队、一套规范的管理服务机制。目前，全市90%以上的村（社区）都配有标准的三室一广场，100%的乡镇街道和60%的社区建有标准的公共电子阅览室，农家书屋覆盖

率100%。同时，重点打造100家示范性农民文化大院，扶持和鼓励农民发展自办文化。基本实现全市农村、社区基本公共文化服务功能健全、基本设施设备配套齐全、各类基层群众文化活动正常开展，规范化管理水平显著提高。制定《银川市公共文化服务场馆免费开放实施意见》，市县乡村四级文化场馆免费开放时间均超国家标准，在全国率先推出你买书我买单、二代身份证免押金借阅等服务手段，真正实现把门打开，零门槛服务。

坚持队伍多元化，做到"3+1+1"。坚持把基层文化专业队伍、社会民间文艺团队、文化志愿者三支队伍建设作为重要抓手，形成专业人员与业余团队互为补充、服务队伍多元化的良好格局。一是专业队伍抓培训。银川市在积极落实"八个有"制度的基础上，专门制定出台了《关于加强基层文化队伍培训工作的实施意见》，启动实施了大规模培训计划，每年市、县两级举办专业人员培训班30余期，加快培养和建设一支高素质的基层群众文化专业工作队伍。同时，积极注重发挥专业艺术院团的示范引领作用。近年来，银川市专业艺术事业蓬勃发展、优秀舞台艺术产品不断涌现、业务成果年年刷新，在不断强化团队自身建设的同时，积极投身社会公益事业，平均每年参加公益性群众文化演出120余场，有力地支持了各类群众文化活动的发展繁荣和进步提高。二是民间团队抓评星。按照群众文化活动群众参与、自我管理、自我发展的思路，银川市研究制定了《关于加强全市社会民间文艺团队建设的实施意见》，提出了全市每个乡镇、街道、村、社区都要有一支民间业余团队的建设目标，并于2011年在全市创新推行社会民间文艺团队"星级化"目标管理机制。银川市政府每年投入30余万元专项经费，采取以奖代补的方式给各团队配发服装、道具、乐器、摄像机等器材。银川市文化艺术馆每年举办各类文艺骨干培训班100余期、培训骨干5000余人次。全市共有音乐、戏剧、舞蹈、书画、摄影、文学、曲艺、民间文艺等各门类群众文艺团队1000余支，常年坚持开展活动的优秀团队130余支、骨干15000余人。经过自评申报、实地查看、群众测评、综合评定、动态管理等环节，共评出四星级团队1个、三星级团队8个、二星级团队12

个、一星级团队21个、优秀级团队6个。社会民间文艺团队常年活跃在城乡社区，成为群众文化活动的重要生力军。三是志愿队伍抓活动。按照文化部、中央文明办《关于广泛开展基层文化志愿服务活动的意见》，为鼓励和引导更多市民群众参与到群众文化活动中来，弘扬志愿服务精神，银川市积极采取与大中专院校文艺院系合作、聘请社会文艺骨干和离退休文化工作者、面向社会公开招募等方式，初步组建了一支拥有1300多人的文化志愿者队伍。银川市还专题召开了全市文化志愿者工作会议，制定出台了《关于在全市广泛深入开展文化志愿服务活动的实施意见》《关于开展"文化志愿，温暖银川"文化志愿者基层服务年系列活动的通知》，建立健全了文化志愿服务活动的招募和组织管理体系。目前，全市各级文化机构成立文化志愿团队72支，志愿者总数达到1800多人。依托重大文化活动、公益文化设施、重点文化惠民工程、重大节庆日积极开展文化志愿服务活动，成为推动群众文化活动的又一支重要生力军。此举既弥补了公共文化事业和群众文化活动专业力量不足的问题，也为志愿者奉献社会、施展才艺、体现价值搭设了更为广阔的空间平台。银川市文化艺术馆还率先组建了有一定文艺专长的百名文化辅导员队伍，辅导员坚持每周深入村、社区开展一次文艺辅导培训，深受基层群众欢迎。

坚持服务标准化，实现"331"。围绕满足群众基本文化需求，加快提升标准化、规范化服务水平，大力推行基层文化服务"331"目标，即每村每年看3场以上戏剧或文艺演出、每村每年组织3次以上群众文体活动和每村至少有1支特色群众文化活动队伍。以"331"为目标，目前银川市58支优秀文化队伍开展"送戏下乡"演出活动达到1000余场（次）。有力地保障了基层群众基本文化权益、促进了公共文化服务均等化。同时，坚持"送文化"向"种文化"转变，通过加大指导扶持，引导农民自办团队、自演自乐，发展农村特色文化活动。2019年农村自我组织/自办文化活动平均在每村/社区3场以上，一批乡土文化能人走上舞台，真正实现了群众积极参与、共享共乐，极大地丰富了农民群众的业余文化生活。

坚持服务流动化，常年坚持开展"四送六进"文化惠民工程。全面推行菜单式、订单式服务机制，以专业艺术院团、优秀社会民间文艺团队、文化志愿者为骨干的送演出、送图书、送电影、送培训，进社区、进乡村、进军营、进校园、进工地、进特殊教育场所等"四送六进"及"百名志愿者下基层""百场演出下乡村""文化名家社区大讲堂""百家图书流通服务点"等流动文化服务，年均开展活动8000场（次）以上，2019年开展活动就达9000余场（次）。

坚持活动特色化，打造"花开四季"。银川市坚持以群众需求为导向，以群众参与为主体，顺应时节转换、四季分明特色，坚持条块结合、资源整合、扩大效应，着力打造以凤城春潮·市民文化季、湖城之夏·广场文化季和塞上冬韵·民俗文化季为内容的"文化银川·花开四季"特色群众文化活动品牌，组织开展民族团结月文艺巡演、民族时装秀、乡村歌手大赛、群文书画大赛、美丽银川摄影大赛、葡萄音乐节、花之声擂台赛、非遗博览会、国庆七天乐、老年文艺汇演等特色主题文化活动。营造喜庆丰收、民族团结、幸福和谐的社会氛围。精心策划新春文化庙会、雪雕冰灯节、社火表演、新年音乐会、送春联到农家、喜迎新春百场演出下乡村等系列节庆活动，实现城乡联动、上下互动。

（二）石嘴山市：以乡村公共文化服务发展助力资源城市转型

石嘴山市是首批国家资源枯竭型城市，只有依托转型才有出路，因此文化的发展和作用显得尤为重要。石嘴山市制定完善了《石嘴山市加快构建现代公共文化服务体系实施方案》，重点围绕推进公共文化服务均等化、建立完善公共文化服务标准、强化公共文化服务发展动力等方面，提出了22项具体任务，把乡村公共文化服务建设作为振兴乡村的有力举措，通过成功创建国家公共文化服务体系示范区，创新服务内容和服务方式，加大乡村文化建设，深入实施文化惠民工程，乡村公共文化服务网络设施更加完善，公共文化服务供给更加丰富，农民文化生活质量得到不断提升。

夯实服务阵地，乡村公共文化设施建设实现网络化。按照"整合资源、共建共享、服务群众"的原则，通过新建、改建、资源整合等方式，建成20个乡镇综合文化站，建成率100%，全部达到国家西部建设标准。站舍面积达到300平方米，均设有电子阅览室、多功能厅、图书室、培训教室和共享工程活动室并配备相应设备及室外活动场地。累计新建、改扩建乡村综合性文化服务中心195个、农家书屋195个、农民文化大院31个，基本实现了宣传文化、党员教育、科学普及、农技推广、卫生计生、便民服务、体育健身等一体化综合服务功能，提升了服务半径。打造大武口区龙泉村家风家训馆、平罗县黄渠桥镇红色文化展示馆、平罗县头闸镇翰林清风文化展示馆等展馆，挖掘和弘扬乡村优秀传统文化。打造了40个集村情村史、崇德尚行、乡风文明、美好家园和农耕文化体验为一体的农村文化阵地，基本实现了文化宣传、党员教育、科学普及、农技推广、体育健身及卫生计生、便民服务等一体化综合服务，奠定乡村文旅协同发展基础。依托文化信息资源共享工程服务网络和公共电子阅览室，推进基层文化信息资源共享工程服务点建设，建成乡镇（街道）电子阅览室35个，基本实现了覆盖城乡的四级公共数字化服务网络，群众可利用平台享受活动预约、场馆预定、线上阅读、场馆数字体验、参与学习互动等服务，降低了公共文化服务成本，提高了公共文化活动的群众参与率和文化场馆的使用率，初步形成统一规划、覆盖城乡、功能齐全、设施先进、实用高效的覆盖城乡四级公共文化服务网络设施，极大满足了广大市民日益增长的文化需求。

提升服务效能，乡村公共文化服务水平全面提升。按照"资源下移、重心下移、服务下移"的原则，积极面向基层、面向乡村服务，全面实施全民阅读工程，每年在全市范围举办"全民阅读季·书香石嘴山"系列活动，积极推进公共文化场馆一体化服务，开展图书馆总分馆建设，建成具有通借统还服务功能的图书馆分馆4个；每年更新农家书屋图书，同时对全市194个农家书屋进行数字化建设；参与全民阅读活动人数超过30万人次。常年组织开展"我为乡亲送戏来""三下乡"、百姓健康舞培训等活动，全市90%以上的乡镇、村都有群众自发成立的文艺团队活跃在各类舞台，成为文化服务的重要载体，仅2019年，全市共送戏下乡277场次，受益群众15万人次。实施文化辅导员下派制度。通过辅导员"包片定点"的形式组织开展各类文化活动，协助乡镇、村组建文化活动团体，建立健全团队管理制度和活动计划，并引导农民参与健康有益的文化活动，定期开展群众文化辅导业务培训。积极推进公共文化场馆一体化服务，开展图书馆总分馆建设，通过在惠农区红果子镇、平罗县黄渠桥镇、平罗县陶乐镇、平罗县宝丰镇等地建立图书馆分馆，让乡村群众享受县级图书馆通借通还服务。推进乡村数字和公益电影放映活动，设立固定电影放映点20个，全市共有7家多厅影城，共计28厅4235座，每年放映乡村公益电影3200场以上，有效丰富了农民的业余文化生活。

加大特殊群体基本文化权益保障力度。在博物馆、文化馆、图书馆等公共文化场所设置无障碍服务设施；在市、县（区）图书馆设置特殊群体阅览区，开展盲人阅读服务，为特殊人群提供阅读便利。探索建立行政村、城市社区留守儿童和农民工子女校外辅导员制度，在基层公共文化场所开办公共电子阅览室、"四点半学堂"，为留守儿童、农民工子女提供课外文化学习服务。

（三）吴忠市：以城之韵，逐城之律

吴忠市认真贯彻落实习近平新时代中国特色社会主义思想和党的十九大精神，扎实落实《公共文化服务保障法》《公共图书馆法》《关于加快构建现代公共文化服务体系的意见》，制定出台了《创建国家公共文化服务体系示范区实施方案》《创建国家公共文化服务体系示范区规划（2015—2017）》《关于加快构建现代公共文化服务体系实施意见》等文件，全市公共文化服务体系建设取得了显著成效，城乡公共文化焕发新活力，公共文化服务供给丰富多彩，特色文化品牌文艺精品异彩纷呈，充分发挥文化惠民、乐民、育民功能，持续满足人民群众日益增长的美好文化生活需要。2019年2月，吴忠市成功入选第三批创建国家公共文化服务体系示范区。

网络实现城乡全覆盖。为全面贯彻落实党的十九大和中央农村工作会议精神，全面建设"产业兴旺、生态宜居、乡风文明、治理有效、生活富裕"的新乡村，促进农业农村发展，吴忠市加快推进文化小康助力脱贫富民和乡村振兴战略，通过统筹谋划引领，积极探索发展，结合美丽乡村建设，推动乡村公共文化服务建设，在乡村文化发展方面取得了显著成效。全市已基本形成统一规划、覆盖城乡、功能齐全、设施先进、实用高效的市、县、乡、村、组五级公共文化服务设施网络。高标准建设文化场馆和阵地。建成市级文化馆、图书馆、博物馆、美术馆、非遗展示馆各1个，建有县（市、区）文化馆5个、图书馆5个、博物馆14个，其中吴忠市文化馆、图书馆等6个馆所达到部颁一级标准，其余均达到部颁三级以上标准。新建完成青铜峡市文化馆、图书馆、盐池县图书馆。推进乡镇综合文化站建设达标。全市建有44个乡镇、2个街道综合文化站，其中43个单独设置，均达到部颁乡镇综合文化站建设标准。建成利通区上桥、板桥、古城综合文化站，将红寺堡新庄集乡综合文化站纳入葡萄小镇统一规划建设。"七个一"高标准推进村综合文化服务中心建设。全市573个村（社区）中，按照"七个一"标准已建成集党员教育、宣传文化、教育科技、体育健身、民政卫生为一体的村（社区）综合文化服务中心524个，占比91.5%。红寺堡区、盐池县、同心县3个集中连片贫困地区实现了村综合文化服务中心"七个一"标准建设100%全覆盖。全市505个村组农家书屋遍布城乡，设施功能齐全，卫星数字农家书屋资源实现共享。推进农村文化大院建设。制定出台吴忠市示范性文化大院评选命名实施方案，在全市范围内创建命名表彰了64个市级示范性大院并给予资金扶持奖励。

文化惠民工程深入实施。文化惠民送戏下乡、"书香吴忠·全民阅读""文化阳光志愿服务"等一批公共文化服务项目开花结果。深入开展文化"八进"活动，每年"文化惠民、送戏下乡"演出300多场次，播放农村电影8000多场，受益群众达150万人次。城乡文化数字信息资源共建共享。统筹国家文化信息资源共享、数字图书馆、博物馆建设、直播卫星广播电视公共服务、农村数字电影放映、数字农家书屋、城乡电子阅报屏建设以及市、县、乡、村四级公共文化数字资源，依托"智慧城市"实施完成了吴忠市公共数字文化服务平台——吴忠文化云，形成了以活动展播、数字阅读、场馆预约为主要内容的现代化公共文化数字化服务系统。全市46个乡镇综合文化站、573个村综合文化服务中心实现了无线网络 Wi-Fi 全覆盖，群众通过智能手机、家用电脑、公共电子阅览室等多种形式享受数字资源服务。全市340个村建成拥有5台以上电脑的电子阅览室。卫星数字农家书屋、数字文化资源共享工程基本实现了全覆盖。广播电视村村响、户户通进村入户实现了全覆盖，广播人口综合覆盖率达到98.63%，电视人口综合覆盖率达到99.51%。城乡基本实现了互联互通、共建共享，形成了覆盖城乡的数字文化服务网络。

服务供给丰富多样。紧抓春节、元宵、清明、端午、中秋、重阳以及元旦、五一、国庆等重大节庆活动，扎实开展节庆系列文艺晚会、花灯展、猜灯谜、社火展演、民间文艺院团展演、经典诗词诵读、群众广场舞大赛、书画摄影展陈、青少年才艺展示、青少年书法赛、"移民之声""黄河岸边吼一声"秦腔联赛、"非遗、戏曲进校园"、农村公益电影放映等一系列文化活动，每年受益群众超过300万人次，丰富了群众文化生活，助推了国家卫生城市、全国文明城市的创建。群众文化活动精彩纷呈，"滨河百姓大舞台""百姓舞台·多彩利通""魅力红寺堡""金岸明珠大舞台""唱响中国梦·舞动古盐州""活力之乡·花儿同心"等品牌广场文艺活动每年演出100多场次，观众达80万余人次。精品文艺创作百花竞放，2016年以来，全市先后创作了100多部音乐、舞蹈等精品剧目，其中22项获得国家级、自治区级奖项。眉户小戏《人间总有真情在》入选2017年国家戏曲剧本孵化计划项目；舞蹈《夯墙乐》《盖碗飘香》获中国·宁夏第四届舞蹈展演"沙枣花"荣誉称号；舞蹈《塞上花儿心中的歌》《锦鸡林》《美咋咧》获第二届全区少数民族文艺汇演一等奖。制定出台了吴忠市基本公共文化服务实施标准并公开公示，全市"三馆一站"全部实现免费开放，实施错时延时免费开放，节假日均能实现正常开放，并针对少儿、老人、残疾人等特殊群体开展常态化服务。服务效能不断提升，普惠全民。

乡村公共文化服务保障措施铿锵有力。制定《吴忠市政府购买公共服务指导性意见》和购买目录，每年将文化部门和公共文化机构基本文化服务项目、公益性文化活动等纳入公共财政经常性支出预算。市县两级编制部门下发人员编制文件，为每个综合文化站配备3名工作人员，共配备138名乡镇文化站管理人员。目前，573个行政村（社区）均基本配有1名财政补贴的文化管理员（文化指导员）。吴忠市人民政府连续六年将公共文化建设列入全市十件民生实事内容，每年投入200万元实施政府购买文艺演出送基层服务，吸引了大量社会文艺团队参与公共文化服务供给。目前全市人均公共文化财政支出为178.89元。积极鼓励和培育群众业余文艺团队，每个村（社区）至少有1支业余文艺团队，全市组建星级文艺团队103支，其中3支专业团体、100家民间团队，11家五星级艺术团，15家四星级民间艺术团，25家三星级民间艺术团。组建了近5000名的文化志愿者队伍，设立文艺表演、文化辅导等22个团队，开展了一批以"文化服务阳光行动"为代表的文化志愿服务项目，涌现出了非遗传承人李夏英、赵文花、谢芳等一批"全市最美志愿者"。吴忠市宣传文化中心互善联盟爱心公益社团、吴忠市民族书画院文化志愿者服务队被评为"全市最佳志愿服务组织"，形成了政府主导、社会参与公共文化建设的生动局面。

（四）中卫市：乡村公共文化服务发展助力旅游业蓬勃发展

中卫是一座旅游之城，发展文化为旅游业发展注入新的内涵是中卫致力研究的课题。近年来，中卫把公共文化服务体系建设纳入经济社会发展规划，大力实施乡村振兴战略，坚持政府主导、社会参与、重心下移、共建共享，持续增加乡村公共文化事业投入，不断完善乡村公共文化设施网络，努力丰富文化产品供给，公共文化服务体系建设工作取得明显成效，服务效能得到不断提升，极大地推动了旅游业发展。

一是基础设施网络初步形成。近年来，累计投资7亿元，建成中卫市"五馆一中心"（图书馆、文化馆、博物馆、科技馆、体育馆、水上运动中心）、中卫数字图书馆，中宁县黄河杞乡体育中心、文化馆、图书馆、体育公园、健身广场，海原县体育馆、图书馆等一批重点公共文化设施；完成"大河之舞"主题文化公园黄河宫的布展。截至目前，全市共有市级文化馆1个、分馆2个、县级文化馆2个；市级图书馆1个、分馆5个、县级图书馆2个、公共数字图书馆3个；博物馆3个，影剧院3个；建成镇乡标准化综合文化站38个，村综合文化服务中心448个，社区综合文化服务中心26个，文化大院113个。全市公共文化服务设施实现均等化、标准化发展，文化基层阵地全部实现免费开放，广播电视村村通实现全覆盖，保障了农村群众的业余文化生活需求，市、县（区）、镇（乡）、村（社区）四级公共文化服务网络体系基本形成。

二是文化惠民工程效应明显。大力实施文化惠民工程，培育和打造群众文化活动品牌，开展了"欢乐中卫""欢乐宁夏""广场舞大赛""群众合唱大赛""'花儿'唱响中卫大地"等一系列群众喜闻乐见、参与率较高的文化活动；每年实施文化科技卫生"三下乡"活动，深入各乡镇、贫困村，每年开展送戏下乡演出800场次以上，广场艺术节演出100场次以上，农村数字电影放映7000场次以上；结合"创建全国文明城市""学雷锋活动月""我们的节日"等主题活动，每月组织30多名文化志愿者深入社区、农村、军营、敬老院、社会福利院开展下基层演出活动，变"送文化"为"种文化"，丰富群众精神文化生活。

三是服务供给能力显著增强。中卫市全面推行乡镇综合文化站"公建民营公助"模式并实现全覆盖，促进了公共文化服务方式的多元化、社会化；2019年督导两县一区新建3个乡镇综合文化站（文昌镇、滨河镇、海城镇），按照"七个一"标准对138个川区村综合文化服务中心（沙坡头区66个、中宁县72个）进行提质升级，充分发挥阵地效能，打通公共文化"最后一公里"。在三年的"民办公助"民族艺术团惠民服务示范项目创建过程中，大力鼓励和支持专业团队及业余团队承办各类惠民下乡演出活动，并于2018年顺利通过了第三批国家公共文化服务体系示范区（项目）验收集中评审；大力实施文化馆图书馆总分馆制，探索建立了文化馆议事会、图书馆理事会，实现了公共文化"菜单式""订单式"服务。

四是人才队伍不断壮大。中卫市注重培养乡村群众性文艺团队和人才，截至目前全市组建民间文艺团队126个，各类社火表演队349个，健身操、秧歌、太极拳等群众健身团体42支，组建舞蹈团、舞蹈协会、秧歌队、合唱团、老年人舞蹈队等各类文艺团队80支，每年组织广场舞、声乐、摄影、书法等培训班10余期，培训基层文艺骨干1000多名，每周委派2名文艺骨干对业余文艺团体进行指导，不断提高基层节目水准和质量，促进了农村文化工作的深入发展。

（五）固原市：以乡村公共文化服务发展助力脱贫攻坚战

固原是脱贫攻坚的主战场，乡村公共文化服务发展尤为重要。全市坚持政府主导、社会投入、群众参与，以满足广大群众基本文化需求为主要目的提供标准化、均等化、普惠化的公共文化设施、文化产品、文化活动以及其他相关服务，不断加大文化设施建设力度，不断完善覆盖城乡的公共文化网络。原州区被命名为"全国文物先进县""中国民间文化艺术之乡"，西吉县被命名为"全国文化先进县"、首个"中国文学之乡"，隆德县被命名为"全国文化先进县""中国现代民间绘画乡""中国书法之乡""中国社火文化之乡"。

设施网络基本建成。覆盖固原市城乡的市、县（区）、乡、村四级公共文化设施网络体系形成，"市有四馆、县有三馆、乡镇有综合文化服务中心、村有综合文化活动室"的基础设施建设目标基本实现，公共文化场所和设施按要求全部免费向公众开放。全市共有6个图书馆、6个美术馆（文化馆）、6个免费开放的博物馆。固原市文化馆、图书馆2020年年底前开馆投入使用。固原博物馆是国家一级博物馆；隆德县、彭阳县新建文化馆、图书馆、博物馆均已投入使用，活动开展丰富、服务群众成效显著；西吉县博物馆投入使用，新文化馆、图书馆主体建成2020年年底投入使用；泾源县新图书馆主体建成，2020年年底投入使用；原州区新图书馆、文化馆完成选址，正在建设中，农耕博物馆认真开展服务群众工作。全市65个乡镇（街道）中有54个乡镇各有独立设置且面积达300平方米以上的综合文化服务中心，独立设置率达到83%。全市814个行政村按照"七个一"标准，开展村级综合文化服务中心"补短板"建设工程，实现了行政村综合文化活动室全覆盖，数字宽带村村通，广播电视户户通。固原率先在宁夏开展文化大院创建工作，在全区率先出台《固原市文化大院创建实施意见》，截至2018年，先后建设和发展"花儿"大院、秦腔大院、非遗大院、旅游大院、综合大院等各类文化大院155家（其中市级文化大院66家），拥有骨干成员2300多人，每年演出节目近1800场次，受益群众超过20万人次。固原市政府每年将文化大院打造提升列为政府十大民生实事之一，预算列支100万元将其长期培育打造成弥补基层公共文化服务的重要阵地。

公共文化服务质量不断提升。固原市率先实施"公共文化服务进移民新村"示范项目，以创建国家"公共文化服务进移民新村"示范项目为抓手，紧紧围绕构建和完善基层公共文化服务体系，以首批24个移民新村为重点，通过建设文化阵地，贯彻全市"1+21+X"精准扶贫规划精神，促进公共文化服务标准化、均等化，圆满完成各项创建任务，创建规划落实率达100%，群众满意度达95%。西吉县率先打造"六朵云"数字文化模式，全面实施智慧乡村"六朵云"，即"云+党建、党风廉政、统战、综治、文化、扶贫"服务工程。先后在西吉县会议中心、县委、政府、人大、政协等单位，19个乡镇政府和295个行政村全面开通了"智慧乡村六朵云"服务工程，建立了县、乡、村三级网络服务平台，实现资源共享和视频会议等服务功能，让"数据跑腿"，打破传统远程教育、办公开会、干群交流、信息应用模式，打通服务群众"最后一公里"。

公共文化投入机制逐步建立。逐步确立了政府为主体、社会参与、多方投入的公共文化服务供给体系，近年来各级政府先后投入资金1.5亿多元，支持固原市文化馆、图书馆建设；投入4亿元建设县（区）文化馆、图书馆、博物馆和职工文化活动中心建设；投入1亿元支持乡镇综合文化站建设；投入3.98亿元支持村级综合文化服务中心建设。市级和部分县财政每年各安排1000万元的创建国家公共文化服务体系示范区工作经费，全市每年筹措1000多万元组织实施"送戏下乡"、广场文化演出、"戏曲进乡村"等文化惠民工程，开展节庆文化宣传营销活动等。各县（区）文化和旅游部门积极争取财政支持，以切实保障村级文化管理员的报酬补贴问题。2018年全市文化支出7203万元，人均48.2元，高于全国24元的标准。

公共文化服务队伍不断壮大。目前全市从事文化工作人员901人，其中市、县（区）直文化馆（群艺馆）、图书馆、文物管理所（博物馆）、乡（镇）综合文化站 450 人，村级文化专管员 814人，各类文化专业技术人员410人。每年结合国家"三区人才""非遗传承保护"等项目，组织举办刺绣、剪纸、砖雕、广场舞等各类培训班10期以上。选派文化专业技术人员深入基层进行业务辅导培训，帮助基层创排文艺节目，为基层文化活动开展培养了大量的骨干人才，激发了基层文化建设活力，培养基层文艺骨干和文化能人1200余人。依托实施村综合文化服务中心项目，为814个行政村配备了村级文化管理员。

第三节　宁夏文化扶贫工程贫困地区村综合文化服务中心建设

决胜脱贫攻坚，同步全面小康，是以习近平同志为核心的党中央作出的重大决策部署。2016年7月，习近平总书记来宁视察时发表重要讲话，强调宁夏要"努力实现经济繁荣、民族团结、环境优美、人民富裕，确保与全国同步全面建成小康社会"，为宁夏未来发展勾画了美好蓝图、指明了方向。2016年9月，刘奇葆同志来宁考察调研时要求紧紧抓住提高基层公共文化服务标准化、均等化这条主线，把宁夏建成全国贫困地区基层公共文化服务体系示范省区。为贯彻落实党中央重大决策部署、习近平总书记来宁视察重要讲话精神和刘奇葆同志来宁调研的有关要求，自治区党委、政府结合实施脱贫攻坚战略，全面启动文化扶贫工程贫困地区村综合文化服务中心建设。

一、贫困地区村综合文化服务中心建设的做法与启示

全区上下聚焦"四个工程"，着力"五个到位"，从2016年9月谋篇布局，2017年3月开工建设，到2017年9月底全面完成贫困地区9县（区）606个村和555个功能提升村建设任务，率先在全国贫困地区实现了村综合文化服务中心全达标全覆盖。

（一）贫困地区村综合文化服务中心建设认识到位

自治区党委、政府高度重视文化扶贫工程贫困地区村综合文化服务中心建设，站在贯彻落实习近平总书记来宁视察重要讲话精神和刘奇葆同志来宁调研有关要求的政治高度认识，站在决胜脱贫攻坚、与全国同步全面建成小康社会的工作大局部署，把文化扶贫工程贫困地区村综合文化服务中心建设纳入"十三五"规划重点建设项目、写进政府工作报告重要目标任务、列入自治区政府2017年十项民生实事和宣传思想文化工作十大重点工程。自治区党委、政府主要领导作出指示，要求要把这项工作作为一项重大的政治任务抓紧抓实，在全国作出示范。

为此，专门成立文化扶贫工程实施领导小组，专题研究落实措施，明确提出到2017年9月全面完成贫困地区村综合文化服务中心全达标全覆盖任务，实现文化设施到村、文化服务到户、文化普及到人、文化扶贫到"根""四到"目标，把宁夏建成全国贫困地区基层公共文化服务体系示范省区，以新的精神状态和奋斗姿态迎接党的十九大胜利召开。

树立像抓经济工作一样抓文化建设的工作理念，达成物质脱贫与精神脱贫一起抓的思想共识，目标同向，步调一致。建立问题、任务、责任三个清单，把重点工作项目化、项目推进清单化、清单落实责任化，形成齐抓共管、相互协调配合，带领群众扶志治愚"富脑袋"、解放思想"拔穷根"的工作格局。

（二）贫困地区村综合文化服务中心建设部署到位

按照自治区党委、政府总体部署，在自治区文化扶贫工程实施领导小组要求精准摸清家底的基础上，按照"一村一表一图一说明"建档立卡。从2016年9月开始，先后两次安排9个调研组以问题和需求为导向，"一组包一县深入每一村"，对每个村群众居住分布、人口、生产生活条件和文化设施现状、文化特色、文化需求等情况，采取填写登记表、拍摄原貌图、记录村情说明、走访群众需求、座谈征求意见、现场规划布局等办法，按照"一村一表一图一说明"，全面建立了贫困地区9县（区）包括示范村、中宣部支持项目村和功能提升村在内的1266个村综合文化服务中心项目建设数据库，并编制出1266个村综合文化服务中心建设项目清单，做到了家底清、数据明，为精准实施项目建设奠定了坚实基础。

在调研摸底掌握第一手资料的基础上，自治区文化扶贫工程实施领导小组针对贫困地区9县（区）村级文化阵地建设现状和实际需求，反复征求部门、县（区）和群众的意见建议，研究制定了《宁夏文化扶贫工程贫困地区村综合文化服务中心项目实施方案》，从大会动员、开工建设、全面推进、验收总结等九个环节进行系统性部署、精细化安排，提出项目建设要做到"四个精准"，即实施对象精准、资金投入精准、设施建设精准、服务保障精准、建成"四个工程"，即安全工程、质量工程、阳光工程、民心工程的具体要求。召开全区文化扶贫工作会议、举行现场开工仪式，自治区分管领导亲自部署安排，县（区）书记大会作表态、政府县（区）长现场签领责任书和任务清单，将贫困地区村综合文化服务中心建设作为一把手工程来推动。

自治区文化扶贫工程实施领导小组制定《宁夏文化扶贫工程贫困地区村综合文化服务中心项目建设领导干部包抓机制实施方案》，确定自治区领导包县（区）、厅（局）包乡（镇）、处室包村责任制，形成人人肩上有胆子、齐心协力抓落实的包抓机制。县（区）也建立干部包抓机制，加大项目建设推进力度。如西吉县成立四个包抓小组，由4名县级干部任组长，抽调宣传、文广、财政、监察、扶贫、教体等部门单位工作人员，每个小组包抓4~5个乡镇，组长负责整体工作，工作人员进村蹲点抓落实，4个小组每月召开一次碰头会议，相互通报情况，总结阶段性成果和经验，交流推进下一步工作。泾源县抽调部门单位得力人员，组成7个村综合文化服务中心建设工作队，每个工作队实行包乡抓村工作制，明确工作人员工作职责，一抓到底，确保按期完成建设任务。

将文化扶贫工程贫困地区村综合文化服务中心项目建设作为宣传思想文化战线的头号工程挂牌督战，成立专门办公室，制作全区任务清单表、工作流程图、项目进度表、项目推进柱状图，倒排工期，挂牌上墙，实时督报督办。各县（区）制定具体实施方案，党政一把手亲力亲为，召开专题会议，层层分解任务，将项目建设谁设计、谁施工、谁监管等具体事项逐一落实到每个单位和每个人头，建立台账、挂图作战、限时"交卷"。盐池县委书记亲自审定实施方案和规划设计效果图，同时建立微信群、QQ群，通过乡镇每天发布的信息，梳理具体问题，由县人大、政协每周到实地督导协调解决；同心县委书记实地检查项目建设情况，落实配套资金，提出具体要求，要求部门单位严格按照时间节点完成任务；红寺堡区党政一把手多次深入各村督导项目建设并协调解决实际问题；泾源县制定每个村项目进度倒计时安排表，每天通过微信向县委、政府主要负责同志汇报工程进度，及时研究解决出现的问题。

自治区党委、政府分管领导有针对性地对建设任务较大、困难较多的西吉县、海原县进行重点监督，帮助解决困难和问题。自治区文化扶贫工程领导小组成立专门的督查组并邀请纪检部门人员参与，建立一周一简报、一月一督查的监督机制，采取实地抽查、查阅档案资料、走访座谈等方式，精准对标每个县（区）每个村项目进度、建设标准、工程质量等方面进行实地监督，通过精确具体的数字表述，及时向自治区党委、政府报送督查专报，向领导小组成员单位和各市、县（区）通报督查情况。吴忠市、固原市、中卫市分别组成督查组对所辖县（区）项目建设实行定期监督和随机抽查。9个县（区）分别成立专项督查组，建立监督机制，监督与问效结合。如：盐池县坚持"验评分离、强化验收、完善手续、过程控制"的原则，在质量监督中采取事先不通知的办法，开展不定期巡回抽查，随时公布抽查结果；原州区采取"督查组＋监理公司＋乡镇文化站站长和群众监督员"巡回监督模式，实现每个村每一天的建设情况都能得到有效监督；海原县、盐池县通过召开现场观摩推进会的方式，达到了相互学习、相互促进的效果。

（三）贫困地区村综合文化服务中心建设资金到位

整合捆绑，采取"多个渠道来水一个龙头出水"的办法，将中宣部支持606个村基础设施建设资金，文化部、新闻出版广电总局、体育总局支持购置器材设备资金和自治区财政配套建设资金总计15574万元，由自治区文化扶贫工程实施领导小组依据调研摸底数据和项目建设清单，统一下达到9县（区）

统筹使用。各县（区）积极整合"五通八有"扶贫、乡村旅游、美丽村庄建设、社区建设和农村"一事一议"等项目资金16343万元，与自治区下达资金集中捆绑，统筹安排到606个村项目建设和555个村功能提升上。同时，各县（区）采取盘活存量、整合资源、充分利用等办法，对各村已有的宣传文化、党员教育、图书阅览、体育健身、社区服务、老年饭桌、电商服务、闲置学校和村部空地等公共资源进行整合，促进优化配置、高效利用、共建共享。如彭阳县整合4个闲置学校、5个旧村部和3个村部闲置空地改建文化活动室和文化广场，降低了建设成本；泾源县整合利用现有村部、社区、学校、旅游驿站等空闲场地改建文化活动室，提高了设施利用率；隆德县整合乡村旅游、美丽村庄、农村社区等公共设施资源，规划布置，补充完善文化活动室等设施。

除泾源县外，9个县（区）都采取了社会参与的方式，鼓励致富返乡农民集资、私营企业老板捐助和驻地企业赞助共建共享的方式，总计引入社会资金1824万元，支持建设乡村大舞台82个、260平方米文化活动室1个，有效缓解了地方资金压力。如原州区通过私营企业老板捐助200万元、群众集资115万元、西部机场赞助40万元，建设乡村大舞台16个；隆德县三家私营企业投资68万元改建舞台3个；彭阳县企业出资170万元建设乡村大舞台2个；西吉县私企赞助和群众集资375万元建设乡村舞台32个。

建立项目资金管理使用制度，从资金来源、使用范围、使用标准、管理责任等方面都作出明确要求和规定。整合捆绑资金由县（区）党委、政府会议研究确定，设立资金专户，统一安排使用，杜绝滞留和浪费，促进了资金在项目建设中的高效运转，严格做到专款专用、精准投入，同时严格项目建设和器材设备招投标、审核、验收、资金拨付等程序，公开公示项目建设内容，接受群众监督，县（区）纪检、审计部门也同时介入，全程跟踪。资金统管统用，使项目建设高效推进。

（四）贫困地区村综合文化服务中心建设管理到位

全区各级党委、政府建立形成上下衔接、层层管理、高度负责的组织机构体系。自治区成立文化扶贫工程实施领导小组牵头抓总，设立专门办公室负责日常管理监督。自治区相关部门确定相关处室分工管理抓落实。吴忠市、固原市、中卫市党委宣传部和文广新局建立领导小组和督查组协调督导辖区项目建设。9个县（区）分别成立由党委书记、政府县（区）长任组长，党办、政办、宣传、文广（体育）、财政、审计、监察、扶贫、民政及乡镇等部门单位主要负责人为成员的领导小组，健全领导小组办公室、专项督查组和乡村工作小组等配套机构，实行项目建设专精化管理。

自治区文化扶贫工程实施领导小组牵头顶层设计，制定出台三个方案和一个办法，即《宁夏回族自治区"十三五"文化脱贫行动计划实施方案》《宁夏文化扶贫工程贫困地区村综合文化服务中心项目实施方案》《宁夏文化扶贫工程贫困地区村综合文化服务中心项目建设领导干部包抓机制实施方案》和《宁夏文化扶贫工程贫困地区村综合文化服务中心项目建设管理使用办法》，建立问题、任务、责任三个清单，领导干部包抓，信息联络员、村综合文化服务中心专管员、群众监督员"三员"协助管理和项目建设督报督办三个机制。各市县（区）结合实际也制定了相应的配套制度和机制。全区上下形成了切实管用的管理体系，为全面推进贫困地区村综合文化服务中心建设全达标全覆盖提供了有力支撑。

设施建设上，各县（区）采取由文广局负责统一设计图纸，每个乡镇作为实施单元，一村派驻一个施工队、实行"一村一合同、一村一档案"管理、每个村安排监理公司技术人员监督施工全过程，落实项目负责人工程质量终身责任制。资金使用上，严格执行项目实施单位设专户、建专账、定专人"三专"管理，即资金跟着进度走、保质保量是根本、部门联审算过关的一套程序。项目实施中，各县（区）各出实招。如：盐池县、西吉县、原州区、海原县先由文广局牵头在每个乡镇建设一个示范村，然后召开现场观摩会示范引领全面推进；泾源县提出建设速度、建设质量、全面覆盖、提高效益走在全区前列的"四个走在前"，红寺堡区提出保证质量、保证全覆盖"两保证"率先建成、率先投运"两率先"；彭阳县对建设质量、进度排位前三名的乡镇分别给予10万元、8万元、5万元奖励，对排位后三名的领导干部实施诫勉谈话。

（五）贫困地区村综合文化服务中心建设责任到位

自治区党委、政府分管领导始终把文化扶贫工程作为一项政治任务、民生工程，亲自谋划、亲自安排、亲自调研督战，并多次召开协调会、现场会帮助解决项目推进中的难点，每个领导包抓一个县（区）指导具体工作。自治区党委宣传部、财政厅、新闻出版广电局、体育局等部门按照责任分工，严抓落实强力推进。部门之间相互协调，形成合力。县（区）党委、政府承担主体责任，一把手为第一责任人，强化工作措施，解决配套资金，层层压实责任，亲自督阵。自治区文化扶贫工程领导小组对项目实施情况一月一督查。市县（区）督查组经常性监督，同时聘请监理公司人员和群众监督员全程监督，利用电视等媒体通报进度。财政、纪检、审计部门重点监督资金使用和项目招投标等环节。

宁夏文化扶贫工程贫困地区村综合文化服务中心建设是一项系统工程，点多面广，牵扯多个市县（区），建设难度大、周期短。为此，摸清家底，精准对策是前提；领导重视，形成合力是关键；问题导向，需求导向是根本；明确主体，压实责任是抓手；管理到位，措施得力是支撑；精准监督，严把关口是保证。

二、贫困地区九县村综合文化服务中心建设成效

宁夏文化扶贫工程贫困地区村综合文化服务中心建设涉及固原、吴忠、中卫3市9县（区）606个村和555个功能提升村建设任务，其中固原市包括原州区、泾源县、隆德县、西吉县和彭阳县，吴忠市包括同心县、盐池县和红寺堡区，中卫市包括海原县。各县区充分结合自身特点，发挥优势，采取有力措施，确保项目保质保量完工，助力全面打赢脱贫攻坚战。

（一）彭阳县：六个"三"保项目

彭阳县在村综合文化服务中心建设过程中，坚持"三个精确"，确保"三个到位"，提供"三个保障"，健全"三个落实"，完善"三个促进"，发挥"三个作用"，全县156个行政村综合文化服务中心全部建成并相继投入使用，基层面

貌焕然一新，为乡村文化扶贫增添了活力，为乡村文化发展奠定了坚实的基础。

扎实摸底排查，精准掌握，精准建档，实现"三个精确"。精确摸底，抽调工作人员成立专门队伍，并邀请专业人员对86个村综合文化服务中心项目建设点进行精确摸底调查、地质勘查调研及初步绘制建设现场草图，全面掌握情况，合理利用资源，避免大拆大建。精确定位，与乡镇、村组负责人员对建设地点进行核对，准确丈量，拍照定位，确保项目建设定位准、落地实。精确建档，采取电子化管理模式，对86个村综合文化服务中心项目建设建立了电子数据库，制定了建设流程图和项目建设分布图，选派4名文化专管员参加自治区组织的综合文化服务中心电子直报系统培训班。举办网上直报系统培训班，对全县12个乡镇文化站站长、156个村文化专管员进行网上直报操作培训，利用网络直报平台报送项目建设进展情况，把村综合文化服务中心电子直报系统延伸到村组，使项目建设底子清、数据准、内容实。

强化组织领导，部门联动，精准部署，确保"三个到位"。村综合文化服务中心建设项目事关文化事业发展，事关群众切身利益，事关全县精准扶贫、精准脱贫目标任务的顺利实现。为此，彭阳县专门成立由政府分管领导任组长，宣传、发改、财政、审计、文化、教体、扶贫等部门（单位）为成员的村综合文化服务中心项目建设领导小组。制定了《彭阳县2017年文化扶贫工程村综合文化服务中心项目建设实施方案》和《彭阳县2017年文化扶贫工程村综合文化服务中心项目建设管理使用办法》（彭政办发〔2017〕46号），为村综合文化服务中心提供了制度保障。组织召开了文化扶贫工程村综合文化服务中心项目建设启动会，精准部署村综合文化服务中心项目建设工作，签订了责任书，形成"一级抓一级、层层抓落实"的工作机制。

着力统筹资金，整合资源，特准投入，提供"三个保障"。积极统筹资金，除申请区项目建设专项资金外，在整合民政社区、精准扶贫（互通八有）、一事一议及涉农资金等的基础上，鼓励企业赞助和民间自筹资金，统筹用于村综合文化服务中心建设项目。村综合文化服务中心项目建设工程概算建设资金5856万元，申请自治区财政厅专项补助资金516万元，自治区党委宣传部拨付860万元，县财政整合涉农资金2628万元，县财政筹资470万元，企业捐赠136万元和整合一事一议等项目资金1246万元，为村综合文化服务中心项目建设提供了资金保障。协调处理矛盾，针对项目建设中存在的土地征迁、选址等实际困难，彭阳县在专题调研的基础上，与国土资源厅对接及时解决项目建设用地问题，使村综合文化服务中心项目建设顺利"落地生根"。合理整合资源，在对156个行政村全面摸底排查的基础上，有效利用村部周围闲置空地和废弃学校等现有资源，避免了大拆大建和重复建设，切实降低了建设成本，破解了建设用地难题，缓解了建设压力。

创新工作方式，全力推进，精准建设，健全"三个落实"。采取"千斤重担众人挑，人人头上有指标"的办法，实行各乡镇作为建设主体，全面负责本辖区村综合文化服务中心建设工作；业务主管部门负责村综合文化服务中心规划设计把关、建设标准监管和统筹协调工作；国土、建环、扶贫、财政等部门结合自身实际，全力配合，形成上下各负其责，紧密配合的工作机制，确保工作责任落实落细落小。制定了项目进度表，对所有项目全部倒排工期，并聘任了项目监督员、信息报送员，每月定期报送工程进展情况，采取定期检查与临时抽查的方式，对项目建设进度进行督查考核，在全县范围内通报督查结果；并把村综合文化服务中心项目建设考核情况纳入全县效能目标管理考核当中，通过倒逼责任落实的方式，切实推进项目建设进度。建立了村综合文化服务中心项目建设微信群、QQ群，每天发布建设动态、相互交流建设情况，通过信息梳理问题，对出现的问题及时安排解决。

建立奖惩机制，以奖促进，精准保障，完善"三个促进"。实行资金全额拨付制，到位一批拨付一批，支付率达到100%。设定目标促进建设，制定了村综合文化服务中心项目建设倒计时表，并根据每周进度对项目建设进行排名，让乡镇通过名次学、比、赶、超。村综合文化服务中心竣工后，对建设质量、进度排名前一、二、三位的乡镇分别给予奖励，对排名后三位的乡镇进行问责，追究责任。

增强利用效率，建管并举，发挥"三个作用"。发挥村综合文化服务中心宣传窗口作用。为了方便群众活动，各乡镇创新工作方法，部分村综合文化服务中心文化广场安装太阳能路灯。为了确保村综合文化服务中心财产安全，在文化活动室外安装了摄像头。除了统一挂牌外，在每个村综合文化服务中心文化活动室内张贴文化标语、文化图片等进行温馨布置，增强文化氛围，在乡村大舞台、文化墙上绘制具有当地特色的风景画，在宣传栏内布置以社会主义核心价值观为主旋律，以区、市、县各项重点工作为中心，结合精准扶贫、民生实事、移风易俗、高额彩礼等，采取漫画、图片、文字形式进行宣传，向群众宣传党和国家各项政策和法律法规，营造乡村文化氛围。发挥村组群众文化活动主阵地作用。为充分发挥村综合文化服务中心服务功能，每建成一个村综合文化服务中心，鼓励所属乡镇组织开展活动。为丰富农村群众文化生活让群众在家门口乐享之化大餐，采取下移工作重心，尽量把县上惠民文化演出放到乡镇，把乡镇惠民文化演出放到村综合文化服务中心，通过"送文化"和"种文化"相结合的方式，在组织送戏曲、送文艺节目的同时，鼓励村组群众自办文艺节目、民间各种手工艺品展览，举办篮球运动会、象棋比赛等各类文艺赛事，力争实现"一村一月一场戏"或者"一场文化比赛"活动，以此活跃乡村群众文化生活，提高群众文化素养。目前，村综合文化服务中心共开展各类文化活动230余场次。鼓励民间文化艺人、乡村文化能人利用村综合文化服务中心资源，创作贴近生活、贴近实际，带着露珠，冒着热气，健康向上的文艺节目。目前，已创作小品、小戏、歌曲等各类文艺节目30多个。

（二）隆德县：五个统一高标准建设项目

隆德县位于六盘山西麓、宁南边陲，是文化大县，辖3镇、10乡、99个村，10个社区。隆德县采取"五统一五到位"措施，统筹使用乡村文化建设、乡村旅游、美丽村庄建设、农村社区建设资金，建设69个文化广场、75个乡村大舞台、70个文化活动室。2018年又争取资金建设观庄乡石庙村、观堡村和城关镇南河社区文化活动室，山河乡二滩村文化广场以及山河乡二滩村、凤岭乡卜岔村文化舞台，建成后隆德县104个村（村改社区）的村级综合文化活动阵地建设按照"七个一"标准达到全覆盖；2019年提升改造沙塘镇文化舞台1座、凤岭乡于河村等文化活动室9座、观庄乡红堡村等7个文化广场。在此基础上，不断强化管理，常态化活动。制定了《村级文化管理员管理办法》和《村级文化管理员考核细则》，全县104个行政村文化设备及图书全部配套到位并达标；63个村聘请了专职文化管理员，定期举办培训班，涌现出一些优秀的文艺团队。据不完全统计，仅2018年春节期间各村自发开展各类文化活动就达600余场次。2019年开展各类文化活动4000多场次，其中电影放映1839场次，戏曲进乡村78场次，广场文化50场次，戏曲进校园15场次，送戏下乡50场次。

统一思想，认识到位。隆德县把村综合文化服务中心建设作为落实"五位一体"总体布局的有效举措，织密基层文化网络的有效途径，补齐文化短板的有力抓手，使村综合文化服务中心建设成为扶贫脱贫的重要渠道。

统一规划、设计到位。聘请专业人员设计，对项目涉及的文化活动室、文化广场、乡村舞台坚持一个标准建设到位，一张蓝图建设到底。

统一施工、措施到位。针对村综合文化服务中心建设点多面广，情况复杂的实际，在完成设计、预算后，不设条件、不设门槛，坚持问题导向，积极协调解决建设用地，力所能及地满足乡村干部提出的建设要求，以优质的服务推进项目建设。

统一监管、验收到位。聘请专业监理企业，对项目建设进行全过程、全方位的现场跟踪监督，保障工程建设质量；成立了宣传、文化、财政、发改、审计、监察、项目建设等乡村干部参与村文化活动中心建设项目的验收组，对建成的文化活动室、文化广场、乡村舞台逐个验收。

统一制度、标识到位。在46个村的房脊上统一悬挂长、宽各为1.2米的铝塑板角铁支架的村综合文化服务中心标志，在剩余的村统一悬挂长5米，宽0.8米的铝塑板标识牌。同时，围绕弘扬传统文化，结合实际情况，统一设计制作了具有隆德文化内涵的文化服务管理制度造型图。

（三）西吉县：摸索偏远农村地区文化阵地建设新途径

西吉县辖4镇15乡、298个行政村（包括2个移民新村）。2017年，有139个行政村列入全区文化扶贫工程，功能提升的行政村有140个。2016年"百县万村"示范村为19个，建设任务量占全区任务总量的24%。自2017年3月22日全区村综合文化服务中心建设启动会在西吉县震湖乡毛坪村召开后，西吉县克服了数量多、任务重，建设资金不足等困难，在半年时间内，全面完成了各项工程建设任务。

抓好组织领导，成立了文化扶贫工程工作领导小组，建立了领导干部联系包抓制度，实行县级领导包片，科级干部包乡，工作人员包村，各乡镇一把手为第一责任人的工作机制。审定项目建设实施方案，制定建设规划，并协调处理解决建设过程中的重大问题。落实政策措施，对村综合文化服务中心建设工作进行检查、监督，做好具体指导，确保协调推进项目建设。合理编制方案，制定下发《西吉县村综合文化服务中心建设实施方案》，分解了任务，明确了工作内容、工作重点，实施步骤等，同时制定了工作进度表；各乡镇根据实际情况，因地制宜，一村一策，确保了项目建设顺利完成。精心组织实施，县文化扶贫工程工作领导小组专门成立了四个督查组，对全县村综合文化服务中心项目建设进行一月一督查、一月一通报。对工程建设进度滞后、工程质量差的乡镇进行通报批评并限期整改；对工程建设进度快、质量好的乡镇进行通报表扬，并在建设资金等方面给予倾斜；对限期整改而未整改的乡镇，在官方微信平台进行通报公示；同时，每个乡镇专门聘请至少2名工程监理人员，对工程建设材料、建设面积、建设质量进行全程监督，严把质量关，确保了工程质量。加大资金筹措，保障落实到位。县村综合文化服务中心建设预算总投资1.2亿元，自治区下拨文化扶贫专项资金2224万元，西吉县整合2017年84个销号村涉农资金2520万元，2018年整合文化扶贫资金840万元，县财政筹措建设缺口资金3315万元。

建立了农村文化阵地管理新机制。建立和完善相关制度，制定出台了《西吉县村综合文化服务中心管理制度》《西吉县村综合文化服务中心设备管理制度》《西吉县村综合文化服务中心专管员岗位职责》等一系列规章制度，形成用制度管事、用制度管人、用制度管设备、用制度管活动的良好局面。全面加强队伍建设，2017年年初，县文广局与县团委联合公开招聘了158名文化专管员，每人每月发放500元生活补助，集中对专管员进行两次业务能力培训；同时充分发挥信息媒体作用，建立了专管员培训学习微信交流群，管理员定期或不定期发送有关文化方面的政策法规，让这些文化能人在群里互相讨论学习；并在每个村的文化活动中心醒目位置悬挂免费开放牌，亮出本村文化专管员身份，包括开放项目、开放内容、开放时间，专管员联系电话等，做到村综合文化服务中心建成后有人管、有人用、有人搞活动。切实加强器材管理，对村综合文化服务中心配置的各类文化广电和体育器材，采取资产移交、财产登记、专人管理的方式，确保活动器材不外借、不流失、不损坏。

形成了农村文化阵地使用新格局。丰富群众文化生活，村级综合文化服务中心的建成和投入使用，不仅完善了农村基础设施，提升了村容村貌，而且更主要的是为广大基层人民群众提供了一个文化交流、开展移风易俗和精神文明建设的平台。在节庆、冬闲和红白事期间，各村组人民群众聚集在新建成的文化活动广场上，在文化专管员的指导下，开展秦腔、秧歌、社火等形式多样的群众文化活动，改变了以前"少数人唱主角，广大群众当看客"的局面，为有特长的群众搭平台，为有爱好的群众建场所，为普通群众搞活动。在新建成的文化中心村组之间，群众开展篮球、拔河、广场舞等集体性群众文化活动和道德讲堂等活动；在村文化服务中心绘制文化墙，公示村规民约；专管员配合村三委开展矛盾纠纷调解活动；通过一系列活动的开展，促进了群众之间的交流、交往和交融，促进了社会和谐稳定和民族团结。助力脱贫攻坚。扶贫先扶志，通过各项文化活动的开展和交流，坚定群众打赢脱贫攻坚战的信心；通过系列文化汇演和群众自排自演、寓教于乐的节目演出，凝聚人心、带动人气，助力脱贫攻坚。

（四）泾源县：彰显乡村文化特色

泾源县位于宁夏最南端，因泾河发源于此而得名，地处六盘山东麓，辖4乡3镇，114个行政村。泾源县境内的六盘山地区被列为国家级自然保护区、国家级森林公园和中国第一个旅游扶贫开发试验区。目前，全县高标准完成了项目建设任务，新建47个村综合文化服务中心、提升39个村综合文化服务中心，实现了全县文化中心全覆盖。

泾源县结合"社区服务中心""老饭桌"及"旅游驿站"建设项目，整合捆绑项目，统筹实施文化活动室、文化广场、乡村大舞台、体育广场一体化建设，既方便了群众文化生活需求，也方便了游客休闲娱乐需求，实现了资源互通共享。同时，对"花儿"等民间传统文艺进行抢救性保护与开发，深度挖掘提升生态文化、历史文化、红色文化等文化资源，使村综合文化服务中心独具特色。

（五）原州区：发挥优势 统筹推进

原州区辖3个街道、7个镇、4个乡，历史悠久，名胜古迹众多，达10余处，其中须弥山石窟为全国重点文物保护单位。该区全面梳理11个乡镇的文化站，整合捆绑项目，统筹实施文化活动室、文化广场、体育广场一体化建设，实现村综合文化服务中心全覆盖，在完成上级下达的67个行政村综合文化服务中心建设任务的基础上，统筹整合当年村级"一事一议"财政奖补资金，建设剩余82个行政村综合文化服务中心。在官厅镇沙窝村文化广场，20多名村民踏着音乐节奏跳着广场舞，土编剧们正在指导演员排练表演《赌博十大劝》，爱唱秦腔的老哥们老姐们聚在一起，畅快地吼起秦腔；图书室有人看报，健身器材上的孩子们玩得不亦乐乎，这样的场景随处可见。

（六）红寺堡区：实现"两个保证""两个率先"

红寺堡是全国最大的异地生态移民扶贫集中区，1998年开发建设，2009年9月经国务院批复设立。行政区域面积2767平方公里，辖3乡2镇1个街道办事处、64个行政村、5个城镇社区，易地搬迁安置宁南山区8县移民23万人。其中全区贫困地区110个"百县万村"示范性村综合文化服务中心项目覆盖5

个村，纳入自治区文化扶贫工程606个村综合文化服务中心项目25个村，其余34个村为功能提升村。按照"七个一"标准和"全覆盖"要求，红寺堡区制定了《红寺堡区村综合文化服务中心项目建设实施方案》，采取全面普查、摸清底数、缺什么补什么和一村一策、精准实施的措施，整合资金2700多万元，共新建村文化服务中心49个、改（扩）建2个、整合13个；新建乡村大舞台47个；新建文化广场20个；采购图书20万册、电脑400台、各种文体广电器材设备2000多件（套）。

严格标准建设，确保工程质量。按照《宁夏文化扶贫工程贫困地区综合文化服务中心项目建设管理使用办法》规定，红寺堡区在项目实施的全过程中，根据村综合文化服务中心项目建设点多面广，每个村的立地条件不同的情况，做到统一设计、统一招标采购、统一监管、统一验收，统一挂牌。实施过程中，采取"一村一策、精准建设"的方式，结合各村实际，将村综合文化服务中心建设分为新建、改扩建、资源整合三种类型。为确保工程质量，采取"监理公司＋监督人"的模式，监理公司全程跟进，每村确定一名质量监督员，建设过程中广泛听取村民的监督意见，保证了工程进度及工程质量。

突出文化特色，彰显移民文化主题。按照"结合地方特色、突出移民文化品位"的要求，红寺堡区反复论证图纸设计，多次研究讨论，确保设计科学合理、富有特色。工程设计汲取中华传统建筑文化精华，融入移民庭院风格和田园风光，使村综合文化服务中心和周围民居融为一体，充分体现文化的传承性和包容性，彰显"共产党好，黄河水甜"的移民文化主题。把项目建成移民追求文明、品味乡愁、静养心灵的精神家园和健康福地。

创新管理机制，实现文化惠民宗旨。为确保建成后的村综合文化服务中心有人管理，活动有人组织开展，红寺堡区制定了《村综合文化服务中心文化专管员管理办法》，按照"区聘乡管村用"的原则，由各村推荐1名文化专管员、1名群众监督员，经乡镇审查，区文化扶贫工程实施领导小组办公室审批后，为文化专管员颁发聘书并签订合同，由当地政府安排文化专管员管理补助资金。64个村5个社区文化专管员队伍已全部组建到位，并对村文化专管员进行业务培训，专管员已全面开展工作，使村（社区）文化服务中心文化专管员达到了全覆盖，夯实了村级公共文化阵地建设。

（七）盐池县：突出特色 建管结合

盐池县地处陕甘宁蒙四省区交界，是革命老区，历史悠久、文化多元，是宁夏9个国家级贫困县区中首个脱贫的县区。现辖4乡4镇1个街道办事处，102个行政村17个社区，总人口17.2万人。盐池县出台了《盐池县村综合文化服务中心建设实施方案》《盐池县村综合文化服务中心建设全覆盖工作实施方案》，整合各类资金，实现剩余94个村、1个移民搬迁村（现已为乡村社区）综合文化服务中心全覆盖，目前全部建成并投入使用，图书、文化、广播器材、体育器材已全部配备到位，聘请文化志愿者670名，聘请文化专管员100名，每年举办不少于2次的集中培训，通过网络投票、平时掌握、集中督查、考核组评分等环节对99个村综合文化服务中心进行综合评比。在此基础上，着力打造村综合文化服务中心示范点10个，为99个村综合文化服务中心配备文化器材，进一步提升了基层公共文化服务效能。

吴忠市红寺堡区新庄集乡西川村书法工作室（展帆／摄）

加大投入、强化机制，科学有序推进项目建设。加强资源整合投入，将村综合文化服务中心建设与整村推进、美丽村庄建设相结合，整合各类资金3800余万元，在完成自治区安排55个村综合文化服务中心建设的基础上，自筹资金完成剩余40个村建设，实现村综合文化服务中心全覆盖。完善机制加大督查，将村综合文化服务中心建设纳入目标管理考核，采取领导带队每周一走访、每月一通报措施。科学布局创亮点。坚持"一室多能、一室多用、办公用房最小化、活动用房最大化"的原则，实现盘活存量、调整置换、集中利用；按照"每个乡镇根据当地实际和民俗，分别打造1个重点村和2个示范村"的原则，一村一特点，有序推进项目的新建和改扩建。

坚持标准、注重质量，确保项目高标准高水平。紧扣"七个一"建设标准，提出了因村制宜、大小结合、适用耐用的建设思路，如将戏台建设标准由10米 × 5米 × 0.8米提高为12米 × 8米 × 0.8米，将文化活动室建设资金在自治区支持7万元的基础上，提高到12万元，将文化广场建设资金在自治区支持5万元的基础上，提高到8万元，村均总体投入39万元，部分村超过60万元。为确保项目高质量，建立了县乡村共同负责的质量监管体系，聘请监理公司全程监理，安排宣传、文广部门跟踪服务，乡镇负责人分庄点包抓，村专管员协助监督，县领导小组不定期巡回抽查，发现问题及时沟通解决。确保项目高效益，坚持将村级文化带头人和乡土艺术家的培养纳入精神文明建设，积极推进"文化惠民工程""送戏下乡"和"农民文艺调演"等流动文化服务项目，鼓励群众参与村级文化建设，激发农村自身的文化活力；创新管理方式，探索农村与学校、旅游公司等合作，形成政府、社会、群众共同参与的适合农村文化发展的新模式，充分发挥农村综合文化服务中心的基础平台作用，引导麻黄山道情、秧歌等乡村艺术向产业化、商业化发展。

突出特色、建管结合，奋力打造文化新高地。坚持"特色鲜明、美观实用"的原则，将农耕文化、游牧文化、红色文化等融入规划设计，打造了何新庄窑洞民俗、平台特色旅游、南梁"党建＋企地共建"等不同风格的村文化中心，同时投入约300万元，为每个村建设村史文化馆，既提升了乡村文化魅力，也传承了文明、留住了乡愁。通过村委会推荐、乡镇组织考察、文广局组织培训审核合格后颁发聘书，陆续为每个村聘请文化专管员，并将文化专管员薪酬待遇纳入县财政预算，逐渐提升乡村文化工作者的专业素质和业务能力。制定了《盐池县村综合文化服务中心管理办法》，根据每年使用率和督查考核结果，采取以奖代补方式补助村综合文化服务中心，并按场均1500元补助标准鼓励农民文艺团队自发演出。采取"送""种"结合的方式，在抓好"三区人才"驻村指导的同时，建立盐州艺术团包乡镇机制，组织艺术骨干每月下乡培训指导农村文艺能人，并发掘提炼民俗文化，打造传承历史记忆、彰显地域风情和更加接地气的文艺精品。

发挥作用、提升效能，持续巩固阵地建设。打造村综合文化服务中心示范点，积极对接各乡镇，从群众开展活动、文化器材利用率等方面考量，上报村综合文化服务中心示范点的建设方案。组织人员实地考察，对8个乡镇10个村综合文化服务中心进行示范点打造，完善基础设施建设，严格规范管理，指导提升公共文化服务供给水平。2019年对8个村综合文化服务中心进行基础设施功能提升建设，安装供暖设施，对99个村综合文化服务中心按照需求配备文化器材、演出服装道具等；先后两次对全县8个乡镇99个村综合文化服务中心进行集中督查，对存在的问题进行通报限期整改，集中人力利用10天时间对所有大喇叭进行维护维修；投入266万元用于解决花马广场舞台设备老化问题和为大水坑镇建设广场舞台，配备灯光音响等设备，规范了基层文化阵地管理运行。加大基层人才队伍建设，对全县文化人才进行了全面梳理，建立了文化人才数据库，梳理出文化人才8类501名；抓好"三区人才"驻村指导，组织艺术骨干每月下乡培训指导农村文艺能人，完成2018—2019年"三区人才"培训任务；抓好村级文化带头人培育和乡土艺术家的培养工作，激发农村文化活力，鼓励支持民间文艺团队自发组织文艺演出活动。对100名文化管理员进行严格考核，统筹推进乡镇文化站、村综合文化服务中心文化管理工作正常开展。

（八）同心县：补齐短板 活跃文化活动

同心县地处宁夏中部干旱带核心区，总面积4662平方公里，辖7镇4乡1个管委会，142个行政村，5个社区，总人口38.15万人，回族人口占85.8%。目前，全县建成12个乡镇文化站（其中独立设置文化站11个），村级综合文化服务中心141个，基本实现了村级文化服务中心全覆盖。通过建设数字图书馆、博物馆、文化馆，让农民以最便捷的方式享受优质的公共文化服务、抓好基础设施运行和管理。按照"七个一"标准为全县142个行政村配齐了文化、体育和广播影视等器材，制定并完善了《村综合文化服务中心管理制度》《村综合文化服务中心设备管理办法》等一系列制度，规范了村综合文化服务中心的运行和管理。

组织丰富多彩的文化活动。在乡村广泛开展社火活动，选拔队伍参加了区、市社火展演和大赛，并获得奖励。近一年多时间，完成送戏下乡、广场文艺演出、戏曲进乡村等各类演出活动126场次，参与群众达8万人次。各类培训班16期，受训群众达3000多人次。

（九）海原县：示范先行 全面提升

海原县辖17个乡镇2个管委会，全县有168个行政村，46.6万人。2016年在全县18个乡镇中，每个乡镇推选1个基础较好、具有示范性的村建设综合文化服务中心，完成建设任务18个。2017年由自治区级财政投资建设85个村综合文化服务中心，县政府财政投入功能提升全覆盖建设51个。由于人口过少，整村搬迁及撤销建制的14个，调整建设的4个，2017年实际建设的村综合文化服务中心132个，两年总计建设150个村综合文化服务中心，实现了全县村综合文化服务中心建设全覆盖。

保障资金。从海原县村综合文化服务中心建设实际出发，发挥了政府的主体作用，加大了对村综合文化服务中心建设的扶持力度，在中央及自治区资金扶持的基础上，根据工程建设概算及项目建设控制价，通过中国农业发展银行贷款2500万元，用于支持村综合文化服务中心建设。

整合项目。整合了组织部党员活动室、民政局标准化社区、文广局村综合文化服务中心建设项目，共计整合建设32个。促进了资源的优化配置、高效利用，形成了工作合力，实现了共建共享。根据各村实际情况和需求，因地制宜、分类推进，采取新建、改扩建、整合等方式完善了基础设施。结合各乡镇新建村委会、社区办公场所，配套完善村综合文化服务中心基础设施建设。对没有文化广场、简易戏台和文化活动室的村支持新建，其他村主要利用现有文化设施，根据实际需求填平补齐；对原有文化广场、简易戏台、文化活动室但面积不达标、年久陈旧的，扶持进行扩建或改造。鼓励利用村党组织活动场所、农村综合服务设施、闲置中小学校等，在明确产权归属、保证服务接续的基础上进行整合建设。完善了文化广场、简易戏台、文化活动室、图书阅览室等基础设施。统一设计、制作、安装了门头标识牌及宣传栏。

强化管理机制。制定了《海原县村综合文化服务中心管理条例》，各乡镇人民政府承担了村综合文化服务中心管理使用主体责任，县委宣传部、文广局、教体局承担了村文化服务中心管理使用日常监督和业务指导责任，村委会负责村综合文化服务中心的日常运行管理，强化对村专管员的考核。按照村综合文化服务中心补助资金使用协议，各乡镇为所辖区内村综合文化服务中心招聘1名专管员，负责村综合文化服务中心的日常运行管理工作，全县共招聘村综合文化服务中心专管员150名。

第四节　宁夏非物质文化遗产传承发展特点

非物质文化遗产传承发展是乡村公共文化服务的重要内容之一，是乡村文化与旅游协同发展的重要载体。

一、非物质文化遗产传承发展现状

经普查，宁夏非物质文化遗产资源2968项，建立了自治区、市、县三级非物质文化遗产名录。自2007年起至2020年，自治区人民政府共公布了五批142项自治区级名录项目，其中"花儿"、民间器乐、贺兰砚制作技艺、剪纸、固原砖雕、二毛皮制作技艺等18个项目列入国家级非物质文化遗产名录，2009年被联合国教科文组织宣布与甘肃省、青海省联合申报的"花儿"入选人类非物质文化遗产名录项目。确认了四批共176名自治区级非物质文化遗产代表性传承人，22人（其中6人去世）被文化部命名为国家级非物质文化遗产代表性传承人，相继建立了6批67个保护传承基地（点）。从以上数据中可以看出，国家和政府扶持民间传承、鼓励生产性保护传承。

二、非物质文化遗产传承发展特点

（一）非物质文化遗产传承发展体系化

各市、县（区）文化主管部门、文化馆（非遗中心）全面摸清本地区非物质文化遗产的门类、数量与分布状况，熟悉掌握宁夏境内十大类100多个非遗项目的分布、留存、传承及生存环境等情况，运用文字、图片、录音、录像等方法，对宁夏非遗资源进行真实、全面、系统的记录整理，形成非遗调查登记建档工作常年化、常态化，同时通过建立档案数据库、编辑出版非遗系列丛书，为保护研究奠定资料基础。因为非物质文化遗产种类繁多、特征各异，针对不同项目类别的不同特点，各保护单位因地制宜开展非遗工作，每年安排工作人员，深入民间田野走访调查记录，收集各类非遗资源实物资料，登记整理归档，截至目前，普查确认非物质文化遗产资源2968项。2015年起启动国家级传承人抢救性保护记录工作，采用数字多媒体等现代信息技术手段，全面、真实、系统地记录代表性传承人所掌握的非物质文化遗产蕴含的丰富知识和精湛技艺。首批记录徐建业、马兰花、张宝玉、杨栖鹤4人，第二批记录闫森林、杨华祥、杨达吾德3人。在此基础上，2016年开展了第一批自治区级传承人抢救性保护记录工作，对20名60岁以上自治区级传承人进行抢救性记录。

（二）非物质文化遗产传承发展制度化

各市、县（区）大部分制定了《非物质文化遗产代表作申报办法》《非物质文化代表性传承人管理办法》等，并参照国家项目申报管理办法，以两年为一个周期，建立区、市、县三级代表性项目名录和代表性传承人申报管理制度，形成定期申报、督查、奖惩、退出机制和层级管理、职责明晰的传承与传播制度，实行名录项目有进有出的动态化管理，促进传承人和保护单位传承传播活动规范化运行。各地相继建立展示宣传机制，支持项目保护单位广泛征集作品陈列展示，全区5个地级市和大部分县（区）都设有非遗展示馆，征集并长久性陈列展览非遗相关作品。

红寺堡区出台《关于对宁夏非物质文化遗产传承基地和项目传承人经费予以扶持资助的实施意见》（红文体旅发〔2016〕133号）、盐池县出台《盐池县人民政府办公室关于对非物质文化遗产传承基地和项目传承人予以扶持资助的意见》（盐政办发〔2016〕29号），对本地区非遗保护工作提供了制度保障。

（三）非物质文化遗产传承发展基地化

以国家级项目的保护为侧重点，探索适用于自治区区情的传承保护工作方式成为宁夏非遗工作的重要内容。自2006年以来，为了加大对宁夏民族民间艺术的保护力度，全区相继建立了6批67个项目传承点（基地）。这些非遗代表性项目传承点（基地）的建设，凸显着项目传承人的重要性，以他们为中心，在乡间设立固定的传习、传承点，以实现非物质文化遗产的"活态"传承为终极目标。目前"花儿"、剪纸、刺绣等国家级、自治区级非遗项目传承基地（点）工作成效显著，大部分非遗基地在政府的扶持下已经注册了企业，很好地传承了项目技艺，解决了部分弱势群体的就业问题，丰富了群众的精神生活，同时增加了群众的收入。

（四）非物质文化遗产传承发展品牌化

坚持请进来、走出去，利用文化遗产日和春节、端午节、中秋节等传统节日，借助国内国际非遗展会平台，开展非遗作品展演、非遗技艺展示等活动，拓展区域之间、国内国际之间的交流空间，扩大影响，实现社会效益和经济效益双赢。各地组织开展形式多样、丰富多彩的非物质文化遗产展示、展演、讲座、论坛和咨询服务等活动，全方位、多角度地展示我国丰富的非物质文化遗产资源，宣传宁夏非物质文化遗产保护成果。

充分挖掘利用本地文化元素，策划组织传统工艺＋岩画培训班，探索非遗＋旅游、非遗与贺兰山岩画的链接点，让非遗技艺与时代发展相结合，与现代市场相结合，与群众生活相结合，提升传统手工艺品的品质，打造出有宁夏特色的非遗品牌。自1998年起成功举办十二届中国西部民歌（"花儿"）歌会，先后有西部12省区20多个民族的1000多位民间歌手参与，这一项目已成为全国非遗保护的成功案例和特色品牌。每年组织参加全国非遗博览会和对外文化交流活动，推动宁夏非遗走出宁夏、走出国门。连续举办非遗主题展览、展演活动，对促进宁夏非遗的保护宣传起到了很好的作用。项目保护单位与电视、报纸、网络等媒体签订合作协议，开设非遗专栏专版，面向社会介绍展示非遗项目。目前，全区各级文化馆（非遗中心）大部分都有自己的微信公众平台。

（五）非物质文化遗产传承发展多元化

支持具有一定市场前景的非物质文化遗产进景区、进企业，搭建非遗技艺展示和非遗产品展销平台。海原县建立集设计研发、加工培训、展览展销等功能为一体的剪纸刺绣手工艺品孵化基地，吸引8家剪纸刺绣合作社进驻，并与上海牡丹缘非遗文化公司签订合作协议，带动当地非遗产品走出去。吴忠巧儿刺绣坊、隆德魏氏砖雕有限公司、青铜峡雄鹰皮草集团、盐池恒纳手工地毯公司等将传承培训和生产性保护相结合，采取"非遗＋企业""基地＋合作社"等形式，不仅使非遗项目得到广泛传播、发展，而且形成了开拓市场、增收富民的新途径，成为开展非遗项目生产性保护的典型。

（六）非物质文化遗产传承发展"活态"传承化

深入实施非遗项目教育传承计划，通过非遗进校园、民间艺人进课堂、编写校本教材等方式，将宁夏优秀非物质文化遗产融入素质教育，推动非遗传承从娃娃抓起。在自治区非遗中心的带动下，银川市兴庆区回民第一小学"花儿"传承基地、平罗城关一小民间器乐传承基地、银川二中剪纸传承基地、泾源县三小踏脚、"花儿"、剪纸传承基地将非遗项目教学设为校本课，这些学校自主编纂的《绽放的花儿》《泥哇呜演奏入门教材》《剪纸应用教程》等校本教材进入课堂；杨氏拳、南营武术杂技、舞龙舞狮等非遗项目在当地学

固原市原州区建华秦腔文化大院
非遗传承人窦凤琴老师公益培训课堂（展帆／摄）

校建立传承基地，聘请代表性传承人为辅导员，丰富了学校素质教育的内容和形式；银川市兴庆区回民第一小学在"花儿"传统曲调基础上进行再创作，将传统"花儿"变成适合小学生传唱的校园"花儿"，并举办"校园花儿合唱节"等活动进行传承。

（七）非物质文化遗产传承发展推广化

每年组织举办全区非遗保护工作人员、传承人培训班，邀请专家解读非遗保护相关知识；做实做大文化遗产日主题宣传活动，通过举办普法讲座、知识解读、成果展示、印发资料、现场表演等活动，面向社会公众普及非遗知识；主持《宁夏非物质文化遗产研究》等多项课题研究，出版《宁夏非物质文化遗产项目名录》《宁夏非物质文化遗产项目代表性传承人名录》《宁夏非物质文化遗产研究》《宁夏鼓吹乐考察研究》《国际剪纸精品集》等著作，汇集保护成果，起到了资料积累和宣传推介作用；拍摄非遗专题片、采写传习现场、录制非遗音乐，利用电视、报刊、网络等媒体宣传报道，中央电视台音乐频道、宁夏电视台、宁夏广播电台、宁夏日报等先后开设多个专栏或录制专题节目，对宁夏非遗保护工作和特色非遗项目进行宣传报道及推介，产生了良好的社会效应。建立宁夏非遗网、宁夏花儿网和宁夏非遗微信公众平台，拓宽了群众获取非遗信息、了解非遗知识的渠道。

第五节　宁夏乡村群众自办文化发展态势

乡村群众自办文化与地域文化密切相关，它丰富了群众的精神生活，也是地方文化传承和发展的重要途径。近年来，随着全区经济社会的发展，人民群众精神文化生活需求日益旺盛，文化自信、文化自觉普遍增强，以民间文艺团队、农民文化大院等为代表的群众自办文化蓬勃兴起、遍地开花，呈现出良好的发展势头。

一、宁夏乡村群众自办文化现状

全区现有各类民间文艺团队1136支，主要分布在各基层乡镇（街道）和村（社区）等地，参与活动总人数达3.7万人，平均每年自办和有组织参加各类文化活动近4万场。民间文艺团队小到20多人大到50多人，主要由离退休人员和城乡文艺爱好者、文化能人牵头组建，带动周边群众参与，在文化部门的扶持引导下，基本形成了相对稳定的民间文化组织结构。

全区农民每年自发组织开展自娱自乐文化活动1.8万场次以上，主要以热心文化和公益事业的农村文化艺术人才、文化带头人为发起人。依托村综合文化服务中心、文化大院、自家院落或周围闲置场地，组织周边群众开展各类文化活动，带动了农村文化的繁荣发展，为引领社会风尚、传承优秀传统文化发挥了积极作用。如：原州区中河乡庙湾村以老物件、农耕生产生活器具和非遗收藏陈列为主，带领农民保护传承民间优秀文化遗产；炭山乡古湾村以"花儿"传承为主，引导群众开展民歌传唱活动等。

二、宁夏乡村群众自办文化的形式和活动内容

宁夏乡村群众自办文化的形式与活动内容主要表现在三个方面。

1. 以组织民间文艺团队形式开展群众文艺展演活动

表演多以群众喜闻乐见、便于参与的歌舞（合唱、独唱、舞蹈）、戏曲（秦腔、眉户剧、京剧、地方道情）、小品、曲艺、社火（秧歌）为主，并带有明显的地域特征，如西吉、隆德、彭阳等地民间传统文化资源丰富，多以民间社火、秦腔、眉户剧等为主要活动内容；城市社区则多以健康时尚的歌舞（合唱、广场舞）、服饰表演等为活动内容。近年来，广场舞这一活动因其简单易学、活动场地便利、时间灵活、健身效果明显等特点，深受城乡群众特别是中老年妇女的喜爱，活动场所遍布城市公园、广场、小区等地，全区广场舞队伍有近1600多支。

2. 以农村文化能人倡导带动开办农民文化大院的形式开展自娱自乐文化活动

我区文化大院建设坚持"一村一品，一院一特色"，根据文化带头人不同的特长，目前已建红色大院、非遗大院、秦腔大院、高台社火制作文化大院、剪纸文化大院、书法绘画文化大院、手工扎制花灯文化大院等各类文化大院，并依托于此，组织当地农民举办各类自娱自乐班、开展民间书法绘画学习创作、小型文艺节目排练演出、非遗传习展示等文化娱乐活动。

3. 以非遗传承人等带动开展民间传统文化活动

通过民间艺人、非遗传承人和民间文化协会自办手工艺制作展销室、字画装裱展览室等形式，带动开展民间传统文化传习传播活动。如非遗代表性传承人伏兆娥、赵桂琴在镇北堡西部影视城均开设有个人工作室，展示剪纸、刺绣等手工艺作品；隆德县书画协会等在隆德县文化城设立文化产品展示厅，对民间书画、手工艺品等集中展示展销。

三、宁夏乡村群众自办文化的基础条件

近年来，宁夏积极探索创新公共文化服务供给机制，努力实现由"送文

化"向"种文化"转变，群众自办文化的发展基础得到巩固和加强。

（一）强化政策扶持，推动乡村群众自办文化发展

各级党委、政府相继出台扶持政策措施，为群众自办文化提供了有力支撑。自治区政府每年将扶持民间文艺团队、农民文化大院列入"为民办实事"文化惠民工程，"十二五"期间累计投入资金1440万元，为370个民间文艺团队、340个农民文化大院配送开展文化活动所需的音响、乐器、服装等器材。银川市、吴忠市、固原市等地采取评星定级等办法，每年命名一批星级团队、大院给予表彰和扶持。灵武市、隆德县、中宁县等地采取政府投资补贴的办法，完善农民文化大院场地等基础设施建设。各地结合实际在文化馆（站）和村、社区文化室（活动中心）为民间文艺团队设置排练室，解决活动阵地缺乏等实际困难。

（二）搭建展演平台，乡村群众充分交流展示自办文化

宁夏连续举办两届"欢乐宁夏"全区群众文艺会演活动，通过自下而上举办县（区）初赛、市复赛、自治区决赛的形式，层层选拔民间文艺团队的优秀作品展演竞赛。举办十二届"全区社火大赛"、两届"全区群众书画摄影作品展"，对优秀社火队、书画摄影作品进行评选表彰。自治区的"清凉宁夏"广场演出、银川市的"踏歌起舞"广场舞大赛、石嘴山市的"舞动石嘴山"舞蹈大赛等群众文化品牌活动获得群众普遍欢迎，社会影响力不断扩大。一大批优秀群文骨干人才和文艺佳作涌现而出，创作表演水平在交流展演中也得到提高，一批优秀团队及作品被推荐参加全国"群星奖"、老年合唱节、少儿合唱节等，在更高层次的平台上进行展示。

（三）丰富基层实践，乡村群众自办文化开辟新路径

各级文化部门积极探索创新，鼓励引导社会力量参与公共文化服务，群众自办文化积极性明显提高。一是文化能人自发建设。许多文艺团队、文化大院在创设之初，都是创办者自筹资金、自建场地、自购设备，免费供当地群众开展文化活动。原州区王永红文化大院于2012年2月创办，利用自家800多平方米的院落建设了舞台、活动室、书画室、刺绣室、图书室等，吸引当

地村民自娱自乐、展示才艺。梁云文化大院开设皮影、书画、戏曲表演、图书借阅等活动场地，并自办农村非遗展示陈列馆，集中展示六盘山区农耕文化。二是示范带动自办活动。各地通过民间文化能人的组织带动，汇集了一批有一定文艺特长和创作才能的民间人才，经常组织开展创作、排练和演出活动，使群众喜闻乐见的歌舞、社火、地方戏剧等得到推广和普及。中宁县新堡镇夕阳红文艺队由20多名农民文化能人和退休干部组成，坚持自编自演原创作品，在服务当地群众的同时，还组团到香港、上海、北京等地演出。原州区王永红文化大院演出队短短几年，从最初几个人发展到现在的40多人，形成了编导、主创、主持、乐队、演员、音响师等门类齐全的文艺团队。三是增强活力自我发展。群众自办文化长期扎根基层，顺应群众需求，贴近生活实际，开展的文化活动群众大都喜闻乐见、乐于参与，并逐渐被商业性演出市场认可，一些水平较高的团队受邀参加商业性演出，不仅能够维持日常运行，而且可以创收盈利，增强自身"造血"功能，走上良性发展的轨道。

（四）满足文化需求，充分释放乡村群众自办文化热情

当前，群众文化需求旺盛，且呈现出多元化、个性化特征，在基层特别是乡村等地，广大群众不再满足于看电视、上网、看演出等静态、被动接受的文化服务形式，越来越多的群众希望能主动参与到各类文化活动当中、充分展示才艺，在自娱自乐、健身锻炼的同时，为更多人带去快乐。这一点在中老年人群、偏远地区、文化资源丰富等区域尤为突出。群众自办文化的兴起，也为他们展示自己创造了有利条件，为优秀传统文化的"活态"传承和保护发展打下了坚实的群众基础。今后群众主动参与、自办文化的积极性会更高，群众文化的创作演出热情将得到充分释放，群众自办文化将迎来良好的发展机遇。

第三章　宁夏乡村公共文化服务建设
存在的问题及建设路径

进入新时代，宁夏乡村公共文化服务已步入改建、扩建的提升阶段，如何全面提高乡村基层公共文化设施"管与用"的效能，需要认真分析研究宁夏乡村公共文化服务建设中存在的问题，明确当前所面临的挑战，分析其产生的原因，找出症结所在，统筹规划，系统性思考和谋划解决方案。既要看到宏观层面的症结所在，也要看到微观层面的问题症结；既要看到经济财政原因、法律制度原因，也要看到人才队伍建设、文化事业组织运行管理中的问题原因和农民群众的自身原因；既要有顶层设计，也要有微观具体实施方案。

第一节　分析宁夏乡村公共文化服务建设存在的问题

宁夏乡村公共文化服务建设有了很大进展，基本公共服务水平有了较大提升，一定程度上改善和提高了村民的民生保障水平。但我们必须清醒地认识到，乡村公共服务建设由于长期滞后，历史欠账太多，与城市相比存在较大差距和较多问题，这些都不是短期能够全部解决的。现阶段城乡差距最直观的表现仍然是基础设施差距大，公共服务不平衡。受经济发展水平和政府公共服务能力制约，乡村公共服务供给规模和质量还不够满足群众日益增长的需求，城乡区域公共服务资源配置不均衡、发展不平衡问题依然存在：乡村公共文化建设短板依然存在，文化服务能力依然不足；乡村公共服务提供主题和提供方式还比较单一，社会力量的参与度不够且较为薄弱，由于公共服务供给的合力尚未形成，因而导致投入不够、效率不高等问题；乡村公共服务建设资金依然短缺，转移支付资金利用效率较低，乡镇基层政府在乡村公共服务中的作用发挥不够；乡村公共服务基础设施的长效运管机制还未建立健全，存在管护不够、破坏严重的问题；在乡村公共服务供给方式上，存在不注重农业生产和农民生活方式特点的问题，缺乏按照乡村的特点建设乡村的思路问题。

一、乡村公共文化服务基础设施存在的短板

在国家公共文化服务体系建设的大力推动下，虽然乡村公共文化设施标准化水平不断提高，公共文化设施数量质量迅速提升，但还有些乡（镇）综合文化站和村文化室（综合文化服务中心）的内部功能室不健全，设备配置不达标，文化活动器材少，信息共享电子设备缺乏更新，这对于群众文化活动的开展形成了一定的障碍。[①]贫困地区乡、村公共文化设施仍然不足，多数基础设施建筑规模偏小，一些公共文化建筑设施面积仍然达不到国家标准。

（一）设施设备有短板

一是乡村综合文化服务中心缺少文化、广电、体育活动器材。二是乡村综合文化服务中不同程度存在文化广场、文化活动室、乡村大舞台等场地设施不完善，文化、广电、体育等器材设备需要补充更新。三是乡村民间文艺团体文艺设备短缺。近年来，乡村文艺团体迅速发展，涉及歌舞、曲艺等多

---

① 狄国忠．宁夏贫困县（区）农村公共文化设施"软件"建设的"硬思维"[J]．宁夏党校学报，2017（7）．

个艺术门类，几乎每个村都有群众自发组织的广场舞团体，普遍存在活动缺乏服装、音响设备的问题，制约了团体活动的开展。

（二）现有文化设施的利用率还有待提高

一些乡村公共文化设施因缺乏日常管理维护经费及人员，不能实施有效的管理维护，难以保证正常免费开放。尤其是新建的街道文化站、公共电子阅览室因缺乏专项免费开放资金和人员保障，不能保证全天候免费开放，未能全面发挥应有的功能作用。[①]

（三）乡村公共文化基础设施有待加强

按照《国家基本公共文化服务指导标准》要求，中卫市尚有3个乡镇（沙坡头区柔远镇、香山乡，中宁县宁安镇）未建成综合文化站并投入运行。村文化活动中心覆盖率虽达100%，但对照"七个一"标准，设施设备仍需完善。部分乡镇综合文化站、村（社区）文化活动中心设施简陋，如海原县七营镇七营村、香山乡深井村文化活动场地狭小、房屋破旧、设备短缺。部分乡村群众文化活动、公共健身、体育运动等场地缺乏，活动面积窄小，满足不了农民日益增长的文化活动需求。多功能文化活动室、图书阅览室、文化广场、全民健身器材和简易音响设备等均不符合标准，现有设备存在闲置浪费问题，没有发挥应有的作用。

石嘴山市基层公共文化设施建设水平与其他兄弟地市相比，还有一定差距。按照自治区基层综合文化服务中心建设标准，全市70%的基层综合文化服务中心达不到该标准，有的相差甚远。此外，投入少利用低、重硬件轻软件、重建设轻管理的现象依然存在。

（四）乡村公共文化服务建设不均衡

1.资源分布不均衡，城乡差距较大

例如，银川市区文化资源分布、占有类型相对丰富，专业艺术院团和大中专艺术院校（系）都集中在市区，设施相对先进的文化广场、影剧院、体育场

---

① 李妍.群众文化活动常态化、体系化建设的"银川实践"[J].剧影月报，2014（8）.

馆、歌舞娱乐场所和丰富多彩的群众文化活动使城镇居民的精神文化需求、基本文化权益相对容易得到满足与保障。全市乡村文化资源普遍相对匮乏，文化建设投入不足，近一半的村文化活动室面积狭小、设备薄弱，服务项目匮乏，活动开展较少，农民群众的文化权益在有些地方无法得到切实保障。[①]

2. 运行状况差异大

由于受地理条件、居住环境和人口规模等因素影响，村综合文化服务中心运行状况差异大。一是能常态化面向群众开放，人气旺、活动开展丰富。一些村综合文化服务中心地处乡镇中心地带、交通方便、群众居住集中、商贸集市繁华、文化能人居多，文化服务供给与群众文化需求能够良好对接和互动，设施运行常态化、作用发挥效能高。二是虽能经常性开放，但活动断断续续，参与群众比较少。这些村综合文化服务中心地处偏僻，群众居住比较分散，经济条件一般，文化能人也比较少，经常性去文化站参加活动的群众不多，农忙时节尤为冷清。三是每年春节等重大节日期间集中组织文体活动，每逢集市日才有少数群众来村综合文化服务中心看书报、打球，平时设施设备基本处于闲置状态。有些村综合文化服务中心地处大山等偏僻地方，交通不便，群众居住分散、人口也不过千人，中青年基本都外出打工，只有老人和孩子，村综合文化服务中心即使常开门也很少有人光顾。

3. 乡村二级公共文化设施建设不平衡

例如吴忠市山川之间（如利通区与红寺堡区）、县域之间（如盐池县与同心县）、县域内甚至乡镇内村组间（如红寺堡镇与新庄集乡，红寺堡镇玉池村与梨花自然村）公共文化设施建设、公共服务不平衡不均衡等，基本公共文化设施资源不仅在规模、档次上普遍存在较大差距，而且现有的一些基本公共文化设施布局不合理（新馆地处新区远离城区）。目前，山区（红寺堡区、盐池县、同心县）通过中央和自治区项目实现了村综合文化服务中心全覆盖全达标，但川区（利通区、青铜峡市）基层文化阵地普遍存在面积及

---

① 季妍.群众文化活动常态化、体系化建设的"银川实践"[J].剧影月报，2014（8）.

功能不达标问题。随着城镇化推进，全市乡镇、村组调整合并后面积扩大、人口增加，但文化阵地因合并拆迁有所减少，设施设备简单陈旧、活动空间不足，群众的文化需求难以得到满足。还有部分乡镇综合文化站与社区整合利用，部分乡镇文化站器材较为简陋，一些偏远乡镇文化设施较差，导致全市村（社区）中仍有个别没有达到国家基层综合文化服务中心标准要求，乡镇、村文化设施建设、设备器材配备不达标，全市村（社区）数字文化服务能力不足。

二、乡村公共文化服务中存在的不足

从总体上来说，宁夏在推进公共文化服务均等化，丰富乡村公共文化服务内容方面进行了积极有益的探索，取得了一定的成效，但仍存在一定的差距和不足。与新时代人民群众对美好文体生活的新期待相比仍然存在很大的差距。

（一）乡村公共文化服务人才待完善

2017年建成贫困地区9县（区）606个村综合文化服务中心，在自治区财政的支持下，每个村招聘1名专管员，为管理运行提供了有力的人才保障。但还有555个村综合文化服务中心，因无资金来源，没有专管员，只能由村委会成员代管。川区963个村综合文化服务中心大部分也没有专管员。村委会人员兼管和社会人员临时代管导致管理人员游离不定，工作时断时续，业务开展不专心，关门现象时有发生。村综合文化服务中心管理人员文化素养低、兼职多，年龄大。有的村没有专管员，暂时由村支书或村主任代管，免费开放也时断时续。全区普遍存在管理能力不强、组织活动无新意、服务水平不高等问题，但文化人才的匮乏也从根本上制约着村综合文化服务中心的高质量运行。主要原因如下。

1. 乡村文化队伍力量薄弱

近年来，受撤乡并镇、乡镇体制改革等原因，普遍存在文化专干不专的现象。有的专干既是文化专干又是信访、计划生育、法律服务专干，身兼数项工作。由于职称待遇等实际问题无法有效解决，导致基层群众文化专干工作积极性不高、干劲不足、流动性大。另外，受体制、编制、经费等问题的制约，目前仍难以全面达到每个行政村或社区至少配备1名财政补贴专职文化管理员的指标要求。

乡村的文化生活活力不够。由于机制与体制的不完善，许多乡镇文化站站长身兼数职，没有精力开展好公共文化服务。近些年来，乡村一些老文化人逐渐老去，年轻且有文化的人又很难涌现，乡村特色文化人才出现断层现象，一些非物质文化遗产的传承更是岌岌可危。文化人才工作存在高层次人才引进少、基础人才挖掘不够、基层队伍培育不够等问题。基层文化专干"专而不专"的现象普遍存在，他们往往都是身兼多职，心有余而力不足，形成了工作疲于应付的局面。

受体制、编制等因素的影响，加之重视程度不够，文化机构编制不足，人员配备不到位，人员老化补充新人难、人员固化流动困难、知识结构僵化等都是主要因素。例如吴忠市部分乡镇文化站人员没有编制（利通区、红寺堡区有机构无编制），行政村和社区未配齐享有财政补贴的文化专管人员，各市、县（区）普遍存在落实乡镇（街道）综合文化站3名以上人员编制的政策要求不严格，专人不专等问题。有的同志既是文化专干又是其他专干，这直接导致乡镇文化专干工作积极性不高、精力不足，专干不专的现象十分普遍。文化专管人员往往因补贴少，且由村干部兼职，文艺专业素质普遍较低，导致指挥员变成了守门员，乡村文化阵地作用发挥不足。

2.公共文化专业管理人才需加强

农村基层公共文化服务领域缺少专业的文化管理人员，人才队伍力量薄弱、文化素质较低。一些乡（镇）综合文化站和村文化室（综合文化服务中心）的文化设施管理员身兼数职，不能全身心地投入到文化工作中去。一些乡（镇）综合文化站和村文化室（综合文化服务中心）的文化设施管理人员队伍流动性很大。目前，宁夏乡镇文化站共有413名管理人员，虽然基本达到一站1~3名工作人员要求，但整体存在着管理能力不强、服务水平不高等问题。

县（区）乡镇机构改革后，有了文化站编制，配备了站长或工作人员，但这些人员大多身兼数职，有时还经常被抽调到其他岗位从事专业之外的工作，且队伍老化严重，真正用在工作上的精力很少，专人不专职现象较为普遍。与"乡镇综合文化站要有文化专干2~3名、确保有1名专职、村综合文化服务中心不少于1名文化管理员"的要求还有较大差距。基层文化工作队伍普遍业务技能不够高，缺乏应具备的专业技能和管理经验，村、社区文化专业人才更为缺乏，难以满足新时期基层文化建设的需求。

3.基层公共文化服务工作者人才断层

市、县（区）、乡三级普遍存在文化专业人才断层问题，全市文化馆、图书馆、文物管理所（博物馆）和文化站的工作人员中，40岁以上人员306人，占总人数的68%，老龄化严重。乡村文化工作薄弱，乡镇文化专干不专职现象普遍，严重影响村级文化工作积极性。

（二）特殊的乡村环境对乡村公共文化服务的制约

1.思想认识有偏差

在乡村公共文化服务建设过程中，基层乡镇政府更重视经济建设而忽视文化建设，个别乡镇领导在思想认识上视文化工作为非乡村工作的硬指标，未从经济与文化协调发展的高度去思考，未形成大文化的共识，从而造成了对文化工作重视不够、支持不够的现象，乡村文化工作被边缘化，严重影响了乡村基层公共文化服务的建设与发展。

有的县（区）、乡镇、村领导干部对文化助推全面小康建设的重要性认识不足，认为乡村文化只不过唱唱跳跳而已，无关紧要，缺乏狠抓乡村文化建设的自觉性和主动性，没有将村综合文化服务中心运行管理纳入工作全局、摆上重要议事日程，只是在应付检查时做做表面文章。有的村综合文化服务中心管理服务人员缺乏创新意识，"坐守一亩三分田"，只把眼光盯在政府的投入和支持上，设施等政府建、资金靠政府投、人员要政府配、服务主要由政府提供，多了等靠政府的依赖性、少了拓宽思路办文化的主动性。由于思想认识上的偏差和重视程度不够，致使一些村综合文化服务中心管理松懈，运行效率低，没有发挥应有作用。

部分基层干部思想上存在偏颇，重经济、轻文化，对文化建设在发展乡村全面和谐发展中的重要作用认识不足，认为他们的工作上不了台面，甚至认为"唱唱跳跳，打打闹闹"对"城市生活不可少""乡村可搞可不搞"。近年来，文化主管部门将主要精力放在举办活动等具体事务上来，从宏观上规划、指导、推进乡村文化建设着力较少，对业务单位工作管理督导不到位，未实现由"办"文化向"管"文化的职能转变，不利于乡村文化建设摆上位置和积极推进。

2.乡村基层文化阵地作用未充分发挥

通过近几年的努力，宁夏乡村基层文化阵地建设迅速加紧，有些文化站也成为当地的标志性建筑，为发展基层公共文化，保障人民群众基本文化权益奠定了较好的基础，目前来看，运行情况不理想，未充分发挥基层文化阵地作用，人气不足，很多乡镇综合文化站，文化活动中心处于半开放状态，没有为人民群众提供好文化服务，服务效能需要进一步提升。

3.乡村文化生活贫乏

乡村文化生活较为单一。闲暇之时，农民除看电视之外，最主要的消遣方式是串门、打牌、打麻将、喝酒。特别是农闲时节，一些乡村仍然比较热衷打麻将。健康的文化活动开展的少，有一些低俗的东西势必会乘虚而入。每年开展乡村送戏下乡活动，平均每个乡镇、村一年不到两场次演出，因而总体服务供给还是偏少。

（三）乡村公共文化服务中服务供给待提高

1.乡村公共文化服务的质量水平有待提高

目前，群众文化活动通过广泛发动、大力推进，在活动的数量与质量上均有显著提升。但是，在活动质量水平、活动效果影响方面还不能完全满足群众对文化生活的新期待和新要求。此外，有的活动缺乏针对性，内容和形式均显单一，参与群众文化活动的人群包括观众普遍以中老年人居多，青少年群体参与相对较少。①

现有公共文化服务存在供不应求、供非所求、难以满足群众需求等问题，人民群众的文化需求随着社会的多元化、信息化发展也在不断地变化，对群众文化需求了解不够及时和深入，造成群众对政府所提供的一些文化产品不满意，参与度不高，造成了文化资源的闲置和资金投入的浪费。比如：送戏下乡的文艺演出、展览等不能紧贴乡村发展变化形势，不合群众口味，在群众中冷遇；农家书屋部分图书过时、陈旧，更换不及时，借阅率较低；乡村文化设施利用率低，文化设备闲置现象普遍，难以发挥实效。

城乡公共文化服务和供给差距明显。城市文化资源相对丰富，设施相对先进、群众文化活动丰富多彩，而乡村文化资源相对匮乏、文化活动场馆建设相对不足、文化消费水平普遍低下。乡镇文化站（村综合文化服务中心）受场地、经费限制，一般仅在元旦春节等重大节庆组织活动，基层群众喜闻乐见的文化活动形式没有得到充分挖掘利用。公共文化产品的总供给量不足，特别是贴近群众生活、符合群众需要的优秀作品，数量还不够多，质量还不够高。

2. 有影响力的文艺精品依然匮乏

近年来，宁夏虽有一些文艺作品获得国家级奖励，但各文艺门类发展不均衡，少数门类一枝独秀，多数门类不够突出，精品力作相对较少。虽然各类群众文化活动多，但是在全区乃至全国享有知名度、在群众中有较大影响力的文化品牌寥寥无几。开展的文化下乡、广场文化艺术节等活动，在形式、内容及质量方面都有待于提高。

3. 公共文化服务建设的创新度有待提高

乡村基层公共文化服务建设过程中如何从基层群众的实际需求出发，充分考虑基层百姓特点、体现基层群众意愿，不断创新内容，创新形式，创新手段，为农民群众提供看得懂、用得上的文化产品不够；如何创新方式激励基层群众从"旁观者"变成"参与者"，想参与、要参与、乐于参与的共建共

---

① 季妍.群众文化活动常态化、体系化建设的"银川实践"[J].剧影月报，2014（8）.

享的自主参与的方法不多；在培育多姿多彩的文化活动形态过程中，更好地满足群众需求的文化项目创新、文化活动创新、文化载体创新度欠缺；充分利用"互联网+""两微一端"促进基层百姓线上线下互动，乡村基层公共文化数字化建设创新滞后，无障碍零距离享受现代公共文化服务的方式创新需要进一步紧跟时代发展潮流。

三、乡村公共文化建设的资金投入待加强

公共文化服务建设是一项需要不断投入的事业，而且需要政府持续不断投入公共财政资金。宁夏属于国家西部欠发达省区，乡村特别是贫困地区的市、县（区）财力普遍薄弱，自身财政支出能力不强，乡村公共文化服务建设投入更少，主要表现在以下方面。

（一）乡村公共文化服务建设资金投入待提高

近年来，宁夏公共财政对文化建设的投入虽然逐年有所提高，但由于宁夏属于西部欠发达省区之一，财政支撑能力比较弱，如2017年地方一般公共预算收入417.5亿元，抵不上发达省区一个地级市的收入。尤其贫困地区市、县（区）自身财力更加单薄，主要依靠中央财政转移支付，文化建设投入可以说微乎其微。各县（区）没有将村综合文化服务中心运行纳入财政预算，长效运行的基本财政保障机制还未建立起来。除中央补助每个文化站4万元和地方财政配套1万元资金能够保证按时到位外，全区各级财政还未建立稳定长效的资金投入机制，文化投入渠道单一，社会力量支持文化事业发展的氛围还未形成，在公共文化设施建设、运营与维护，尤其是在乡镇综合文化站、村综合文化服务中心开展活动经费和工作人员劳务费等方面，地方财政困难，投入能力有限。对基层公共文化服务资金投入不够，无法保障基层文化专干的工资收入，基层在开展活动、场馆运行等方面得不到有效保障。在脱贫攻坚尚未全面完成的情况下，市县（区）财政对公共文化服务的投入不足且缺乏持续性，比如固原市本级2018年给文化旅游广电局拨付文化工作经费727万元，2019年给文化旅游广电局拨付文化工作经费881万元，2020年

给市文化旅游广电局的总预算是500万元，三个年度均达不到年"创文工作"经费预算1000万元的要求。各县（区）财政对每年1000万元的工作经费基本没有足额保障。

（二）乡村公共文化活动经费待提高

乡村文化经费不足是制约乡村文化活动的瓶颈问题，政府的有限资金主要集中于公共文化服务基础设施建设，用于公共文化服务、组织开展群众活动的经费明显不足，虽然市上每年通过中央专项补助资金对乡村开展文化活动给予一定补助，但远远满足不了管理、维护、使用、开展活动的需要。从事乡村文化大院的文化爱好者和志愿者无经费补偿，乡村文化活动经费大多数仍然要靠群众自发募集。

（三）鼓励社会力量参与公共文化服务建设的政策制度尚需完善

虽然各地在鼓励社会力量、吸引社会资金参与公共文化服务体系建设方面进行了大量探索，但是由于宁夏地区整体经济欠发达、大中型企业数量较少、经营效益好的企业更少，每年出资赞助支持全市各类群众文化活动的企业非常有限。同时，在鼓励社会赞助和捐赠公益文化事业、实施公益性演出财政补贴等政策措施方面政府还缺乏明确的鼓励措施，致使社会参与积极性不高，社会力量支持力度不够。

四、公共文化的管理机制待完善

目前，乡村基层公共文化管理服务机制不够健全，乡（镇）综合文化站、村文化室（综合文化服务中心）的管理、服务效能整体上都处于较低层次的粗放型管理水平。由于管理机制的不健全和后续服务的不到位，导致一些乡（镇）综合文化站、村文化室（综合文化服务中心）时常处于关门状态，文化信息共享工程缺乏后续软件的更新支撑和维护，造成这些公共文化设施使用率低下、使用效能不高的现象发生，管理效能与利用率今后亟待提高。

缺乏绩效评价监督机制。没有建立村综合文化服务中心运行的目标一致性、效率、公众满意度以及管理人员执行情况信息反馈、监督评价、调整改进、奖励处罚等体系化制度机制。随着村综合文化服务中心标准化建设的推进，虽然不同程度地制定了一些管理人员岗位职责、图书借阅制度、设备器材管理使用制度等，但总体来讲，制度比较零散，千篇一律，缺乏针对性和制约性，易于操作的刚性指标体系和奖惩机制尚需研究制定。

第二节　补齐宁夏乡村公共文化基础设施短板

基础设施在公共文化服务提供和发展中具有重要作用。解决基础设施不足的问题，要在加强建设的同时，注意做好长远规划，兼顾当前与长远，加强基础设施的使用管理。科学合理的管理与使用可以使基础设施的功能得以充分发挥，提高效益，弥补数量不足的部分缺陷。

一、保障乡村公共文化服务基础设施建设

（一）完善设施网络是基础

公共文化设施是公共文化服务体系建设的基础平台，是开展群众文化活动、传播先进文化的重要阵地。公共文化设施的建设和管理水平，直接关系到人民群众基本文化权益的实现，关系到群众文化活动的正常开展。近年来群众文化活动的蓬勃发展正是得益于各级公共文化设施的加强和完善。因此，必须按照文化事业的公益性、基本性、均等性、便利性的基本要求，坚持政府主导、社会参与，因地制宜、合理布局，方便群众、优化服务的基本原则，把公共文化设施建设纳入社会发展整体规划统筹推进，充分整合利用现有资源设施，大力推进各级公共文化设施建设，特别是要坚持向基层倾斜，完善基层文化设施服务功能，提升规范化服务水平，切实满足广大人民群众就近、经常参加文化活动的需要，更好地保障人民群众的基本文化权益，保障群众文化活动的正常有序开展。

（二）加快公共服务基础设施县乡村全覆盖

做到公共文化服务基础设施县乡村全覆盖、公共文化活动县乡村全覆盖、公共数字文化建设县乡村全覆盖目标。充分发挥省、市、县（区）、乡镇、村文化工作者的积极性、主动性，量化工作任务，保质保量完成基层公共文化服务目标任务。

一是由银川市文化部门会同银川市规划部门按人口比例和打造"城市十五分钟、乡村十里文化圈"的要求，以街道文化活动站、社区文化活动中心、文化广场作为重点，编制银川市文化基础设施系统专项规划，并纳入银川市城乡建设总体规划和分区规划。

二是建设集宣传文化、党员教育、科学普及、普法教育、体育健身等功能于一体的乡镇综合文化站和村（社区）综合服务中心，扶持民间文艺团队、农民文化大院，整合乡村篮球体育场和健身路径资源，推进乡镇和村级文化广场建设。

三是加大公共文化设施资源整合力度。本着共建共享的原则，充分整合利用不同领域、不同系统的文化设施，有组织地实施学校、企业等社会公共文化设施资源的开放共享，为村民提供更多就近便捷的群众文化服务。①

四是加快数字化发展。依托各级公共图书馆、文化共享工程各级中心、公共电子阅览室以及文化馆（站、室）、社区文化中心等公共文化基础设施，加快数字文化网络平台建设，建立和完善文化信息网络服务体系，将现代科学技术和传播手段应用于公共文化服务体系建设，大力推广现代新兴的文化活动形式，提高群众文化活动资源互动共享水平。要有计划有步骤地整合和开发现有图书音像、广播影视、文化活动、非遗保护、艺术鉴赏等文化信息数字资源，为广大人民群众提供快捷、丰富的文化信息和数字文化资源服务。增强数字文化服务平台的互动性，通过数字网络更好地了解群众对文化的需求，解决文化资源供求信息不对称等问题，实现文化服务

---

① 郑满贵，刘鹏.加强公共文化服务体系建设保障人民群众文化权益 [J]. 前进，2011（10）.

机构与基层群众的文化服务供需对接，更好地满足群众的文化需求，提升服务效能。

（三）加快公共文化基础设施建设配套

加大重点项目资金投入力度，尽快解决文化馆、图书馆内部装修、信息化建设和投入使用资金问题。乡镇综合文化服务中心普遍存在计算机设备老化、数字资源网络不通、图书资料编目不清楚、开展活动记录不全等问题，个别乡镇综合文化服务中心甚至没有配备设备，要加大投入，使文化基础设施建设尽快达标。

吴忠市利通区东塔寺乡石佛寺村图书阅览室（展帆／摄）

二、乡村公共文化服务基础设施建设要兼顾当前与长远发展

（一）持续推进乡镇、村综合文化服务中心等公共文化设施网络建设

在国家公共文化服务体系示范区创建成果的基础上，根据"整合资源、综合利用、共建共享、统一管理、提升效能、服务群众"的原则，以现有乡镇综合文化站和村文化活动中心为核心，[1]整合乡村基层宣传文化、党员教育、

---

① 梁敬亲 . 原州区基层综合性文化服务中心建设初探农技服务 [J].2016（11）.

海原县史店乡田拐村综合文化服务中心（李佐珍／摄）

科学普及、普法教育、体育健身、社区教育、农家书屋等方面的场地、设施、项目、资金、人才等资源。

为更好地推动宁夏乡村公共文化服务，重点应从以下几方面加强。一是补齐乡村公共文化服务设施短板，按照自治区"七个一"标准继续提升一批乡村基层文化阵地，打造一批乡村文旅协同发展特色乡村文化阵地。二是建立完善基层公共文化设施使用机制，制定《公共文化设施运行管理规范》，提高公共文化设施管理使用效率。同时，依托文化服务中心兴办读书社、书画社、民间文艺社团等，吸引更多群众参与，繁荣乡村文化事业。

例如吴忠市继续完成红寺堡区新庄集乡等乡镇文化站建设。督导利通区、青铜峡完成自治区川区村综合文化服务中心功能提升项目，继续提档升级红寺堡区、盐池县、同心县高标准全覆盖的村综合文化服务中心，提升服务效能，使山区县和川区县公共文化基础设施齐头并进、均衡发展。继续在全市范围内创建一批市级示范性大院，形成功能完善的五级公共文化服务网络体系。

（二）持续加强乡村公共文化设施建设，夯实公共文化服务硬件基础

以文化工程为抓手，以公共文化设施为骨干，以乡（镇）和村（社区）

基层文化设施服务为基础，统筹规划，合理布局，逐步形成覆盖乡村、结构合理、功能齐全、实用高效的公共文化设施服务。按照结构合理、发展平衡、网络健全、运行有效、惠及全民的原则，大力发展公益性文化事业，实施文化惠民工程，切实保障人民群众看电视、看电影、听广播、读书看报、进行公共文化鉴赏、参加大众文化活动等基本文化权益。

三、加强乡村公共文化服务基础设施的使用和管理

（一）大胆创新公共文化服务

统筹推进文化服务均衡发展，扎实开展"结对子送文化种文化""三区人才"培训等培训服务，集中实施公共文化精准扶贫，助力乡村振兴。创新公共文化服务方式，对外张贴公开开放服务项目、服务内容、服务时间，扩大公共文化设施免费开放面；配备流动服务车，提升流动服务能力。建立健全群众文化需求反馈机制，按群体、年龄等具体情况进行需求供给，主动提供"菜单式""文化旅游一卡通"等群体差异化公共文化服务。

（二）强化文化设施效能建设

大力引进优秀文化人才，采取选调、交流、聘用等形式，吸引优秀人才进入公共文化服务领域，充实公共文化服务人才队伍。加强文化志愿者和社团文化辅导员队伍，聘用一批有文化专长、热心于基层文化工作的离退休文化工作者和民间文艺骨干担任乡镇（街道）、村（社区）专兼职文化辅导员，充实基层公共文化服务队伍。加强学习培训工作，通过举办各类培训、讲座，提高文化带头人水平。开展群众文艺团队评星定级，注重发挥文化示范户、民间艺人在城乡文化活动中的组织、示范和引领作用。健全文化工作者实绩考核激励机制，不断提升公共文化队伍素质和服务能力。[①]指导各县区因地制宜制定出台《乡镇综合文化站管理办法》《村综合文化服务中心管理办法》《公

---

① 王紫刚，马建英，赵立春等.银川市公共文化服务体系建设研究 [J].中共银川市委党校学报，2013（2）.

共文化服务体系绩效评估办法》等制度文件，强化督导检查，严把考勤考核，落实效能目标考核管理，实行效能考核等级与拨付奖补资金挂钩，用活用好文化阵地，提高基层文化阵地服务效能和群众满意度。

（三）整合公共文化服务资源，促进公共文化资源的共建共享

充分调动发挥社会组织、企事业单位等各方面的积极性，促进基层公共服务资源的共享和有效利用。乡村基层文化建设布局、规划和管理要与城乡统筹、新乡村建设等政策相衔接。通过税收优惠等政策，鼓励社会力量参与公益性文化事业建设。同时，积极引导社会资金投入文化公益事业，支持各种民办文化协会发展，采取"公建、民营、公助"等方式盘活乡村公共文化设施，促进公共文化服务方式的多元化、社会化。①

第三节　优化宁夏乡村公共文化服务供给模式

当前，乡村公共文化服务建设的速度与质量必须双双上提，才能建立起常态化的乡村公共文化服务。服务主体建设如何是服务质量与数量的主要影响因素，优化宁夏乡村公共文化服务供给模式首先是要在加强宁夏乡村公共文化服务主体队伍建设的基础上，找准政府的功能定位，转变政府工作作风，提高办事效率，进一步简政放权，取消一些不合理的审批和收费项目，保障乡村群众的生活质量。同时，结合宁夏乡村地区的实际情况，树立以村民需求为导向、以改善民生为核心、以社会化改革为方向、以城乡一体化为支撑的乡村公共文化服务供给模式改革趋向。

---

① 杨志今. 高度重视和保障人民群众的文化权益 [N]. 中国文化报，2010（8）.

一、建立与完善乡村公共文化产品供给决策机制

（一）坚持政府主导是前提

提供基本的公共文化服务，保障广大人民群众的基本文化权益，是政府的重要职责。群众文化活动是公共文化服务的重要内容，因此，必须坚持政府主导，加大财政对公共文化的投入力度，加强对群众文化活动的指导管理，积极为群众文化活动的健康发展提供有力的物质保障和政策支持。

（二）不断提高领导对乡村基层公共文化服务建设的思想认识

要将各个县（区）和乡镇政府领导纳入文化部和自治区文化培训计划，每年定期分批举办公共文化服务建设县（区）长、乡（镇）长培训班，通过解读文化经济政策、组织现场观摩学习、开展座谈交流等方式，解决县（区）、乡镇政府层面一些领导思想观念上的重经济、轻文化问题，切实提高对基层特别是对乡镇、村对基层公共文化服务建设重要性和紧迫性的认识。

加快乡村公共文化建设，有利于解决当地农民群众日益增长的精神文化需求，提高其文化素养，促进乡村持续协调发展。从长远来看，是加快乡村文化建设，践行社会主义核心价值观、全面建成小康社会的客观要求。相关部门要加强组织领导，解放思想，提高认识，将乡村公共文化建设提上日程、摆上位置，做到真抓、重抓、实抓。

（三）加大文化产品和服务供给

积极探索逐步推广以县（区）图书馆为中心的总分馆制和"馆外图书馆分馆"新模式，促进各类图书馆联盟，实行区域内图书通借通还、数字资源共建共享、展览讲座互联互通。加强农家书屋的日常管理，抓好乡村中小学生假期进书屋活动，提高图书报刊使用率。购置图书馆自助借阅设备，在图书馆、文化馆、博物馆、村（社区）等公共文化场所开办公共电子阅览室，开设"四点半学堂"为农民工子女提供课外学习服务。在市图书馆设立盲人阅览区、县（区）图书馆设立盲人图书室。深入开展全民阅读活动，引导人们养成良好的阅读习惯。市、县文化馆、图书馆、博物馆，乡镇综合文化站、

村综合文化服务中心等公共文化设施向社会全部免费开放服务，制定免费开放目录并向社会公布，开展"菜单式""订单式"服务，并公布服务内容，让社会、群众根据需要"点菜"。

（四）拓宽公共文化服务供给渠道

现阶段，乡村基层公共文化产品与文化服务供给标准化较多，个性化的特色服务与供给较少，而乡村群众因受到不同的经济发展水平、收入水平、教育程度以及不同的性别、年龄、价值观念、兴趣偏好等影响，文化需求多层次、多元化，但由于供给侧与需求侧的错位，造成公共文化产品供给和群众需求不匹配、不对接等问题。乡村基层要不断探索创新建立公共文化服务运行机制，促进建、管、用协调发展，要灵活采用有效办法，促进公共文化服务均衡发展。[①] 对于文化活动不够丰富、文化生活相对单调的乡村基层，要加大政府购买力度，资助民间文艺团队、农民文化大院等群众自办文化和补贴演义团体与文化企业等社会力量举办各类展演活动等办法。要做好公共文化服务供给与群众文化需求互动对接，建立任务清单，经常性对接当地群众文化需求实际，实施精细化"菜单式""订单式"服务模式，多提供针对性强的精准供给，有效发挥文化设施设备的功能。建立公共文化服务城乡联动机制，实现公共文化服务供给的均衡发展。

二、以村民为核心确定公共文化服务内容与形式

随着乡村基层享受文化权益的自主性提高，广大村民从被动接受逐渐转变为主动参与公共文化服务，群众自创、自演、自看渐成风气。各级政府和公共文化服务机构一些重大文化惠民工程为老百姓送去服务和产品，要改变将村民当作"观众"，转变政府统一标准"送文化"外部程式输入的方式，形成人民群众想参与、易参与的发展环境。

---

① 陈敏. 让文化点亮幸福生活 [N]. 华兴时报，2020-05-29.

（一）满足群众需求，提高群众参与度

要创新公共文化服务的建设机制，从而保障村民在公共文化服务建设中的事先需求表达权，事中实施监督权和事后绩效评估权，激励群众从"旁观者"变成"参与者"，解决"送文化"与"种文化"的错位问题，删除公共文化服务中存在的"无根化""泡沫化"现象，同时充分发挥"乡贤文化"资源，探索实践"乡贤文化发动"模式，由此让村民成为公共文化服务建设的真正主体和服务主体。

满足群众的精神文化需求是群众文化活动的根本目的，也是群众文化活动的根本动力。加强群众文化活动体系化建设，根本出发点和落脚点就是要更好地满足不同群体多样化、多层次、多方面的不同文化需求。凡是覆盖面广、生命力强、影响力大、受到群众欢迎的活动，首先一定是体现了群众的向往与需求，符合群众的意愿。所以，加强群众文化活动体系化建设，必须要先针对群众不同的多样文化内需，摸准群众的思想脉搏，了解和掌握群众参加群众文化活动的心理需求，把握不同区域、不同群体特点和文化需求，有针对性地组织策划群众文化活动的内容和形式，不断推出群众喜闻乐见的系列文化活动，逐步形成体系化的群众文化活动格局，最大限度地满足人民群众多样化、多层次、多方面的需要，调动和激发群众的参与热情和创造能力，充分发挥群众文化活动的教育娱乐载体功能，彰显群众文化活动的活力和魅力。

群众文化活动的生命之源在于群众的深度参与。所谓深度参与就是群众不能只作观众、也不是被动参与，而是要充分调动群众参与活动的主体性、主动性和创造性，让他们主动加入到群众文化队伍中来，成为群众文化活动的主角，以实践主体的身份直接参与到群众文化活动的策划、组织、开展、创新等各个环节，推进群众文化活动走向自我管理、自我服务、自我发展的轨道。同时，群众文化队伍因其来自群众、扎根基层、服务基层，最能反映和代表广大群众的文化诉求，所以只有广大群众文化队伍的广泛参与，才能更好地达到群众文化活动宣传群众、教育群众、满足群众文化需求的目的。因此，抓好群众文化队伍建设，提高群众参与的深度，是群众文化活动更富有生命力的关键。要坚持把基层文化专业干部队伍、社会民间文艺团队、文化志愿者三支群众文化队伍建设作为重要抓手，加大扶持和培训力度，健全管理机制，不断提高三支队伍的素质，才能更好地保证群众文化活动的不竭生命力和创造力，实现群众文化自我发展、自我管理、自我教育的良性发展轨道。

（二）广场文化活动是主要载体

广场文化活动作为深受群众欢迎和喜爱的一种文化娱乐方式，越来越受到城乡广大群众的欢迎、社会各界的关注和各级政府的重视，成为当代群众文化最突出的一种表现形式，它以其蓬勃发展的生命力和广泛深远的影响力，有力推动着各类群众文化活动的广泛开展，成为群众文化活动的主要阵地和主要载体。因此，要注重抓住这个载体，大力加强广场文化设施、广场文化队伍、广场文化活动品牌和广场文化管理机制建设，加快形成广场文化活动活跃、队伍健康发展、机制健全有效的良性运行格局，不断提升广场文化的效应和水平，切实发挥其在推进群众文化活动常态化方面的重要载体支撑功能。

（三）广泛开展群众性文化活动

深入开展以"贴近实际、贴近生活、贴近群众"为主要内容的群众性引领示范活动，支持群众自办文化，依托基层综合文化服务中心，兴办读书社、书画社、民间文艺社团、健身团队、个体电影放映队等。结合春节、元宵、端午、中秋、重阳等传统节日，组织开展文艺演出、书画摄影、体育健身等文化活动，吸引更多群众参与。创新服务方式和手段。畅通群众文化需求反馈渠道，实现供需有效对接。乡村文化设施实行错时开放，提高利用率，为老年人、未成年人、残疾人、农民工和乡村留守妇女儿童提供有针对性的文化服务。

建立文图两馆分管制，以县区级文图两馆为总馆、乡镇为分馆、村为支馆，推进一体化服务。广泛开展流动文化服务，通过开展流动文化馆、图书馆、博物馆活动，把基层综合文化服务中心建成流动服务点，积极开展文化进社区、进乡村和区域文化互动交流等活动；充分发挥互联网等现代信息技术优势，为基层群众提供数字阅读、文化娱乐、公共信息、技能培训、场馆预约等服务；深入推进文化辅导员下派制度，通过辅导员"包片定点"的形式组织开展各类文化活动，协助乡镇、村组建文化活动团体，建立健全团队管理制度和活动计划，并引导辖区居民参与健康有益的文化活动，定期开展对群众的文化辅导业务培训等。

持续大力实施"文化惠民工程"，深入开展文化"进乡村、进机关、进军营、进社区、进特殊人群、进企业"的"六进"活动；广泛开展文化广场演出，组织歌舞团、艺术团经常深入全市基层乡村进行巡回演出；加强对业余文艺团队的指导和培训，筛选一批文艺精品节目进行交流巡演；组织开展春节社火展演、元宵节灯会、舞龙大赛、新年音乐会、戏剧票友大赛、广场舞健身大赛、青歌赛、群众文艺汇演、春雨工程等群众性文化活动，丰富城乡群众生活。

（四）开展公益性大众文化活动

群众文化品牌活动
——"新春乐"第十三届宁夏社火大赛暨元宵节主场巡演活动（谢明／摄）

中卫市2018年春节社火展演比赛（展帆／摄）

大力加强广场文化、村镇文化、社区文化、企业文化、校园文化建设，积极组织开展内容健康向上、形式多姿多彩、群众踊跃参与的歌咏、读书、朗诵、文艺演出、书画摄影比赛等文化活动。积极安排城市农民工的业余文化活动，开展为农民工送书、送戏、送电影活动。加大公共文化产品供给，加强乡村流动文化服务，提高服务质量和服务效率，创新公共文化服务机制；采取政府采购、补贴等措施，加强对农民工、留守儿童、老年人等特定群体的文化服务，继续大力推动文化惠民工程"送欢乐下基层"。

三、创新乡村公共文化服务的内容与形式

（一）创新公共文化服务方式

积极探索逐步推广以县（区）图书馆为中心的总分馆制和"馆外图书馆分馆"新模式，促进各类图书馆联盟，实行区域内图书通借通还、数字资源共建共享、展览讲座互联互通。在图书馆、文化馆、博物馆、村（社区）等公共文化场所开办公共电子阅览室。完善《重点文艺作品扶持资金管理办法》，

通过演出补贴、配套奖励等方式，鼓励各级各类文艺院团创作演出群众喜闻乐见的文艺节目。开办小剧场，扶持公园文化广场建设，支持秦腔、"花儿"等优秀地方戏曲和民族文艺节目的发展推广。以城促乡，带动乡村广场文化繁荣发展，提高广场演出设备质量和节目表演水平。

1. 积极拓展延伸服务范围

积极推行数字图书馆、图书总分馆、流动图书馆、图书漂流点、市民一卡通、通借通还等多种方式，创新公共图书馆的服务内容和方式，形成以市图书馆为核心，县（市）区图书馆为区域中心，乡镇（街道）综合文化站为纽带，村（社区）图书室为基础的城乡一体、资源共享和方便快捷的新型公共图书馆服务体系。

2. 创新服务方式和手段

采取聘任文化辅导员、文化志愿者服务、政府采购服务等方式，广泛开展"四送六进"、文化下乡、广场舞推广站、文化培训辅导点等，努力推动群众文化服务向社区和乡村延伸。

3. 全面整合群众文化服务资源，提高群众文化服务的现代科技水平

利用数字图书馆平台和信息网络云技术，采取建立群众文化服务门户网站，编印群众文化服务地图、编制群众文化服务指南、建设群众文化服务网站等多种方式，全方位提供群众文化服务信息，推进数字化建设，使群众更好地享受群众文化服务成果，参与群众文化服务监督。

4. 注重打造特色文化服务品牌

坚持高起点创意策划、加强与文化公司的合作，创新市场运作模式，高质量培育新的文化品牌，放大文化品牌效应，带动文艺创作水平整体提升。银川市继续精心打造"湖城之夏·广场文化季""踏歌起舞·幸福银川""书香银川·百姓讲堂"等文化活动品牌。继续办好"中国·银川黄河文化旅游节""贺兰山文化节""秦腔节""青年戏剧节""广场民族健身舞大家跳"等活动，加大宣传推介力度，提高乡村文化品牌的知晓度、认同度和影响力，进一步丰富人民群众的精神文化生活。

（二）实施文化惠民资源有效整合

强化规划引领和组织领导，持续推进区域内文化资源、服务有效整合，统筹管理运行文化资源，实施文化惠民工程。依托资源禀赋，深度挖掘中华优秀传统文化、地方特色文化资源，大力推进县区特色文化品牌。吴忠市做精做靓"滨河百姓大舞台""多彩利通""金岸明珠大舞台""唱响中国梦·舞动古盐州"等品牌广场文艺、文化惠民送戏下乡、文化进万家、民间文艺展演、"全民阅读　书香吴忠"等地方特色文化品牌，提高群众文化活动的参与度。打磨提升《青铜峡》《李进祯》等作品，创作一批彰显时代特色、适应群众文化需求、大众喜闻乐见的文化艺术精品，满足群众对艺术的更高追求。

（三）打造活动品牌形成有力支撑

品牌是标志、是形象、是价值、是持久生命力所在。要拥有一批树得起、立得住、有吸引力、有影响力、有凝聚力、深受群众欢迎的群众文化活动品牌，才能不断扩大活动影响力、深化活动效果，为群众文化活动的常态化、体系化发展提供有力支撑。因此，必须重视加强群众文化活动品牌化建设，针对不同群体、不同领域、不同文艺门类爱好对象的具体情况，不断打造符合时代特点、满足群众需求、各具特色的群众文化活动品牌，凸显群众文化活动的品牌特性，为群众文化活动向更大规模、更高水平发展提供创新动力。经过多年努力打造，银川市围绕满足群众多样化、多层次文化需求相继推出了"踏歌起舞·幸福银川""湖城之夏·广场文化季""广场民族健身舞大家跳""相约星期六·百姓大舞台""周末梨园大戏台""相约星期五·曲艺乐翻天""银川国际民间艺术节""民俗文化集萃""新春民众文化节""书香银川·百姓讲堂"等一批各具特色的群众文化活动品牌，用大舞台、大讲堂、大展台丰富人民群众的精神文化生活，引导广大群众参与其中、乐在其中、受益其中，初步形成群众文化活动规模稳步扩大、质量逐年提高、参与面不断扩大的健康发展格局。

（四）加大公共文化服务工作宣传力度，开展宣传教育活动

不断加大宣传工作力度，做好市县新闻媒体常规宣传报道，采取新媒体

宣传、设立宣传栏、悬挂标语、制作展板、折页等措施，深入社区、乡村进行宣传，让群众积极参与公共文化服务活动，提高群众知晓率。

围绕新时期党和国家重大方针政策及惠民政策，采取政策解读、专题报告、百姓论坛等多种方式，开展基层宣传教育，使群众更好地理解、支持党委和政府工作。开展社会主义核心价值观学习教育和中国梦主题教育实践活动，推进文明村镇、特色田园小镇和美丽乡村建设。弘扬中华优秀传统文化，利用当地特色历史文化资源，加强非物质文化遗产传承保护和民间文化艺术之乡创建，开展非物质文化遗产展示、民族歌舞、传统体育比赛等民族民俗活动，打造基层特色文化品牌。

（五）大力推进服务创新

一是加大文化活动项目创新。指导村综合文化服务中心创新文化活动项目，培育多姿多彩的文化活动形态，满足群众多样化文化需求。二是加大文化活动方式的创新。探索推出贴近群众生活的文化活动方式，把"群众演、群众看、群众乐"的文化舞台搭到群众家门口。三是加大文化产品的创新。建立"以需定供"的文化产品供给模式，通过群众文化需求调查、建立配送机制、组织文化活动，从数量、供给、服务等多方面，形成内容丰富的公共文化产品体系。四是利用互联网、移动通讯网、广播电视网等，逐步推进区、市、县（区）图书馆、文化馆、博物馆、美术馆等数字文化资源流向村综合文化服务中心。五是引导和鼓励科技企业与社会力量参与数字文化建设，促进线上线下互动，让更多乡村群众零距离、无障碍地享受现代公共文化服务。

（六）共建共享，盘活乡村公共文化服务资源

鼓励民间和社会力量积极参与乡村公益性公共文化设施建设，大力推行"公建民营公助"模式，盘活用好乡村公共文化设施设备，让乡村公共文化服务资源效益最大化，促进乡村公共文化服务资源和方式的多元化、社会化。要按照结构合理、发展平衡、网络健全、运行有效、惠及全民的原则，切实保障人民群众进行公共文化活动的基本文化权益。

第四节　完善宁夏乡村公共文化服务资金保障体系

通过加大对乡村基层财政投入力度，进一步发挥自治区公共财政资金在消除城乡、不同人群之间享受公共文化服务过程中的不均衡性的作用，体现政府财政在实现公共文化服务标准化、均等化的影响力。

一、加大对乡村公共文化服务的资金投入

逐步加大各级财政对公益乡村文化事业建设的投入，确保每年投入增幅不低于同级财政经常性收入的增幅。加强乡村公共文化设施建设，加快村级综合文化服务中心建设和乡镇文化站建设。督促各市、县（区）财政统筹协调，确保公共文化服务投入。

二、进一步健全各级财政资金支持乡村公共文化服务建设的保障机制

一是自治区、市、县三级财政，应明确公共文化服务建设资金在财政预算中所占比例和年度增长率，加大乡村基层公共文化建设的投入比例，尤其是应重点向乡镇文化站、村文化室、文化大院（文化中心户）倾斜。

二是建立乡村基层公共文化服务建设的经费保障机制。建议建立针对基层管理人员的培训专项资金，建立针对乡村弱势群体文化低保工程的专项资金等，以此提高公共文化服务均等性的含金量。

三是自治区财政要有重点、有倾斜地给予体制外的文艺宣传队伍的资金支持，提高资金支持的力度，调动其宣传增强"四个意识"、坚定"四个自信"等主流价值观的积极性。乡村基层公共文化服务建设，要充分发挥和运用好当地群众的话语体系传播习近平新时代中国特色社会主义思想。

第五节　构筑宁夏乡村公共文化服务的绩效评估体系

党的十九大报告指出，"创新是引领发展的第一动力"。因此，要实现乡村基层公共文化服务可持续发展，就要立足于以人民为中心的思想基础，以创新的思维，坚持以问题为导向，健全完善乡村基层公共文化服务长效机制，针对基层公共文化服务管理的新情况新问题，统一指导、因地制宜，兼顾共性与个性，制定完善基层公共文化服务管理制度和服务标准。

现阶段，公共文化服务建设的绩效评价监督机制的建立步伐远远滞后于公共文化服务建设的实践步伐，随着公共文化服务建设的不断推进，亟待建立起公共文化服务建设的系统性、科学性的评估监督机制。绩效评价监督机制是公共文化服务建设从粗放化阶段走向精细化建设阶段的关键环节，自治区应探索性地逐步建立以考核为手段、以目标为导向、以群众为评价主体的客观科学的评价监督机制，推动乡村基层公共文化服务建设从粗放化阶段向精细化阶段有效转型。

一、完善宁夏乡村公共文化体制

完善公共文化体制建设，首先必须有明确的、清晰的、具体的目标任务，才能使体制建设有明确的努力方向。一是进一步转变政府在公共文化发展中的职能作用，建立起适应社会主义市场经济体制的公共文化体制机制，投融资方式多元化，逐步形成完善的企事业单位运转高效、灵活、创新能力强的体制机制。政府要由原来的包办文化转向宏观管理，创造良好的文化发展环境。把管理的重心放在社会管理和市场监管上，管导向、管原则、管规划、管布局、管市场、管秩序，管住方向，管好质量。在乡村公共文化建设中，乡镇政府作用是关键，对于乡镇政府来说必须增强服务理念，让服务成为乡镇政府的一种执政理念，使管理与服务统一起来。[①] 二是公共文化体制改革不只是简单地将市场引入到文化建设中，也不是政府为了减轻财政负担的举措，而是在于公共文化的快速健康发展可以提高国家软实力，更好地满足人民群众的精神文化需求。

（一）加强乡村文化体制机制建设，完善制度和标准

完善乡村振兴文化建设相关制度，适时制定"乡村振兴文化建设规划"。构建乡村振兴文化发展战略，实现稳定发展、持续建设。进一步统筹城乡、村村文化建设，实现均衡发展，加大对乡村民间文化艺术的扶持力度，推进"三农"广播电视涉农节目制作和乡村题材文艺作品创作。大力开展流动服务和数字服务，实现乡村、街道社区公共文化服务资源整合和互联互通，加大对经济条件差、文化基础薄弱乡村的倾斜，实现村村适度平衡，共同繁荣。[②]

一是建立基本统一的服务标准体系。要制定一定时期内实现既定目标的基本公共文化服务标准和规范，包括服务范围、服务项目、保障水平和服务质量的标准，以及技术和管理等相关规范。同时要建立健全基本服务标准的动态调整机制。二是探索适合乡村特点、适应农民群众需要的文化服务方式，形成服务规范，提升运行效能。

（二）进一步建立多元有效的公共服务投入机制

一是按照国家提出的"保障公共财政对文化建设投入的增长幅度高于财政经常性收入增长幅度，提高文化支出占财政支出的比例"的要求，[③] 继续加大各级财政对文化旅游公益事业的投入。

二是加大对基层基础设施的扶持性投入。按照属地管理、分级投入的原则，重点加强并逐年按比例增加对乡镇（街道）文化站、行政村（社区）文化室、基层综合文化服务中心、公共电子阅览室等基层文化公益事业的日常

---

① 黄桂钦. 我国农村文化产业发展研究 [D]. 福州：福建师范大学博士论文，2014-05-29.

② 王震. 美丽乡村文化建设：问题与对策中国集体经济 [J].2017-07-15.

③ 安锦，徐跃，陈文川等. 新时代背景下国家审计的职能定位与实现途径研究 [J]. 财会通讯，2020-01-10.

管理、投入设施维护经费，确保群众文化服务体系的正常运转。

三是建立"政府监督、企业运营、社会评价"的多元主体合作机制。引导市场资本参与旅游公共服务体系建设，推广应用 PPP 模式，发挥行业协会、企业联盟、志愿者协会等社会组织的协调功能，鼓励社会力量参与旅游公共服务体系的建设与运营。

四是鼓励各类群众文化服务单位在保障基本群众文化服务的基础上，采取"以文养文、以文补文、以文促文"的方式，利用文化经营收入补助群众文化服务活动的不足，形成公共文化投入良性循环。

（三）创新机制体制，营造良好文化氛围

继续加大《中华人民共和国公共文化服务保障法》的宣传力度，创新文艺工作机制，引入社会资本，探索设立文艺创作基金，出台文艺精品创作奖励扶持政策，鼓励文艺骨干深入群众，争取推出更多文艺精品。探索制定务实有效的公共文化服务需求反馈考核机制，促进公共文化服务与群众文化需求有效衔接，让公共文化服务架起为民、惠民、育民的桥梁。

以乡村文旅协同发展为契机，进一步推进政府购买公共文化服务的水平，切实增强服务活力。采取政府＋社会组织的形式，购买社会服务，从优秀的演艺集团和民营个人院团选拔竞聘购买优秀节目，参加每年各级市春节电视联欢晚会等大型文艺演出；购买民营文艺团队，开展送戏下乡和文化惠民演出。固原市投资400余万元与宁夏演艺集团共同创排大型原创音舞诗剧《红旗漫卷六盘山》，作为宁夏回族自治区成立60周年献礼节目隆重演出，受到了中央代表团、区市领导和广大群众的广泛好评。反映脱贫攻坚工作的现代眉户剧《丁香花开》在全区巡演。2019年原创声乐作品《再出发》气势磅礴，被学习强国平台推介。2020年疫情防控期间，积极利用现代信息技术开展了线上"文旅抗疫"系列活动，发动文艺骨干创作了文化艺术作品600多篇（幅），发布抗疫宣传公众号文章20期。2020年4月，自治区文化和旅游厅评选表彰的全区抗击疫情主题优秀群众文艺节目、书画摄影和非遗作品中，固原市有13个（件）作品获奖。

（四）建立完善后续工作机制，健全长效机制

结合落实全国宣传思想工作会议精神，将公共文化服务建设纳入国民经济和社会发展"十四五"规划，扎实做好示范区后续建设工作，巩固提升示范区建设成果。建立示范区后续管理和督查机制，将现有示范区创建工作领导小组机构组建成常态化、长效化的现代公共文化服务建设协调机制，定期会商、齐抓共管、统筹推进，形成强大工作合力。

要推进群众文化常态化、体系化建设，使之持续健康发展，必须有科学的、符合实际的政策机制做保障，没有一套行之有效的制度是无法实现的。两年来，银川市围绕群众文化工作中存在的突出问题，通过调查摸底、不断总结经验，大力推进制度设计研究，积极探索破解难题，建立健全群众文化活动的有效机制，先后围绕群众文化活动常态化体系化建设、文化基础设施建设管理、群众文化队伍建设、广场文化建设、社会民间文艺团队组建管理、考核激励等方面研究制定了一系列政策制度，有力推动了群众文化常态化、体系化建设，不断提高了全市群众的文化活动水平。

（五）强化协同联动

不断探索群众文化活动常态化与体系化协同发展的新机制，注重加强不同区域文化、群体文化、主题文化等不同艺术门类文化活动体系的统筹协同、协调联动，防止单一、片面、死板、割裂式发展。坚持抓普及与抓特色相结合，在充分普及活跃不同行业、不同地域、不同群体、不同门类的群众文化活动的同时，注重抓品牌、抓特色、抓精品，提升群众文化活动质量水平。坚持城市文化与乡村文化协同联动，有组织地引导城市文化与乡村文化相互交流、相互协同、相互学习、相互促进、成果共享。坚持传统文化与现代文化相协同，处理好继承与创新的关系，既要注重挖掘富有地域特色的民间传统文化，又要大力推动内容创新、技艺创新、业态创新，把传统元素与时尚元素结合起来，把民族精神与时代精神结合起来，使文化产品更好地体现民族特色、地域特色，更好地符合群众需求。坚持把节庆主题等体系文化与日常文化活动相结合，在抓好节日主题文化的同时，更要注重抓好经常性群众文化活动，

让体系化更好协同于常态化，不断提升群众文化活动整体水平，使群众文化活动更具活力，群众文化生活更加丰富多彩。

（六）稳步推进文化体制改革

逐步建立健全政府向社会力量购买公共文化服务机制，把通过政府购买公共文化服务的资金纳入各级财政预算，推动公共文化产品生产和服务供给市场化、多元化。鼓励和支持社会力量通过投资、冠名和捐助设施设备、兴办实体、资助项目和服务等方式参与公共文化服务体系建设，鼓励党政机关、企事业单位和学校的各类文体设施向社会免费开放和优惠开放。探索建立图书馆理事会、文化馆议事会运行机制。在有条件的社区、车站等人员密集场所逐步探索建立图书馆分馆和主题文化艺术馆，方便读者和群众。推进文化馆和文艺专业团体的协同发展，开展文化志愿服务活动，加强对乡村、社区文艺团队辅导培训，以解决文艺专业人员缺乏的问题。

二、构筑宁夏乡村公共文化服务的绩效评估体系

绩效评估对象既包括作为责任主体的政府文化部门，也包括具体提供公共文化服务的公益性文化事业单位，如图书馆、博物馆、美术馆、文化馆、文化研究机构等，也包括旅游景区、旅游组织以及其他社会办非营利、服务机构。绩效评估可分为内部评估与外部评估，内部既可以是政府内部、公共组织、机构内部，如政府财务审计、公共文化机构员工考核等，也可以是行业内部，如图书馆、文化馆、旅游局等行业内部的等级评估等；外部主要是指公众评估、第三方独立评估机构的评估、行业外的社会评估、政府对行业的评估等。

（一）乡村公共文化服务绩效评估机制建立的意义

公共文化服务建设是以实现公民文化权利为逻辑起点，满足社会的公共文化需求，向公众提供公共文化产品和服务行为及其相关制度与系统的总称，是国家公共服务体系中的有机组成部分。乡村公共文化服务绩效评估是乡村公共文化服务体系中不可或缺的部分，不仅是落实政府及其文化行政部门责

任、改进管理、提高效能的一个有效工具，而且是公众表达权益和参与文化管理的重要途径和方法，直接关系着公共文化服务目标的实现。因此，宁夏乡村公共文化服务工作中加强绩效评估工作有其非常重要的意义和作用。

首先，宁夏乡村公共文化服务绩效评估有助于政府及其文化部门树立服务意识，加快转变职能。以往文化行政部门过分强调其行政功能，忽视了服务职能，通过明确的绩效目标和任务的确立以及公共文化服务考核指标的科学界定，政府及其文化部门会在实际工作中认识到公众需求的导向性作用，从而促使其转变观念，以公众需求为依归，从强调对上级主管部门负责到强调对社会公众负责，从管理型文化行政模式向服务型文化行政模式转变。

其次，宁夏乡村公共文化服务绩效评估有助于政府及其文化部门树立责任意识。责任意识关键在于政府要回应村民的文化需求并满足其需求。责任理念在乡村公共文化绩效评估中的体现，表现在要求文化部门向村民公开各种相关信息，如部门职能、办事规程、政策法规、服务种类、服务质量等，从而提高乡村公共文化服务的透明度，使村民主体享有知情权和话语权，在此基础上可以逐步建立起公众监督机制和责任追究机制。

最后，宁夏乡村公共文化服务绩效评估有利于提高宁夏乡村公共文化供需水平和决策水平。要提高宁夏乡村公共文化服务满意度，必须改革以供给为主的自上而下的文化灌输模式，建立由群众评价与需求决定的自下而上的"以需定供"式的公共文化服务模式。通过对宁夏乡村公共文化服务实践进行评价、分析、比较，特别是通过宁夏乡村公共文化服务绩效评估的各项指标与标准值的比较，找出偏差指标进行分析，从中发现产生偏差的原因或存在的问题，以保证宁夏乡村公共文化服务供需平衡，提高决策的正确性和高效性。

可见，乡村公共文化服务绩效评估对于促进村民与政府的互动、平衡乡村公共文化服务供需水平、提升乡村公共文化服务的决策水平和整体能力，并由此推动宁夏乡村民主和法制的建立，具有极大的现实意义。目前绩效管理与评估在发达国家和地区已形成制度化、规范化和科学化的发展趋势，[①] 我国在公共文化服务领域引入绩效管理也是大势所趋，有望今后在这一领域实现新的突破。

（二）完善乡村公共文化服务的绩效评估体系

目前，宁夏乡村基层公共文化服务建设尚未形成一套行之有效的考核监督机制，即使有的地区建立了考核监督机制，也并没有真正将公共文化服务建设与绩效考核紧密结合。信息反馈机制是提升和完善公共文化服务的重要途径，目前在乡村基层公共文化建设中，信息反馈机制严重缺失。公共文化服务建设过程中，如果出现的问题得不到有效沟通和及时反馈，很大程度上会影响到考核监督机制的有效度和可信度。

1. 强化政策保障，全面提升发展水平

一是加强人才培养引进。进一步加大公共文化人才培养、选拔和引进力度，制定支持特殊旅游人才优惠政策，建立人才评价、激励机制，大力引进文化管理、策划、营销高端专业人才，打造一支高素质的文化人才队伍。二是建立健全考核评价体系。要在旅游考核中，加强对各地政府部门在创新文化旅游发展模式、完善配套设施、优化服务环境等方面的考评；在招商考核中，增加对文化旅游招商项目、引资引智方面的成效评估；在文化产业考核中，要加大挖掘文化旅游资源、集成式宣传营销、文化产品生产等方面的权重；在生态考核中，要解决好生态保护与工业尤其是采掘业的冲突，为文化旅游业长远发展留下余地。三是加强旅游软环境建设。规范旅游执法行为，强化旅游行业管理和安全保障，加强旅游从业人员的培训和管理，努力营造文明旅游、和谐旅游、安全旅游的良好氛围。

2. 加强监督考评

一是成立区、市、县（区）三级组织领导机构，严格落实部门主导责任

[①] 李景源，陈威. 中国公共文化服务发展报告（2007）[M]. 北京：社会科学文献出版社，2007：93.

和县（区）主体责任，形成党委、政府统一领导、文化部门组织协调、相关部门分工负责、社会力量参与协助的工作格局，推动村综合文化服务中心良性运行。二是建立群众监督员、信息联络员、包抓监督员制度，及时发布信息简报，加强对村综合文化服务中心运行情况的动态监管和指导。三是建立健全考核、激励、问责和监督机制。将村综合文化服务中心管理运行作为基层领导干部的重点工作内容，并纳入领导干部工作实绩考核范围；在全区乡村工作年度综合考核中加大村综合文化服务中心管理运行考核权重，突出对群众满意度测评指标的考量。

第六节　构建宁夏乡村文化要素的互动

传统文化是宁夏地区具有历史传承性的文化体系，是公共文化建设过程中不可分割的部分。宁夏乡村公共文化服务建设要想取得实效，必须建基于传统文化的沃土之上。宁夏乡村有着丰富的传统文化，它们是宁夏乡村公共文化服务建设重要的精神资源，为此，必须要促成传统文化与公共文化之间的有效衔接与良性互动。同时，要大力发展宁夏乡村文化产业，在文化产业与文化事业互动的基础上，有效提供公共文化产品和服务，满足村民的文化需求。因此，本节将聚焦在传统文化与现代公共的互动问题上。

一、传统文化与公共文化的互动关系

传统文化是中华民族的文化命脉，也是公共文化建设的文化资本。从文化体系的构成内容来看，文化已内在地包含着民族（传统）文化。因而公共文化与传统文化之间存在着必然的联系，这恰恰是容易为人们所忽略的问题。从公共性这一基本特点出发，公共文化天然涵摄着传统文化的内容，公共文化服务也自然应蕴含着对传统文化优秀成果的接纳与输出，但囿于传统文化中公共精神的相对缺失以及现实中人们总是将两者分离的做法，故本书认为有必要重新检视两者间"+"的关系，这一关系从广义的整体性来看就是公共文化包含传统文化在内，但从狭义的两者有所区别的关系来看，则传统文化与公共文化作为一个整体中的两个部分，相互之间又具有互动关系。

（一）公共文化内在地涵摄着传统文化

任何一个国家的现代文化都包含了传统和现代两个部分，从来都不存在一种纯粹的不包含传统文化的现代文化。因此，任何区域的公共文化服务建设都关涉如何看待与传统文化的关系问题。公共文化建设完全可以通过与传统文化的对接和互动从而发挥各自的价值意义，并共同作用于对民族地区公民文化素质的提升、当地民众幸福感的增进、民族凝聚力的强化，不仅可以缓释社会转型过程中的文化断裂造成的伤害，还可成为造福于民众、提升生活质量的现实生产力，更能在互动中使多元文化体系下传统文化的价值得以充分体现。总体而言，传统文化是公共文化服务的内涵依托，公共文化服务则是对传统文化的立体拓展和提升。

传统文化是民众在长期的生产、生活中创造出来的物质和精神成果，因而内容涵盖极广，就宁夏乡村而言，带有地域特色的传统文化包括物质生产生活民俗、节日民俗、民间信仰等民俗文化，以戏剧、音乐、舞蹈、美术、书法、民间文艺、曲艺杂技等为代表的民族民间艺术，还有"花儿"、小调、爬山调、信天游等民间文艺。国家级非遗代表性项目名录有18项，如"花儿"、泥塑、砚台制作技艺、宁夏小曲、秦腔、剪纸、砖雕、二毛皮制作技艺、莲花山青苗水会等，皆具有悠久的历史传统和鲜明的地域性和民族性。

（二）传统文化可以促进公益性文化事业与文化产业的发展

通过挖掘整理传统艺术来繁荣文艺是加强文化建设的一个重要方面。宁夏乡村传统文化在文学艺术方面可以发挥积极作用。宁夏乡村地区传统文学艺术不仅内容十分丰富、民族特色突出，而且形式丰富多样。艺术工作者立足地域和文化资源优势，创作了一大批蕴含着丰富的宗教文化元素的文化艺术作品，如"花儿"、小调、爬山调、信天游等，丰富了舞台艺术，成为深受群众欢迎的具有民族特色的精品节目。

二、文化产业与文化事业的互动

（一）文化产业与文化事业的联系

文化产业是指从事文化产品生产和提供文化服务的经营性行业。文化产业的迅速崛起和发展，是当代科技进步和经济全球化条件下文化发展的一个重要趋势。文化事业是以社会公益为目的、由国家机关或其他组织利用国有资产举办的、在文化领域从事研究创作精神产品生产和公共文化服务的公益性组织机构。图书馆、文化馆、社区文化活动中心等文化设施和部分文化团体，需要政府在政策上给予扶持并加大对文化公益事业的投资力度，不断扩大人民群众的文化生活空间，提高人民群众的文化生活质量。

文化产业和文化事业两者之间具有密切的关系。从文化事业和文化产业作为传播先进文化的载体来讲，文化事业是先进文化传播的重要载体，文化产业也是传播和宣传先进文化的重要途径和基地。文化事业创立的目的就在于继承和弘扬优秀传统文化，吸收和借鉴优秀域外文化，丰富和提高人们的审美水平、思想觉悟、道德修养和才智能力，纯化和优化社会风气、生产秩序、行为规范与价值取向，并以能给人的全面发展和社会的全面进步提供精神动力与智力支持为目的。同样，虽然文化产业也是以赚取利润为直接目的，但是文化产品和文化服务作为一种商品与商业活动，它们生产的意义、商品的价值、消费的需求必须要符合先进文化和健康有益文化的要求，才能得到持续不断的发展。[①]

（二）文化产业与文化事业互动的意义

一是繁荣发展社会主义文化的必然要求。[②]在社会主义市场经济条件下，文化事业和文化产业皆属于我国社会主义文化发展的重要内容，只有通过深

---

① 喻佑云，卢伶俐. 论文化事业与文化产业的关联与互动 [J]. 特区经济，2006-01-25.

② 中共中央国务院. 关于深化文化体制改革的若干意见 [J]. 理论与当代，2006-01-10.

化文化体制改革，才能推动社会主义文化快速发展。

二是实现经济与文化的相互促进共同发展的需要。文化事业与文化产业相互促进，在文化事业单位中通过市场方式扩大融资渠道，以多种方式吸收公众投资，解决文化事业发展的资金瓶颈。同时，可以推动文化经营单位以市场为导向，推进内容、形式、手段和体制机制的创新，培育具有自主知识产权的文化品牌，[①] 增强文化发展的活力，加快文化发展的步伐。

三是转变政府文化职能的需要。坚持文化事业和文化产业互动，有利于理顺文化行政管理部门同文化企事业单位之间的关系，实现政府部门从办文化向管文化转变，进一步明确政府的职责，通过宏观调控为文化事业和文化产业的发展创造良好的体制环境。

四是调动社会各方面参与文化建设的积极性、主动性和创造性的需要。通过文化产业与文化事业之间的互动，保证各方面力量参与到文化建设中来，形成全社会共同参与文化建设的良好局面。

（三）宁夏乡村文化产业与文化事业互动的路径

文化事业与文化产业是社会主义文化建设的重要组成部分。各类文化事业和文化产业都应具备文化价值的体现和担当，要始终把社会效益放在首位。具体而言，发展公益性文化事业，要坚持政府主导，加大投入力度，调整资源配置，推进重点文化惠民工程，加强公共文化基础设施建设，促进基本公共文化服务均等化。[②]

1. 深挖文化资源、培育新兴业态，积极推进文化产业发展

各级政府应认真研究文化产业发展的规律，借鉴国内外文化产业发展的经验，以中共中央、国务院印发的《乡村振兴战略规划（2018—2022）》为指导，积极推进宁夏乡村文化产业发展。

---

① 中共中央国务院 . 关于深化文化体制改革的若干意见 [J]. 理论与当代，2006-01-10.

② 吕梁市委宣传部，吕梁市委讲师团 . 学习党的十七届六中全会暨山西省第十次党代会精神150问 [N]. 吕梁日报，2011-11-13.

一是研究制定契合宁夏乡村文化产业发展的文化产业扶持政策，积极推动宁夏乡村文化产业市场主体的确立。一方面要进一步改造和提升传统文化产业的规模化、集约化发展；另一方面又要不失时机地进行高科技文化产业发展，大力推动现代网络等文化创意产业的发展。

二是发掘与保护并重，促进可持续发展。组织专业力量，全面开展文化旅游资源普查，建立文化旅游资源数据库，为全域旅游发展提供基础资料。宁夏乡村文化资源丰富，各种文化形态相互交融，形成了宁夏乡村发展文化产业的重要基础和来源。充分挖掘和保护这些文化资源，开发特色文化产品，把文化资源优势转化为文化产品优势和市场优势，增加文化产品的附加值，走出一条符合宁夏乡村实际的文化产业发展路子。深度挖掘宁夏乡村人文历史，推动旅游与特色文化协同发展，支持专业文艺院团与景点景区合作，加快创排具有地方特色的大型实景精品演艺节目，并让这些精品剧目走进景点景区，成为全域旅游的一大亮点。

三是实施品牌战略，引导产业链发展。目前宁夏乡村在文化品牌方面已形成了具有一定特色的文化品牌。在发展文化产业中，要充分展示和反映这些文化特色，实施品牌战略，引导品牌的延伸，形成产业链。

四是大力发展旅游文化产业。有效对接乡村文化游、农业观光游、休闲养生游、工业游和名胜景区游，实现景点景区互联互通、游客互送、资源共享。切实提升旅游业经济，聚人气，精心策划一批夜间文化娱乐活动，让游客白天观景、晚上看戏，延长游客停留时间，让游客一年四季都愿意来，一天到晚都有的看，以拉长旅游产业消费链。①

2. 以保护利用项目为载体，积极推进文化遗产传承发展

继续坚持贯彻《文物保护法》的相关规定，正确处理文物保护与经济建设和发展旅游经济之间的关系。全面推进文物保护利用、陈列展览精品、文物科技保护等项目进程。对于非物质文化遗产保护要坚持立法、政策相结合

---

① 张晨阳.围绕全域旅游发展情况进行专题议政 [N]. 华兴时报，2017-09-13.

隆德县温堡乡杨坡村杨氏彩塑艺术馆开展全国彩塑艺术邀请展（展帆／摄）

的保障措施，形成政府保护与民间保护相统一的保护机制，加强营造非物质文化遗产的社会氛围。开展各种宣传展示活动，拓展对外交流渠道，积极发展工艺美术品生产，大力发展民俗文化演艺业和旅游业，用非物质文化遗产推进合理有效的开发利用。要深入进行资源普查和挖掘整理，积极开展成果编纂，健全代表作名录，加强保护工作专业队伍和传承人队伍建设，构建非物质文化遗产保护体系。[①]

探索"非遗＋产业""非遗＋旅游"等发展模式，深入挖掘非遗项目的多重价值，合理利用非物质文化遗产资源，在保留原生态和本真性的同时，大力发展文化创意产品研发、文化旅游产业开发，发挥其在文化传承和文化创新，满足人民群众精神文化需求，提高民族文化素质以及对外文化交流等方面的积极作用，充分发挥非物质文化遗产的经济社会效益。

① 邵明．以六大文化建设工程为抓手 着力推动全省文化大发展大繁荣 [J]．发展，2009-05-05．

3.加快文化事业发展，积极推进公益性文化事业发展

要大力发展公益性文化事业，一是制定和完善政府文化行为的管理办法，确保公共文化产品的质量和水平；二是加强对非营利性经营企业的监管力度，确保公共文化产品的质量和水平；三是要加强基层文化基础设施建设，为先进文化的发展构筑新的平台，让广大群众能够积极参与其间。尤其是要加快文化事业发展，在积极推进"公益性文化事业工程"中坚持把社会效益放在

固原市隆德县温堡乡杨坡村杨氏彩塑艺术馆
杨氏彩塑作品　天女散花（展帆／摄）

首位，努力放大公益性文化事业的公共性，把文化发展的着力点放在满足当地群众精神文化需求和促进人的全面发展上。

第四章　国内乡村公共文化服务建设与
旅游协同发展的思考与启示

中国共产党宁夏回族自治区第十二届委员会第十一次全体会议于2020年7月20日至21日在银川召开，会议强调，要坚决贯彻落实习近平总书记视察宁夏重要讲话精神，切实担负起建设黄河流域生态保护和高质量发展先行区的时代重任，朝着继续建设经济繁荣民族团结环境优美人民富裕的美丽新宁夏的宏伟目标奋力前行。这为宁夏乡村公共文化服务与旅游协同发展指明了方向，也对宁夏乡村公共文化服务与旅游协同发展提出了新的要求。

第一节　乡村公共文化服务与旅游协同发展的趋势

文化与旅游相生共兴，相辅相成。文化和旅游部的成立，标志着文化与旅游协同发展上升为国家战略层面的新思维，落实到国家战略层面的新部署，大力探索文化与旅游协同发展理论研究与产业实践，成为文化和旅游系统工作者的责任与担当。目前，国内市场经济正面临着向资本经济转型，产品经济向社群经济转型，规模经济向共享经济转型，行业经济向跨界经济转型。新形势下如何落实文化产业，使之成为国民支柱产业，提升文化产业发展的质量和效益，把文化和旅游资源转化为产业优势和市场优势，推动中华民族优秀文化基因与当代文化发展相适应，与现代社会相协调，实现文化的创造性转化与创新性发展，这是新时代下的新挑战。

在乡村文旅协同发展的过程中，国内外已经有了许多文化事业、文化产业和旅游业协同发展的成熟经验，能够帮助宁夏乡村探索出一套具有自身特色、百姓与游客欢迎、乡村文旅协同发展的现代公共文化服务新模式。逐步完善覆盖城乡的三级公共文化服务体系网络，为宁夏乡村文旅协同发展提供坚实的基础。

一、公共文化服务与乡村文旅协同发展的总体情况

从国内的发展情况来看，公共文化服务的硬件设施，如博物馆、图书馆、文化馆等已经成为文化产业和旅游产业的重要推手，它们肩负着城市发展的重要任务，成为城市发展的重要增长点。同时，在文化和旅游协同发展的过程中，公共文化服务的服务形式与建设方式也朝着多元化的方向发展。总体来讲，国内公共文化服务与文化产业、旅游业协同发展的情况有以下几个特点。

（一）博物馆公共服务功能不断强化

雒树刚部长在全国博物馆馆长论坛上指出，"博物馆既是公共文化服务的重要阵地，又是旅游发展的重要载体"。公共博物馆的建设往往面临着投资巨大、效能不足的重要问题，这一点在乡村尤为突出。为解决这个问题，国内许多博物馆在发挥自身公共文化服务职能的基础上，不断增加服务功能，将场馆逐步发展为城市发展、旅游产业提升的重要载体。

以陕西历史博物馆为例。在发展过程中，陕西历史博物馆利用自身丰富馆藏，与当地旅游部门合作共享渠道，开发市场。陕西历史博物馆馆藏丰厚，对游客吸引力大，因此各大旅行社提供的西安旅游行线路中，都愿意将它作为一站；陕西历史博物馆也主动与各大机场、车站、酒店合作，放置它们的宣传材料，并为旅行社和酒店提供票务优惠政策等，促进城市旅游产业发展。在发展过程中，陕西历史博物馆借鉴旅游业的经营管理方式，引入"策展人"制度，推行项目制；在服务上，采取星级酒店的管理模式，提供优质服务。在博物馆

免费开放的前提下，陕西历史博物馆通过设计丰富多样的特别展览、临时展览，合理定价，既满足了不同层次的观众需求，也实现了千万元级别的收入。

在乡村，许多地方也通过公共博物馆提高了当地公共文化服务的发展能力。乡村博物馆留住了乡愁，是让更多的人了解我国几千年来农业文明发展过程的重要载体。近些年来，很多地方都开始建设风格各异、规模不一的乡村博物馆，让人们有机会通过一件件打下历史烙印的老物件去真切感受中国农村发展变化的律动脉搏。

例如，信阳西河粮油博物馆在乡村建设的圈子里已经有响当当的名气。自设计建造完工之日起，已斩获包括 WAACA 中国建筑奖社会公平奖大奖、住建部优秀田园建筑奖一等奖、GoldenPinDesignAward 金点设计奖2015年度最佳设计奖、亚洲最具影响力设计奖铜奖在内的国际国内多项大奖，并持续被国际媒体报道。

博物馆在创收的同时也提升了公共文化服务的自我建设能力。比较典型的是故宫博物院的发展模式。近年来，故宫的文化创意产业各项营收全部用于文化事业的发展。据统计，故宫持续与各类学校开展综合实践课程，教育活动年均在2.5万场以上；在场馆的开发利用方面，故宫对室内和室外环境进行了大整治，博物馆整体利用率和开放度都有大幅提升。

从乡村的情况来看，目前乡村博物馆公共文化服务职能发挥不错，但旅游服务方面存在一定差距。一方面要继续落实2009年《国务院关于加快发展旅游业的意见》（国发〔2009〕41号）要求，在旅游旺季适当延长博物馆的开放时间和服务时间，并在此基础上将延长重点旅游区域博物馆开放和服务时间制度化；另一方面要通过典型示范等方式，指导各地博物馆提高旅游服务水平。2017年，故宫编撰的《故宫服务》一书从二十个方面对故宫旅游公共服务的经验进行了系统总结，相关内容可以作为出台提升博物馆旅游公共服务政策文件的参照。

（二）图书馆、书店成为区域文化场景

图书馆、书店以往主要为本市居民提供服务，服务半径有限。但在文化事业与旅游产业协同发展的大背景下，它们也开始为更多外地游客甚至外国游客提供服务，将自身作为文化传播的重要载体，也为当地文化氛围的形成起到重要作用。

一是形成文化地标，带动区域发展。目前，许多格调优雅、特色鲜明的图书馆和书店都开始成为城市的重要地标。例如天津滨海新区图书馆，深圳图书馆，苏州的诚品书店等，都已经成为新的城市文化综合体和新的旅游、学习生活打卡地。再如北戴河阿那亚的孤独图书馆，依靠沙滩、海洋的自然风景，营造了"面朝大海，春暖花开"的美好场景，成为当地居民和游人的重要文化服务点。这个仅有68个座位的图书馆三年来接待了近十万名游客，为传统旅游地北戴河再度赋能，使之重新成为北京甚至全国年轻小资游客的新宠。

二是多点开设，不断增加服务半径。目前，"景区＋书店"已经成为一种重要发展模式。图书馆开始在人群集聚的旅游景区里建分馆，不仅为游客提供歇脚时阅读的闲暇时光，而且也更加深入地传播了当地的文化形象。乌镇、古北水镇等旅游景区，都有书店和阅读空间。北京密云古北水镇内复建的英华书院，不仅重现了古迹的样貌，而且可供游客在历史的氛围中阅读，同时除了提供有本地特色的图书，还可以出售当地的文创产品，更加丰富了休闲业态。

三是依托旅游提升阅读服务效能。目前，公共阅读的服务建设方式日益多元。北京密云净田舍生态休闲农庄，通过耕读空间建设，促进学生的自然类阅读热情。该农庄是一座由废弃学校危房改造而成的耕读主题民宿农舍，在密云图书馆的帮助下建成了农耕阅读空间，给孩子提供各种自然百科绘本，极大提高了孩子们的学习热情。苏州民营书店慢书房，响应苏州乡村文旅协同发展指导性文件中提倡的"苏式生活"概念，开办读书活动送体验式民宿。住在书舍，早晨可以提供精致的苏州点心，上午逛街一起做手工、下午听苏州评弹。这种独特的方式吸引了很多中外文化名人前来，极大提升了全民读书的热情和兴趣，提高了图书馆的服务效能。

（三）不断拓展文化馆服务内涵与职能

随着游客对深度游、体验游、沉浸游的重视，基层文化馆和文化站逐步成为展现本地真实文化生活的重要旅游增长点。同时，随着新项目的引进，文化馆的人群参与度也在不断提高。北京市朝阳区文化馆通过打造若干品牌项目，拓展文化馆的旅游职能，提高了文化馆的服务效能。该文化馆利用小剧场真实展现居民的休闲娱乐生活、利用文化居委会展示居民集体参与社区文化决策的过程。不仅如此，文化馆还有"一米美术馆""一米博物馆"等新项目建设，将周围的打工者、老街坊凝聚起来，共同参与集体文化生活。目前，该馆每年吸引大量游客来访，也极大地激发了当地居民的参与热情，充分证明了文化馆与旅游协同发展的重要性。上海松江区文化馆组织本省市文艺创作者到风景秀美的本地山水之间创作写生。让本地的文人能获得地方风土的滋养，更激发出创作的激情，同时以创作出的精品用于本地旅游的宣传。另外，文化馆的文艺演出也可在旅游景点集中展示，让游客领略当地群众的文化风采，展示当地文化风貌。借助旅游的传播作用，文化馆也改变了自身在旅游者中的形象。综合来看，国内文化馆通过改变公共文化服务的供给方式和供给范围，不断提升自身作用，拓宽职能内涵，最终通过文化资源的发挥利用，形成了多元化优质的公共文化服务项目。

（四）依托文旅品牌扩大公共文化服务网络

由于公共文化服务投资体量巨大，开发体系成熟，许多公共文化服务设施和服务内容已经成为文化和旅游发展的重要动力源。一般而言，网络的扩大有三个层面。

一是通过文旅宣传扩大公共文化服务人群和范围。上海市普陀区为发展旅游产业，推出中英文双语图文语音版普陀文体地图，形成了集移动终端、网络平台、电视媒体、纸质媒介"四位一体"的普陀公共文化宣传平台。每年将2万份纸质版文体地图分发到普陀区各大酒店、宾馆，宣传海岛文化，推广文体旅游，让游客充分享受体验式文体旅游带来的快乐。在发展过程中，文化旅游信息的普惠性宣传不仅广泛传播了公共文化服务信息，而且激发了群众参与公共文化服务的热情，极大地拓展了公共文化服务的对象与范围。

二是扩大社会主体参与建设公共文化服务。在上海、深圳、成都多地，公共文化服务的社会化运营已经具有多项成熟的经验。各地将引导和鼓励社会力量参与公共文化服务作为推进文化事业繁荣和发展的有效载体，不断完善现代公共文化服务体系，深入实施文化惠民工程，扎实开展各类群众性文化活动，城市15分钟文化圈、公益性文化单位法人治理结构改革、公益性文化基金会等作用日益凸显。在文旅产业的建设中，许多城市依托文旅项目投资运营，开展文艺演出、提供数字化场馆建设等，进一步提高了公共文化服务效能。

三是增加文化与旅游体验项目等公共文化服务的受众。在文化和旅游项目的开发中，"文化+科技"的旅游体验逐步推广，许多现代科技开始运用在公共文化服务中。在秦始皇陵博物馆，通过类似人脸识别的科技手段，可以让游客把自己的面部和秦俑面部信息做对比，找到和自己"撞脸"的秦俑，增强文化的体验性。通过对敦煌莫高窟全部洞窟进行数字三维建模，同时汇入相关文献资料，让游客能够在虚拟环境中参与演绎敦煌壁画历史故事。[①] 这些现代数字科技，多数依托文旅市场化建设，极大地推动了公共文化服务进入千家万户。

二、乡村文化事业、文化产业与旅游业协同的发展必要性

在实践中利用公共文化服务带动文旅产业，通过文化空间的新利用，文化资源的新组合，文化内涵的新挖掘，文化价值的新发现，能够实现乡村文旅协同发展。总体而言，三者的协同发展对乡村发展有如下作用。

（一）推动乡村旅游的可持续发展性

自然资源、历史资源对旅游来说固然很重要，但文化创意能赋予旅游业最鲜活的元素，使旅游具有持久的吸引力和生命力，在"绿水青山就是金山银山"的理念下，为保证乡村旅游业的可持续发展，可以在保护环境的基础上进一步尊重原生态的原有面貌，"绝不能以牺牲生态环境为代价换取经济的

---

① 李德仁. 虚拟现实技术在文化遗产保护中的应用 [J]. 云南师范大学学报，2008（7）.

一时发展"，在满足各类旅游需求的同时，也保证自然环境的可持续发展。

文化产业对旅游产业的发展有极大的促进作用。文化产业能够通过挖掘和开发本土的文化IP形成高辨识度的品牌形象和代言。通过场景规划与营造形成主题化、系统化，以体验经济、粉丝经济、授权经济、会展经济等多维度实现商业变现。以文化IP为核心和龙头，通过内容开发、粉丝积累、场景化流量入口、多媒体传播运营与系列延伸开发，实现文化旅游产业空间载体四位一体的开发模式。通过旧村落改造结合当地的文化理念，对小镇的建筑风貌景观进行再造，赋予废旧村落以新生。通过对文化资源的深度挖掘与梳理提炼，以创意再生设计形成产品系列丰富的业态。

总之，实现乡村的可持续发展，必须走乡村文旅协同发展的道路。以乡村文旅协同发展项目建设为载体，以文旅类特色小镇建设标准为抓手，以品牌和市场主体培育为龙头，推动文旅协同发展成为经济转型升级的新动能。中华文化源远流长，我们要把历史文化与现代文明融入旅游经济发展之中，使旅游成为宣传灿烂文明和现代化建设成就的窗口，成为传播科学知识和先进文化的重要阵地。

（二）有利于公共文化的加速繁荣

旅游作为当今世界最广泛、最大众的交流方式，必然是展示文化、传播文化、发展文化的重要载体。大力发展乡村文旅协同发展，大力发展文化旅游，可以创新文化形态，丰富文化内涵，加速文化繁荣，从而达到当地公共文化的繁荣发展。40年前，深圳还是一个一片荒凉的小渔村，在文化发展上基本没有独特之处，但是通过几十年的建设和发展，通过以锦绣中华、世界之窗等人文景观建设为代表的文化建设，已经发展成为中国主题公园行业的领先者。近十年来，西江千户苗寨旅游业发展迅速。2017年，旅游人次达753万，旅游收入64亿元。当地人均收入从2000元增长到了15000元。旅游业的发展也带动了公共文化服务的发展，近些年涌现出西江文化研究院、阿幼博物馆等众多本土文化机构和文化品牌。这些公共文化服务机构既促进了当地特色文化的保护和利用，也为旅游业提供了更丰富的内容。① 此外，还有云南腾讯县和顺图书馆等。

（三）有利于提升区域整体形象

一是加强形象传播。世界文明的发展使一个国家的形象和实力不仅体现在政治、经济、外交上，而且体现在以文化软实力的方式呈现与输出，以精神导引、价值观念、人文体验等方式来构建一个国家和民族在世界舞台上的话语体系及其持久影响力上。文化日益成为一种强大的力量引领民族国家世界。习近平总书记曾说过："文化是中华民族屹立于世界民族之林的根基，是推动国家进步发展的内生动力和精神支撑，是中华民族伟大复兴的本质所在。"通过旅游推动地方品牌形象，构建当地人民的崭新风貌，能够让更多的人走进乡村、了解乡村，从而推动乡村与外界的合作交流。

二是注重整合资源。四川大邑县安仁古镇抗战博物馆群，就是整合各方文化资源建设而成的，现在成为中国著名的博物馆群落，形成了当地颇具特色的以旅游业为核心的博物馆经济。

（四）有利于弘扬传承优秀文化

旅游是文化的重要载体，旅游资源中蕴含着丰富的文化内涵，旅游资源的开发过程，也是对文化的抢救、传承和弘扬的过程。西藏布达拉宫、云南的丽江古城、香格里拉、景德镇古窑等文化遗产大都在发展文化旅游的过程中得到修葺或保护，获得了新生。② 此外，大量的非遗技艺散见于乡村中。非遗技艺是我国传统文化资源的重要组成部分，有广阔的市场前景。近些年来，非遗技艺经历了从重视政府保护，到同时重视生产性保护，再到重视将传统工艺与旅游业、教育业等相结合，在发挥非遗技艺综合功能的过程，收到了良好的效果。

以前，笔墨纸砚等传统工艺厂家只是扮演着书法、绘画材料提供商的角

---

① 樊雅洁．政府主导下民族文化旅游开发分析——以黔东南西江千户苗寨为例 [J]. 财讯，2018（013）：166.

② 朱虹．文化与旅游要协同发展 [EB/OL]https：//www.sohu.com/a/210119342_195172，2020-07-12.

色。现在安徽泾县红星宣纸厂不仅年产600吨宣纸，而且建设了宣纸博物馆、文化体验园等文化设施，增加了让游客、学生体验传统造纸工艺的内容，同时开放工艺流程供游客、学生参观、游览。大理周城扎染企业家段树坤和大理市前文物保护管理所所长张绅，共同筹划了大理璞真白族扎染博物馆，博物馆由"扎染源流""扎染世家""珍品展示""繁花似锦""琳琅满目""活态体验展示"等展厅组成，周城300多年的扎染历史以展板、影像、实物陈列和体验制作等形式呈现出来。据不完全统计，每年来这里参观的中外游客达18万人次，近一半的游客会参与制作体验。平均每天接待参观体验的旅游团、学生团体在25个左右，旅游旺季每天接待60多个团组。现在，段树坤创办的璞真扎染坊年营业额的40%是由游客扎染制作体验的收入创造的。

重视以非遗技艺为核心的传统工艺与旅游业协同发展也被写进了正式文件中。2017年，国务院办公厅转发的由文化部、工信部、财政部联合发布的《中国传统工艺振兴计划》中，就鼓励传统工艺集中的历史文化街区和村镇、自然和人文景区、传统工艺项目，推动传统工艺与旅游市场的结合。

（五）有利于提升当地村民生活质量

促进文化与旅游协同发展，也是能够切实提高和改善民生的重要手段。文化旅游业作为现代服务的重要内容，是一种能够产生高附加值，强关联度，拉动经济增长，优化产业结构，增加就业机会的重要服务型产业。随着人民群众对精神文化生活需求的日益高涨，推动文化和旅游协同发展可以有效提升当地村民的生活质量。

三、宁夏乡村公共文化服务与乡村文旅协同发展的背景

大量实践表明，公共文化服务的发展和文旅产业的发展已经成为一个相辅相成，相互促进的共同体。一方面，公共文化服务已经成为文旅产业发展的重要支柱，不断为文旅产业注入新生力量和文化内涵；另一方面，文旅产业也通过新业态的协同发展，产业品牌的推广，产业的聚合效应，不断为公共文化服务的发展提供新的机遇。总体而言，依托乡村文旅协同发展公共文化服务，以

公共文化服务促进文旅产业发展，促进乡村发展，兼备理论和实践基础。

（一）公共文化服务和文旅资源发展实现共享共建

从全国和世界各地的普遍实践来看，公共文化服务与文化产业、文化事业的发展已经成为不可分割的一个整体。公共文化服务的网络建设、服务内容都逐渐成为文化产业和旅游产业发展的重要动力，文旅产业的发展也为公共文化服务资源拓展与创新提供了更好的通道与方式方法，即以产业的形式加快了公共文化传播和文化形象的树立，以更好的投资和发展方式加快了公共文化服务网络体系的建设。因此，从文化资源、资金资源、人力资源等各方面来看，公共文化服务的使用资源与文旅产业的发展资源能够实现较大程度的共享共建。

（二）通过乡村文旅协同发展公共文化服务

目前，全国正处于乡村文旅协同发展的政策红利期，从国家到地方的政策支持都能够激发宁夏乡村文旅协同发展的新动能。首先是国家整体政策环境的支持。为促进乡村文旅协同发展，国家近年来推出了各项发展规划和相关政策。2015年，《关于进一步促进旅游投资和消费的若干意见》中指出："要实施乡村旅游提升计划，开拓旅游消费空间。坚持乡村旅游个性化、特色化发展方向，完善休闲农业和乡村旅游配套设施，开展百万乡村旅游创客活动，大力推进乡村旅游扶贫。"2018年4月，农业农村部发布的《关于开展休闲农业和乡村旅游升级行动的通知》中指出：部署开展休闲农业和乡村旅游升级行动，推动业态升级、设施升级、服务升级、文化升级、管理升级，到2020年，产业规模进一步扩大，营业收入持续增长，力争超万亿元，实现乡村休闲旅游高质量发展。此外，《关于加大脱贫攻坚力度支持革命老区开发建设的指导意见》《全国旅游标准化发展规划》《关于支持旅游业发展用地政策的意见》等政策和规划都在持续支持、引导、壮大、繁荣乡村文化旅游。

在具体操作上，北京市2019年出台了《推进北京市文化和旅游协同发展的意见》，在空间布局上，提出打造"一城三带一区一圈"发展格局，以促进民宿发展意见为抓手，推动乡村旅游提质升级。在公共服务上，提出公共服务设施共建、公共活动共享和公益服务共促三大工程。主要围绕"三个一批"的工作思路来发展乡村旅游：第一是打造一批有质量、有特色的乡村文化和旅游精品线路；第二是建设一批乡村精品的民宿和精品酒店；第三是培育一批特色文化和旅游重镇。这为全国性的乡村文旅协同发展起到了重要的带动作用。据悉，2020年京郊旅游重点投融资项目推介会中，就涉及7种类型35个乡村文旅协同发展投融资项目，遍布怀柔、房山、平谷、密云等在内的10个区，投资总额估值120亿元。[①] 因此，大力促进文化和旅游协同发展，符合国家整体的改革和发展方向，有利于宁夏乡村实施全面深化改革和社会资源整合，实现资源效益最大化。

其次是宁夏回族自治区文旅政策持续优化。2017年，宁夏回族自治区城镇化率达到57%，城市的引领带动作用不断增强，乡村产业转型日新月异，宁夏正处于优化经济结构、重塑区域经济版图的重要机遇期。作为整个西部的重要区域，宁夏乡村的交通、生态和旅游方面的区域性重要地位不断凸显。结合"一主三副、核心带动，两轴两带、统筹城乡，山河为脉、保护生态"的总体战略，乡村文化和旅游协同发展，带动经济增长和绿色生态成为自治区的重点培育对象。在自治区党委、政府的大力支持下，宁夏的乡村有机会得到更多的资源倾斜，有能力不断优化文旅区域布局，促进文旅产业的转型和提质增效。

以管窥豹，近年来，宁夏回族自治区千方百计"引客入宁"，以期高质量服务游客，提高文旅产业的发展。各类政策中强调，图书馆、文化馆、博物馆和美术馆（艺术馆）不仅是重要的文化阵地，而且也是重要的旅游景点，假日期间必须全部免费开放。要大力支持国有或非国有艺术院团、文创产品和非遗传承人进景区（景点）工作，为游客提供丰富的文化旅游产品，不断

---

① 2019年北京乡村旅游达到6000万人次，说明乡村旅游已经是城市生活必不可少的一部分，也是我们对美好生活向往的一个重要组成部分。在深化改革过程当中，北京市文旅局积极推动门头沟、昌平、平谷、怀柔、延庆的全域旅游工作。平谷区、怀柔区、延庆区已经成为乡村旅游区国家全域旅游的示范区，这些都为全国发展提供了重要范本。

提升宁夏旅游的层次和内涵。2018年以来，全区各级图书馆、文化馆、博物馆和美术馆（艺术馆）假日期间免费开放。同时，经过5个月的完善提升，情景体验剧《沙坡头盛典》重新在沙坡头旅游景区与游客见面。演出首日，共有2000多名游客参与体验。2018年6月至10月，共演出259场，累计接待游客6万人次。研学游也成为乡村文化与旅游协同发展的一个重要体现。近年来，到黄河军事博览园开展研学旅行的团体也越来越多。

再次是宁夏乡村政策利好。宁夏文化和旅游厅现已编制发布了《宁夏乡村旅游示范点评定标准（试行）》《宁夏特色旅游村评定规范（试行）》，进一步规范乡村旅游和民宿发展，并将在政策上给予重点支持。今后，全区要以提升度假体验为目标、以挖掘民俗文化为灵魂、以打造精品民宿项目为抓手，全力推动宁夏乡村旅游发展由单一休闲向深度体验转变、由简单粗放经营向精细品质化管理转变、由数量规模型向质量效益型转变，推动乡村旅游特色化、品牌化发展，使乡村旅游成为全域旅游的增长极，有效提升人民群众旅游体验的满意度。2020年，宁夏回族自治区文化和旅游厅出台《宁夏回族自治区乡村旅游发展三年行动方案（2020—2022年）》（以下简称《方案》）。《方案》提出，到2022年，创建一批全国乡村旅游重点村、50个全区乡村文化旅游特色村、100个三星级以上乡村旅游示范点、5家以上以乡村旅游为主题的3A级以上景区，培育发展30家以上精品民宿、乡村旅游点，包括农家乐、休闲农庄、生态园、田园综合体、乡村度假区等业态达到600家以上，乡村旅游年接待人数突破1500万人次，收入突破12亿元。《方案》围绕乡村旅游提质升级工程、乡村旅游产业体系建设工程、乡村旅游产品体系建设工程、精品民宿建设工程、新业态培育工程、公共服务体系建设工程、品牌建设工程、乡村文化惠民工程、乡村生态环境与文化保护工程、乡村智慧旅游工程、经营管理与服务提升工程等11项重点工程，提出18项重点任务，并从完善管理体制、强化政策保障、高效利用资金、强化人才培训等方面制定保障措施，着重强调了公共文化服务体系与旅游协同发展的重要作用与协同方法。[①]

最后是具备丰富的实践经验。文旅的协同发展，不是宁夏乡村的首创，而是在中国及其他国家已经经过大量实践的一个发展产物。因此，可以通过全国及世界各地一些成熟的发展经验，结合自身的文化特色和文化基础，不断探索适应宁夏乡村特殊体制机制、有利于自身文化传播、有利于公共文化服务网络健全的建设方式。针对目前宁夏乡村建设资源有限，文化资源丰富的发展特点，可以考虑进一步招商引资，扩大社会化建设范围，这些在全国都有较多的发展实践，能够为宁夏乡村提供充足的发展资源。

（三）初步形成一批可复制可推广的经验和举措

目前，在乡村文旅协同发展大环境的推动下，宁夏的公共文化服务与旅游协同工作已经进入了全面实施阶段。在六盘山镇和尚铺村、陈靳乡新和村等地，已经逐步形成了一批适应区域特点的公共文化服务与旅游协同发展的制度体系和经验。

※ 本土案例借鉴：隆德县陈靳乡新和村非物质文化遗产与旅游协同发展

非物质文化遗产保护工作是我国文化建设的一项基础性工作，也是我国公共文化服务体系建设中不可或缺的重要组成部分。从我国乡村发展来看，非物质文化遗产保护的各项工程已经与公共文化服务相协同，真正实现了通过公共文化服务体系建设，确保非物质文化遗产的生命力。宁夏有大量的非物质文化需要持续保留、保存。在这样的情况下，宁夏隆德县陈靳乡新和村大胆探索，走出了一条非物质文化遗产保护、促进旅游发展的道路。

（1）陈靳乡新和村基本情况。

陈靳乡位于宁夏回族自治区隆德县南部，距县城8公里，是全县地理位置最优越的乡镇之一，也是全县最具发展潜质的城乡接合部之一。全乡面积69平方公里，共清凉、新兴、陈靳、民联、高阳、何槐、新和7个行政村，常住

---

① 王刚 . 宁夏乡村旅游发展三年行动方案出台 [N]. 宁夏日报，2020-04-10（002）.

人口为1005户3577人。新和村文化底蕴深厚、崇文尚教、耕读传家，在这片热土上遗存下了丰富灿烂的非物质文化遗产，高台马社火、高跷、刺绣、剪纸等非遗文化，无不让人叹为观止。高台马社火被列入国家级非物质文化遗产代表性项目名录，入选"全国乡村旅游重点村""中国美丽休闲乡村"，荣获全国第一批"国家森林乡村"等荣誉称号。

（2）当地非遗与旅游协同发展的具体举措与借鉴。

近年来，在各级党委、政府的有力领导下，在社会各界的关心和支持下，陈靳乡紧紧把握国家发展全域旅游产业的新机遇，把加强民俗文化保护与传承作为推进文化建设的重要内容，按照乡村文旅协同发展、非遗先行的思路，实施"非遗与旅游""非遗＋扶贫"，将非遗项目与全域旅游发展结合起来，与国家扶贫攻坚、乡村振兴战略结合起来，将丰富的文化资源转化为产业发展资源，逐渐走出一条独具特色的、优秀传统文化与乡村旅游有机协同的发展之路。新和村依托高台马社火非物质文化遗产等丰富的文化旅游资源，开发了马社火展演、骑马观光、农事体验等旅游资源项目，打造新和文化旅游名片，开创休闲旅游致富路。

非遗保护工作与旅游景区相协同。2014至2017年以来，新和村结合村里山水相接的地貌，硬化村道路8.5公里、组道路6.8公里，修建村级综合文化活动中心1处、文化舞台广场1处、停车场3处；按照古典园林建筑整体规划布局，改造危房114户，传统中式大门75户，铺设下水管道1300米，安装太阳能路灯107盏；修建污水处理池1座、旅游卫生厕所3座、村内旅游景点3处，建成林下生态规模养殖园1处，休闲农业采摘园500亩，打造文化生态旅游新村。为进一步盘活资源，新和村依托马社火、剪纸、刺绣的文化传统优势，建立旅游开发、文化演艺发展、苗木种植等村集体产业，成立了西海固民俗风情旅游公司，发展旅游产业。

首先是非遗进景区。来到新和村，秦腔脸谱、二十四孝图、福禄寿壁画、枯藤老树、老砖窑、古堡子、民俗小院也很独特，灰色基调的文化长廊古色古香。一字排开的青色墙体、木雕窗棂、红灯笼高悬农家乐，步行街热闹又温暖。

从村东到村西，无论是每一片树木和草丛的构图，还是每一块石头与木制品的摆放，都做到了独具匠心，处处体现着非遗元素，游客来到新和村仿佛置身于非遗展览馆，进一步提升文化优秀非遗产品的影响力和景区文化内涵。

其次是打造民俗文化旅游产品。将高台马社火、高跷、剪纸等民俗文化活动展示融入参观游览项目中，推出了骑马、马社火装扮等一系列以民俗文化展示、体验为主题的旅游项目。

再次是打造非遗主题民宿。租用村民闲置院落，结合书法、剪纸、魏氏砖雕等非遗产品改造农家民宿5处，建设以高台马社火为主题的小木屋25间，非遗特色民宿得到了众多游客的喜爱。

最后是建设马社火非遗馆。为使更多人系统了解高台马社火，新和村马社火非遗传承人赵世荣自筹资金建设了马社火非遗馆，成为游客必来打卡的景点。

非遗与演艺娱乐相协同。为展示、弘扬本地民俗文化，新和村每年组织开展不同主题的文化旅游节庆活动。2017年成功举办"中国梦·上微影梦·美丽乡村国际微电影节西北赛区荣誉盛典活动"，国家新闻出版广电总局规划司、宁夏新闻出版广电局等传媒相关负责人以及各大媒体工作人员、观光的2000多名游客参与了此次活动。每年利用春节，五一，端午，中秋，十一等重大节庆组织开展马社火展演60多场，让游客参与马社火展演、秦腔自乐班、广场舞、休闲农事体验、骑马赏花观光、水上游乐拓展以及18公里越野自驾游等。

非遗与研学游相协同。将非遗项目与日渐兴起的研学游相结合，积极与周边市县对接，推广"旅行＋研学"的旅游新模式，让学生在旅行中学习，在学习中旅行，以研学旅行引领乡村旅游。近两年，依托独特的非遗文化发展乡村旅游，新和村研学旅行基地已接待来自重庆、西安、平凉、银川等地开展研学活动的师生近1万人次，进行马社火展演50多次，收入60多万元。新和马社火传承基地已成研学网红地。

乡村文旅协同发展推动了农民增收、助力精准扶贫、促进乡村振兴。截至目前，新和村直接从事文旅产业20人，人均年收入超过2万元，间接受益者150人，占全村总人口近25%。广大群众通过入股分红、景区务工、自主创业等多种方式，在家门口找到了工作。乡村旅游的兴起也为农家乐的发展提供了广阔的舞台，全村共有农家乐13家，床位100多个，全年共接待游客4万人次，年纯收入150多万元，带动84户281人完成脱贫，人均纯收入达8300元。

乡村文旅协同发展促进了乡风文明建设，拓展了公共文化服务内涵。通过发展乡村旅游，也为乡村文明建设注入了新的内涵。乡村邻里和睦，百姓安居乐业，互帮互助。多年来，全村无重大治安案件、无群体越级上访、无群体性事件，先后被评为"自治区美丽乡村文明创建工程示范村"、"固原市文明村"、全国最美休闲乡村、全国35个民俗村之一、全国重点旅游村、全国森林乡村。村民自发成立的马社火、秧歌、广场舞等表演队，经常开展健康有益的文体活动，活跃了农村文化生活，淳化了民风，促进了精神文明建设。

※ 本土案例借鉴：六盘山镇和尚铺村红色文化开发与旅游的协同发展

红色文化一贯是公共文化服务建设过程中的重点发展和建设内容，也是公共文化服务建设中始终需要牢牢依靠的价值内容。各公共文化场馆通过举办红色文化展览、设置红色文化专栏、讲述红色文化故事等方式与红色文化深入协同，红色文化软实力已通过公共文化设施的传导转化为精神驱动力。有了红色文化之魂，当地的公共文化设施能够进一步彰显出时代价值，受到社会各界的共同关注。红色基因又催生了公共文化主题产品，红色文化的浸润让公共文化产品有了深厚的内涵，更好地发挥了红色文化基地的文化育人作用，同时也吸引了大量游客。在六盘山和尚铺村，通过红色文化开发，当地紧扣主题、抓住关键，努力创新公共文化体制机制、服务方式和手段，不仅以红色文化为引领，初步形成具有当地特色的公共文化服务发展模式，而且也进一步发展了当地旅游，促进了当地的乡村建设与发展。

（1）六盘山和尚铺村基本情况。

六盘山镇地理位置优越，交通便利，境内福银高速、312国道，101省道，宝中铁路穿镇而过，是六盘山国家级风景旅游区的核心门户，境内有六盘山、白云寺等多处著名景区。先后被评为全市文明乡镇、全区统筹城乡居民养老保险工作先进集体、全市创先争优活动先进党组织、城乡环境综合整治先进集体。

和尚铺村位于六盘山脚下，距离镇政府5公里，距离六盘山长征革命纪念馆12公里，是一个纯汉民村，辖4个村民小组298户1028人，道路已全部硬化，交通便利，环境优美，民风淳朴。和尚铺村红色文化气氛浓厚，适合开展红色文化旅游。村部西南方向有一处红色记忆馆，村部广场前面刻立毛泽东翻越六盘山时咏怀之作《清平乐·六盘山》。村上有非物质文化遗产民歌"花儿"继承人2名，有村民自建自乐班队伍1个，有广场舞队伍2支，有160余人的大型社火队1个，村上经常开展广场舞比赛、篮球比赛等各种形式的文化活动，文化气氛浓郁。王洛宾文化园位于和尚铺村内、六盘山主峰脚下，总占地面积3335平方米，包含停车场、活动广场、展览厅、五朵梅客栈等场所。

（2）当地弘扬红色文化与旅游协同发展的具体举措与借鉴。

创办红色文化大院，以公共文化服务场馆宣传和弘扬长征精神，拓展旅游内涵。2004年，村民刘峰创建了固原市泾源县第一个红色记忆馆。将自己珍藏的有关红军长征的书籍摆放在展柜，又从民间搜集了当年红二十五军长征经过和尚铺的照片、红军遗物，供人们参观。同时，自己查阅了大量的历史资料，并当起了义务讲解员，向游客讲解红军长征的故事。他的行为让前来参观的各地游客深受感动和教育，人们在他的解说中感悟当年红军长征历尽千难万险和我们今天享受来之不易的幸福生活。一段时间以来一些人对红色文化、革命精神学习不够，理解不深，社会上特别是在个别青少年身上出现了一股污化革命英烈的歪风，严重扰乱了人们对革命英雄、红色文化的认知，冲击了社会主义核心价值观和社会主义文化自信。面对这种现象他决心利用红色文化大院的平台，利用电视、宣传栏，通过放映革命战争影片和讲解红军长征经过六盘山区的故事，对青少年进行爱国主义教育，讲好党的政策、社会主义制度，宣传改革开放取得的成绩。通过一系列的活动，他的红色文化大院参观的人越来越多。据不完全统计，自兴办至今共接待3000多人，受到了社会各界的广泛好评。2017年、2018年，宁夏电视台公共频道《直播60分》，对刘峰的红色文化大院进行了专题报道，固原市电视台在黄金时间进行了宣传报道，泾源县电视台也多次进行了宣传报道。

组织公共文化活动，挖掘民间红色文化和宁南山区传统文化瑰宝。六盘山是"花儿"的故乡，在和尚铺村很早就用"花儿"传唱着歌唱伟大领袖毛主席等老一辈革命家的"花儿"和小曲、小调。一代歌王王洛宾1936年去新疆途经和尚铺村，邂逅"花儿"女歌王五朵梅，创作了大量的"花儿"。在当地村民中成为美谈，传唱至今。为了搜集整理这些面临失传的歌曲，刘峰做的第二件事是组织健在的两位老艺人漆教、孙双玲做导演，利用半年时间排演了具有六盘山地区特色的"花儿"和眉户小调《秋莲打柴》《双官告》《俩亲家打架》等，他自费录制了20多张光碟先后分别向有关领导汇报，得到了泾源县文化部门的重视。协调组织村上文化娱乐活动的开展，人们的文化生活得到了极大的改善。每月利用农闲时间在文化大院开展文化活动，文化带头人由原来的两个老艺人发展到现在的15人，参加观看观众累计达4000多人次。老艺人漆教多次获得了泾源县文化部门奖励，孙双玲先后荣获固原市非物质文化保护传承人，多次参加泾源县"花儿"民歌大赛，获优秀奖。

组织乡村能工巧匠，以红色主题促进公共文化产品与旅游产品供给。红色文化大院办起后，不但抓好了红色文化教育，而且组织村里的民间艺人、能工巧匠开展剪纸、木雕、刺绣、砖雕制作，把他们的作品放到展室向游客进行宣传和推销，以此来提高他们的经济收入。老艺人马治华创作了大量反映改革开放的剪纸作品，并参加了泾源县的剪纸创作大赛，获得了三等奖，这些剪纸作品，同时也成为当地热销的旅游衍生品。老艺人赵海江的根雕作品被泾源县文化站永久收藏。同时，他积极帮助村里排练春节节目，在2017年泾源县社火比赛中获得了一等奖。

红色文化教育催生研学游产业。和尚铺村在抗美援朝战争中,涌现了战斗英雄王学智、魏登科、张生海等先进人物。在刘峰的努力下,他多次登门拜访这些默默无闻的英雄,征集他们的英雄事迹,为的是留下他们的影像。刘峰还深入许多先进模范家中调查,了解他们当年的先进事迹,征集他们的照片,利用他们的先进事迹进行革命使命和爱国主义教育活动。通过讲故事、重走长征路、读长征史、登胜利山参观六盘山红军长征景区,进行革命主义教育。为体验红军二万五千里长征的伟大和艰辛,他徒步2.5公里红军小道,教育村民不忘过去、牢记历史,珍惜现在的幸福生活。通过一系列群众性文化活动的开展,教育了村民,群众的思想觉悟也不断提高。这些做法也很好地协同了公共文化服务与红色教育工作,进一步增强时代特性、铸牢文化之魂,为未来的研学游发展打下了坚实的基础。

(四)具备大量优质实践资源与支持

目前,自治区已经对公共文化服务与旅游协同发展展开了全面的试点建设工作,这对于未来全区推行公共文化服务与旅游协同发展具有重要作用。按照《文化和旅游部公共服务司关于开展文化和旅游公共服务机构功能协同试点工作的通知》(公共函〔2019〕68号)要求,宁夏文化和旅游厅认真组织各县(区)申报功能协同试点。在各地申报的基础上,西夏区图书馆、西夏区文化馆、西夏区镇北堡镇文化站、吴忠市利通区上桥镇牛家坊村综合文化服务中心和西夏陵文化旅游服务中心等5家单位都具有很好的协同发展条件,值得重点关注和跟踪指导。这里将重点列举三类场所,希望能够为宁夏的实践探索提供一些有益的思路。

1. 宁夏地区文化站的乡村文旅协同发展的探索

目前,西夏区镇北堡镇综合文化站针对文旅公共服务协同就开始了许多有益的探索,如设立文化旅游展厅。利用现有镇史馆的基础,扩建老物件收藏室、农耕文化陈列室、红酒展厅、镇史馆、非遗展厅,丰富旅游观赏功能。设立文旅图书专柜。丰富图书阅览室图书内容,增加旅游地图、美食推荐、景区景点推荐、乡村民俗介绍、旅游宾馆饭店宣传等本地文旅书籍。建设西线旅游集散中心。镇北堡镇文化站地理位置优越，紧邻景区周边，在此建设西线旅游集散中心能够极大发挥阵地功能。搭建乡村文旅协同发展平台。拓展非遗工作室功能定位，规划新的集中展示、销售平台，开发非遗文创产品，促进非遗产品进景区工作进程，开展线上线下相结合的销售业务。丰富乡村文化。结合农民丰收节、贺兰山艺术节以及其他文化活动，常态化开展乡村文旅协同发展主题展会及大型文化活动。扶持农民艺术团发展，对目前8支镇北堡农民艺术团举办免费艺术培训，进一步提高业务水平。举办农民文化赛事，提高当地群众参与文化活动的积极性。

2. 宁夏地区综合文化服务中心的乡村文旅协同发展探索

以吴忠市利通区上桥镇牛家坊村综合文化服务中心的发展为例。2020年，上桥镇牛家坊民俗文化村在现有综合文化服务中心、农耕民俗文化博物馆、农耕民俗文化体验区、生态农业观光园的基础上，以点带面辐射周边农家乐、城南生态文化公园、休闲农家乐、果蔬采摘园等，创造新供给、提升新动能、激活新消费，着力培育以牛家坊民俗文化村现代服务业集聚

吴忠市利通区上桥镇牛家坊农耕民俗文化博物馆（展帆／摄）

区、吴吃堡、休闲游乐区、游乐园、生态农业观光园及清一沟民俗街为主的产业示范点，将牛家坊村打造成综合文化、体育健身、党员教育、休闲娱乐、餐饮服务、果蔬采摘、非遗展示、乡村民宿、生态观光、游客接待为主的公共文化机构与旅游服务中心相协同的基层综合性文化旅游服务中心，构建"宜观、宜居、宜创业"的城郊休闲旅游集聚区。在建设过程中具体举措包括以下几方面。

第一，完善牛家坊民俗文化村现代服务业集聚区游客接待中心，配备牛家坊民俗文化村现代服务业集聚区游客服务中心基础设施，规划建设机动车、非机动车停车场，安装停车场充电桩、门禁系统，布设牛家坊民俗文化村现代服务业集聚区旅游导览示意图，利用手绘地图、电子地图等方式展示农家乐、儿童游乐区、吴吃堡城、乡村民宿等文化旅游点。

第二，整合村综合文化服务中心现有资源，建立文化活动广场、健身房，配备体育健身器材。将非遗文化交流、图书阅览融入游客服务中心，建立非

吴忠市利通区上桥镇牛家坊农耕民俗文化博物馆展品（展帆／摄）

吴忠市利通区上桥镇牛家坊生态农业观光园（展帆／摄）

遗文化活动交流室、图书阅览室。

第三，申请牛家坊小学用地，建设牛家坊民俗文化村旅游民宿、多功能会议室、游客拓展中心，丰富旅游项目，提高文化旅游体验性内容。

第四，完善牛家坊农耕博物馆、牛家坊大队、新时代文明实践广场基础设施，新增文化宣传栏，利用文化宣传栏展现牛家坊历史特色及民俗文化村现代服务业集聚区旅游特色。

第五，完善现有新时代文明实践广场，配备体育健身器材，提升公共文化服务效能，满足群众文化健身活动需求。

3.宁夏地区文化旅游服务中心与公共文化服务协同发展的探索

以西夏陵文化旅游服务中心为例。西夏陵国家考古遗址公园是全国重点文物保护单位、国家级风景名胜区、国家4A级旅游景区，已列入中国国家自然与文化双遗产预备名录、中国世界文化遗产预备名单。西夏陵文化旅游服务中心建筑面积12000平方米，设有售票处、游客咨询中心、3D/4D影院、阅读岛、文创展示休闲区、游客餐厅、红十字救护站和母婴室等多项公共文化旅游服务设施，可为游客提供文明旅游宣传、旅游咨询、精品旅游线路推广、旅游投诉、文化演艺、非遗展示、阅读推广、文创产品销售、志愿者服务等全方位服务功能。多媒体查询系统可实现天气预报、景区地图导航、景区公告活动通知、周边景区资料查询、周边宾馆餐厅查询、交通路线查询等功能。大数据建设更是推进了景区集疏运检测预警、旅游交通精准信息等方面的服务，实现上下贯穿联动、互联互通。

按照"宜融则融、能融尽融"的总体思路，在申报世界文化遗产、完善公共文化旅游服务体系建设、塑造文化旅游城市品牌、提升旅游接待服务功能、满足市民及游客个性化需求、促进旅游经济发展等方面，实现资源共享，为旅游高质量发展、公共文化服务高质量发展探索出新的路径。

第二节　乡村公共文化服务与旅游协同发展的方向

从公共文化服务与旅游协同发展的总体情况来看，全国先进的管理模式和服务理念、发展方向和发展内容，都给予宁夏许多启迪和思路，拓展了自治区文化旅游产业发展的新思路新举措，但是也应当看到我们与发达地区旅游文化硬件上的差距和工作理念上的差距。在开阔眼界、提高认识的同时，需要以开阔的思路、创新的举措来推动自治区公共文化服务与旅游协同的进步和发展。在本节中，共选取了四种比较容易深入的乡村公共文化服务建设与旅游协同的方式与路径，并节选了一些重要案例进行说明，希望能够为宁夏乡村公共文化服务与旅游协同发展提供一些实用的方向性指引。

一、开发"公共图书馆＋民宿"模式

公共图书馆是公共文化服务体系的组成部分，是公共文化服务体系建设的主力军。深入推广全民阅读，也是加快现代公共文化服务体系建设，满足

公众日益增长的精神文化需求的必然要求。公共图书馆凭借其丰富的文献信息资源，担负着促进全民阅读的责任与使命，在保护、传承和弘扬传统文化中有着重要的地位。近些年，各地公共图书馆在创造良好的阅读环境、创新读者服务方法、推出便民服务网点、着力强化导读工作、积极开展各种类型的读书活动等方面推出全民阅读举措。公共图书馆是推进全民阅读，促进乡村文化传播和交流乡村文化振兴的主阵地、乡村振兴的精神支撑和智力支持和乡村稳定的重要保障。在乡村文化建设方面，随着民宿产业的快速发展，公共图书馆与民宿的结合，不仅能为当地人群服务，而且能为入住民宿的游客提供文化服务，从而实现空间上的跨区域服务，进一步推进全民阅读，提升乡村旅游文化内涵。

（一）重点学习案例：桐庐县"图书馆＋民宿"建设模式[①]

1.实施过程

2016年10月浙江省桐庐县图书馆启动"公共图书进民宿"项目，在三级图书服务网络的末端——村级，打通公共文化服务"最后一公里"。桐庐县图书馆以总分馆建设为平台，在12个乡镇（街道）建设独立的图书分馆，由分馆负责与民宿的联系，这不仅有利于加强分馆的服务承受力，而且有利于民宿打破时间、空间的局限，及时更新图书，以乡镇分馆为桥梁，加强民宿与总馆的联系。

桐庐县图书馆成立调研小组，通过摸底调研，确定将富春江镇慢生活体验区的石舍村规模较大的7家民宿作为试点，根据民宿自身主题、游客需求等配置图书。如石舍方户主打田园风，配置轻松、休闲的轻阅读类图书；瑜伽静修营，以瑜伽健身为特色，配送以瑜伽锻炼、修身养性为主题的图书。为了提升影响力及当地村民的阅读习惯，通过增加流通点、配套借还设施、开通信用借书服务等手段，把民宿作为流通点，图书配送数量在300册左右，通

---

① 陈锋平，朱建云.乡村文旅协同发展新鉴：桐庐县"公共图书馆＋民宿"的实践与思考[J].
图书馆杂志，2020，39（03）：107-112.

过集体证统一借还图书。桐庐县图书馆因地制宜，根据各地特色制定了《乡镇（街道）图书分馆服务和评估规范》，并于2017年2月正式发布。《乡镇（街道）图书分馆服务和评估规范》从图书分馆的机构职责、建设要求、服务要求、管理要求、评估等方面进行编写，尤其是针对民宿流通点的管理，内容准确、合理、切合实际，并在运行过程中具有可控制、可操作性，成为迄今为止浙江省首个县级图书馆总分馆地方性标准，在公共图书进民宿建设方面进行了有效的实践和探索。

为促进公共图书进民宿工作的可持续发展，桐庐县图书馆成立"公共图书进民宿"工作领导小组，统一指导全县公共图书进民宿建设工作。采取"一村一点"的方法，专人负责对民宿的书架、电脑、借阅设备、借还系统等进行设施设备安装、业务指导，并组织流通点管理人员不定期开展业务培训，提高服务水平。同时制定《民宿图书管理办法》《公共图书流通点管理办法》等加以管理，明确了民宿图书流通的具体要求和相关责任，对建设、管理、借阅、考核等标准进行了统一的规范，重点对民宿点的图书借阅开放时间、总借阅量等有明确要求，不达标的将撤销该民宿图书流通点的设立。通过业务培训及监督考核等一系列手段，推进公共图书进民宿建设。

2. 实施成效

公共图书进民宿的建设，充分发挥了桐庐县图书馆与当地民宿自身资源优势，将增强文化资源的辐射作用。"图书馆＋民宿"模式完善了桐庐县图书馆总分馆制建设，功能上是对主题分馆、村图书室的扩充。

（1）公共图书进民宿建设，下移服务资源，延伸公共文化服务。桐庐县图书馆公共图书进民宿建设，通过利用图书馆丰富的图书资源、人力资源和技术资源，将公共文化资源、产品、活动以定点的方式配送到文化资源相对匮乏的农村地区，把文化资源输送到公共文化服务的末梢，实现文化服务资源的下移，打通公共文化服务的"最后一公里"，进一步完善了总分馆建设。

（2）公共图书进民宿建设，共享文化资源，振兴乡村文化。基层公共图书馆要在乡村振兴战略中搭好台、唱好戏，立足于基层，服务于农民。在公共文化服务上实现乡村振兴要经过实地调研，洞察农民所需，要结合当地实际对藏书进行选择。桐庐县图书馆公共图书进民宿的模式，是根据不同民宿的主题配送特色图书，如瑜伽主题民宿以养生、健康书籍为主；咖啡主题民宿以艺术、散文书籍为主等，能够有效地满足读者需求，极大程度地共享文化资源，助力振兴乡村文化。

（3）公共图书进民宿建设，提升民宿内涵，有效地推进了本地民宿经济的发展。民宿是一个有故事、有心灵触动的产业。民宿发展或依赖于优秀文化传承，或依赖于旅游目的地和景区的知名度，以旅游发展附属服务产品的角色而得以繁荣发展。桐庐县有着深厚的历史文化底蕴，近些年在加快打造"人文桐庐"，着力建设文化名县的过程中，逐渐加大文化遗产保护力度、强化文化设施建设、完善公共文化服务体系、营造浓厚文化氛围等方面投入大量人力、物力。桐庐县图书馆正是以此为契机，实施公共图书进民宿建设，赋予民宿新的文化内涵，有效地推进了本地民宿经济的可持续发展。

（4）公共图书进民宿建设，为公共图书馆文旅深度协同创新发展提出新思路。1991年有学者将旅游六要素的顺序和文字替换为"住、食、行、游、购、娱"，后成为旅游业界内外普遍使用的概念。旅游六要素勾勒了公共图书馆文旅深度协同创新发展的路线。民宿的优势在于住，桐庐县图书馆将阅读融入民宿的各大空间，从大厅、走廊到卧室等，使原本仅用来歇息的民宿洋溢着与众不同的文化情趣，为文旅深度协同创新发展提供了新思路。

综上，桐庐县图书馆依照图书利用最大化的理念，提出将公共文化服务资源与旅游文化品牌相结合的设想，通过图书馆"出书"，民宿"出空间"等方式整合文化资源，让公共图书走进民宿，走进村民和游客的视野，让更多读者受惠。

（二）"图书馆＋民宿"模式建设的发展思路

1.立足地方特色，传承优秀地方文化

公共图书馆应面向有地方特色的民宿开展讲座、沙龙等形式，面向村民、游客重点分享本地的人文历史，在这个过程中，不仅是对本地村民的文化传承，而且也是对游客的地方文化普及。与此同时，通过对地方文化、民俗文化、生态文化、健康文化等的精心提炼，将本地的特色文化元素融入民宿开发、设计中去，通过文化资源的整合赋予民宿产品新的内涵，进一步促使地方文化的传承，推动乡村文旅协同发展向纵深发展，打造新兴文化资源，找准结合点，借力借智、协同创新。

2. 深挖地方文化底蕴，助推民宿旅游发展

民宿的发展有利于地方文化的保护和传承。在民宿开发过程中，很多老宅、老街、古镇、特色街区等都被合理规范地利用起来，这是对地方文化最好的保护。在这个过程中，无论是当地民众还是住宿者，对本土文化的价值都有了进一步认同。公共图书馆应面向有地方特色的民宿开展地方文化讲座，以沙龙的形式，重点分享老宅、老街的人文历史，也可通过走读的形式，对地方文化加深感知认识。上海嘉定区图书馆开展的"微阅读—行走"的文旅活动，就是组织部分预约读者在特定的时间和空间中行走，形成了"学知行"协同式的阅读学习新模式和新形态。通过地方文化活动的深入挖掘和推广，为民宿带去一定的旅游群体，从而带动民宿旅游经济的发展。

3. 深入社会合作，加强文旅深度协同

公共文化服务体系的构建应形成政府主导，公民个人、社区、非营利组织、营利组织等社会各方力量共同参与、协商和对话的制度框架，以便更好地履行服务于人民群众公共性文化需求的职责。营利组织有其强大的生产能力与市场竞争力，是公共文化服务体系的延伸与补充。在完善总分馆体系三级服务网络的同时，需进一步推进社会多元化合作创新模式，建设跨行业协同的、新型的、现代的基层公共服务点，例如城市书房、爱心图书室等。公共图书馆与民宿合作的模式，既可以充分利用基层公共图书馆的文化资源，为辐射圈内群体提供文化服务，又能提升基层公共图书馆服务效能，为村民和游客提供公共文化服务，从而打通公共文化服务"最后一公里"，实现乡村文旅协同发展。

二、凸显公共服务中的文化节庆活动，助推乡村振兴

节庆活动是公共文化服务体系建设的题中应有之义。乡村地区节庆活动也是乡村文化传播发展的有效途径，既能打造特色的乡村文化氛围，又能提升游客对在地文化的深度理解，增强体验感。在发展中，乡村旅游过去单纯依靠农家乐、垂钓园、采摘园等1.0版本的旅游产品已经无法满足消费升级后的游客。乡村往往有着丰富的人文资源可以挖掘提炼，通过策划推广，塑造属于自己的文化节庆活动作为全新的旅游产品，获得更多游客的青睐，提升当地的经济能力。

（一）乡村特色节庆的发展模式

在发展过程中，由于乡村往往具备较多的待开发文化资源，且其自身的乡土风情往往对于城市居民具有较强的吸引力。目前，乡村的节庆旅游已经成为大众关注的重要体验经济之一。节庆能够给旅游体验者一种参与当地生活，拥有崭新生活视角，置身其中的独特体验。在宁夏的乡村地区，地域文化、红色文化、乡土文化等，都具有较多开发元素的文化内涵。一般而言，乡村节庆的开发具有以下几种主要模式。

1.体育节庆开发

大多数少数民族集聚地区都具有丰富的体育文化元素开发。例如内蒙古的那达慕大会，就是通过蒙古族传统的赛马、摔跤、射箭、棋艺等比赛，引人入胜的歌舞表演等开发的节庆活动之一。

中华人民共和国成立后，特别是改革开放以来，每年农历六月，草原上水草丰茂，牛羊肥壮，都会举办相当规模的那达慕大会。大会期间，举行祭祀、敖包、骑马、摔跤、射箭、博克、马球、摩托车、武术比赛等项目，文艺表演，组织旅游，招商引资，传播科技信息，开展商贸物资交流活动。从观赏的角度而言，那达慕大会具有极强的观赏性。每年都会有数万牧民和游客前去参加，在那达慕大会期间，游客可对蒙古族的住所、饮食、服饰、活动等进行全方位的体验与参与，真正感受丰富多彩的那达慕。

2.农产品特产节庆开发

以浙江平湖西瓜灯①节为例。西瓜灯节是浙江平湖的传统民俗文化庆典。西瓜是平湖的著名特产，为庆祝西瓜丰收，每年九月底十月初都要举行大型西瓜灯文化旅游节。西瓜灯观赏景点在东湖公园，在西瓜灯文化节期间除了观赏瓜灯外还会举办"千人刻瓜灯大赛"、西瓜创意"美宴赛"、文创展、表演秀等活动，每年都会吸引大量游客前来观赏游玩。

再例如，在贵州省黔东南雷山县的苗寨，一直有一个风俗，就是家家把自己养的猪在苗年节上放出来，进行斗猪比赛，以祝愿来年风调雨顺，人人幸福安康。苗年节上还会举办"郎猪争霸赛""母猪选美大赛"来欢度猪年。如今这项活动已经成为极具特色的民族体育赛事、民族特色文化活动，吸引了海内外无数游客前往。

相类似的中国农民丰收节，对于推动农村其他相关业态的加快发展具有积极意义。同时，从"讲好中国故事"的角度来看，也有利于提高中国亿万农民对自身文化的认同感、生活荣誉感、劳动获得感，有利于传承弘扬中华农耕文明和优秀文化传统。

（二）特色节庆建设的发展思路

1.坚持规划先行，政府打造节庆品牌

规划是乡村发展节庆的最基础一环。在发展过程中，要全面落实目标任务，结合实际合理设定发展目标，科学把握节奏力度。在发展乡村公共文化服务的总体规划下，要进一步认真研究制订工作方案，提升旅游的主题特色，细化实化政策措施。要全面推动乡村旅游特色，以产业兴旺为重点，以生态宜居为关键，以乡风文明为保障，以治理有效为基础，以生活富裕为根本，扎实推进重点工程、计划和行动，确保开好局、起好步。要全面加强组织领导，各级党委、政府要把实施乡村公共文化服务和节庆开发摆在优先位置，加强

---

① 西瓜灯是在掏空瓜瓤之后由西瓜皮雕刻而成。西瓜灯上的画，或是龙凤等中国性标记，或是西湖、东湖等景区，又或是人物雕像，还有些直接雕刻诗词等字，各具特色。

考核监督，奋力开创以文化带动旅游，以旅游促进经济，以经济反哺文化，大力推进新农村建设的新局面。

2. 积极营销，不断拓展客源市场

营销公共文化服务组织的节庆文化品牌，需要紧紧围绕针对性的文旅推介活动打造旅游营销主题，从而引导外地市民参与乡村休闲游。可以打造自身特有品牌，并充分利用各种商会、峰会、洽谈会、新闻发布会和"走出去""请进来"等方式，大力宣传推销特色旅游项目，积极通过媒体宣传、组织景区开展各类主题节会活动和参加旅博会、西博会、商品展、发布会等方式，加大对乡村节庆的整体宣传，特别需要加强旅游产品、旅游活动、旅游线路等信息的推送力度，把旅游作为有效对外宣传平台，让外界客商更加了解乡村，有力吸引客商投资乡村，促进当地旅游节庆行业蓬勃发展。

3. 积极开发旅游文创商品，发挥乡土特色

文化创意产品能够极大地增加旅游和节庆产业的附加值。在发展过程中，需要大力开发以农副产品、土特产、文化艺术品、民间丝织、工艺品为主的旅游纪念品，使其有特色、上规模、提档次，从而创出品牌，占领市场，做大产业，扩大农副产品的销售渠道，提高乡村旅游的产业拓展能力，促进农业增效，农民增收。

例如，湖南浏阳在发展文化产业的过程中，将农家菜和文创产品相结合，推出"蒸一盒"蒸菜文创礼盒，获得了市场的青睐，上线7天，已预订2万多份。"蒸一盒"蒸菜礼盒配有茴香肉丸、白沙油豆腐、小笋干蒸肉等8个原汁原味的蒸菜，外包装融入全域旅游宣传语、菜品手绘地图，附赠的8个红包以手绘形式再现了大围山、杜鹃花等浏阳八大旅游元素，并辅以与景点相关联的祝福语，将浏阳的传统美食、山水美景和民俗文化融为一体。

4. 精选项目，利用节庆创新旅游产品

继续发挥本地得天独厚的资源优势和现有的开发建设基础，做大做优公共文化服务的节庆品牌，把节庆文化活动纳入区域旅游产业发展的整体格局中，互促共进，互动发展，实现文旅资源的共享和互补。特别是要抓

住节假日的有利时机，做好文旅结合文章，精选旅游项目，让游客在欣赏到优美田园风光的同时，也能体验到颇具民俗特色的农家乐活动，享受农家生活的乐趣。

三、巧用公共文化服务内容，深入村落开发

村落旅游景区这一开发模式主要依托资源为村落周边的山水资源、自然景观和村落中遗存的历史建筑、名人故居。依托博物馆、纪念馆、陈列馆等人文景点或者自然景观的发展，再配套必要的基础设施和服务设施，这是目前我国村落旅游开发的主要模式。同时，相关的历史遗迹、公共文化服务点，以及配套设施，都可以借力公共文化服务体系建设完成。

目前，依托公共文化服务体系，拓展村落文化，开发乡村旅游已经成为一种非常普遍的乡村开发模式。例如安徽西递—宏村景区、龙川景区、古徽州文化旅游区、江西江湾景区、福建土楼（永定·南靖）景区、山西皇城相府景区等，都是依托村落文化开发旅游的重要典范。除此之外，还有一批古村落经过多年的旅游开发，现已成为区域旅游产品的重要组成部分，如依托中山市南朗镇翠亨村开发的孙中山故居景区，依托歙县郑村镇棠樾村开发的棠樾牌坊村景区，依托咸阳市礼泉县烟霞镇袁家村开发的关中印象旅游区，这些现在都已是4A级旅游景区。

（一）村落文化发展旅游的主要模式

1.利用公共文化服务内容，开发精品旅游路线

以杭州新登镇为例。新登镇是全国重点镇，是小城镇发展的重点和龙头。在住建部、国家发改委等7部委联合发布的2016全国重点镇名单中，素有"千年古镇、罗隐故里"之称的富阳新登镇再次入选，这意味着该镇成为各级各部门扶持小城镇发展的优先支持对象。紧紧抓住G20峰会重大机遇，新登镇结合省市重大交通基础设施建设、产业转移，推动小城市建设向纵深谋划，重点突破环境、产业、乡村"三大重构"。以建设古韵田园城市为例发展旅游。新登镇制定了一日游、二日游线路宣传手册，在活动前、

活动中利用电视、报纸、微信等媒介向广大游客推荐，让游客在观看文艺节目的同时，留住游客前往新登其他景点游玩和进行水果采摘。在当年"味道山乡"活动中，新登镇推出了5条一日游线路、2条二日游线路，12家精品民宿和10个传统美食点位。据不完全统计，在50多万游客中，有三分之一的游客来自杭州、桐庐、富阳其他乡镇街道等。有很多从杭州、富阳等地来的游客，在上山村看完文艺表演后，就去了蓝莓基地采摘蓝莓。山上的土鸡、土鸡蛋、土猪肉等农特产品的销量也都大幅增长。杭州富阳海洪生态农业开发有限公司的鲜桃销售量同比上涨100%。十一期间的民宿房间，提前两月就已被预订完。①

2. 开发博物馆、文化馆等特色场馆

博物馆在传播文化方面具有不可替代的作用，但是目前的博物馆基本集中在城区，这不利于充分发挥博物馆的功能。以国家地质公园为例，自然资

吴忠市利通区东塔寺乡石佛寺村初心馆（展帆／摄）

---

① 傅秀松. 浅议数字文化馆建设的原则与内容 [J]. 文化月刊，2016（13）：97.

吴忠市利通区东塔寺乡石佛寺村初心馆内景观
（展帆／摄）

吴忠市利通区东塔寺乡石佛寺村初心馆展品
（展帆／摄）

源部门对地质公园最重要的支持方式就是建设一个地质资源博物馆。此外，一些特色博物馆的聚集区已经成为重要的旅游目的地，比如成都安仁古镇（抗战博物馆群）、韩国济州岛（泰迪熊博物馆等）、日本三鹰市（宫崎骏博物馆等）都是旅游热点区域。建议出台政策支持重点文化类旅游景区、文化类旅游小镇和重点旅游乡村建设特色博物馆，以进一步提高乡村旅游的文化内涵。

3. 用乡贤文化凝聚乡村振兴合力

乡贤文化，是以乡贤绅士的一言一行、道德品质等为示范，经过长时间积累而逐渐形成的一种文化现象。无论是在过去还是现在，不管是在农耕社会还是在现代文明社会，乡贤文化作为一个地方独有的文化现象，其不仅深深地影响着一个地方的风气德化，更浸润和滋养了一方水土和乡村的灵魂。可以说，激活乡贤文化，通过歌颂"古贤"、引进"今贤"、培育"新贤"，就是在深入推动乡村精神文明建设，为乡村振兴发展凝聚力量。乡贤文化已经成为乡村旅游协同发展的重要依凭。

浙江省前吴村就利用乡贤文化走出来一条乡村文旅协同发展之路。前吴村位于通济湖畔，依山傍水而建，是浙江省慢生活休闲示范村。这里历史悠久，人才辈出，具有浓郁的文化气息和丰厚的文化底蕴。国画名家吴茀之、吴山明就出生于此地，他们装点在墙壁上的作品不仅给村庄带来了浓郁的文化气息，也潜移默化地影响着村民的生活。如今，在村里，墙上的水墨壁画、公路上的书画之林、文化礼堂里的书画展览馆，都透露着浓浓的书画味道，"三代善画""父子同书""夫妻共绘""兄弟斗彩"已成为当地佳话。

"乡贤文化发展起来后，前来前吴村参观学习和游玩的人更多了。"前吴乡政府相关负责人介绍说，乡贤文化已经成为参观学习和游玩的新热点。同时，前吴乡建立乡贤联谊会，吸收会员250多人，集思广益创新思路，使乡贤在矛盾纠纷化解、基础设施建设、乡村宣传推广等方面发挥了重要作用，助力美丽家乡新发展。

（二）村落建设推动公共文化服务与旅游协同的创新思路

目前，我国的公共文化服务建设正在面临资金短缺，财政资金投入不足等多重问题。为此，进一步推进公共文化服务与旅游协同，需要不断拓展新思路，将旅游的现代产业带入公共文化服务的建设中来。

1.尝试将古村落开发成古民居的文化酒店

以宁波十七房开元观堂酒店的建设为例。开元观堂酒店是一个全国连锁的酒店品牌，它在经营的同时，也注重古村落建设，同时为当地居民提供大量的公共文化服务。绍兴大禹具有四千多年的文化历史，大禹死于绍兴会稽山。后代人为了给他守陵，在此逐步形成古村落，大禹的后代有76个姓，这个村落全部姓姒，这里还有大禹博物馆。最初，政府为了开发旅游把老百姓全部迁走，搞成一个古民居景区。由于规模不够大，以及其他种种原因，景区因经营不下去关门几年。当开元观堂酒店入驻之后，开始重整博物馆资源，不仅保护了这些珍贵的文化遗迹，而且也极大地促进了当地旅游业的发展，目前，这里已经开展了二期扩建工程。宁波十七房开元观堂酒店，也是世界著名船王包月刚的出生地，战国时期郑国国公第17个儿子南迁到宁波定居，后来有着两千多年历史文化的古村落，也改成观堂酒店。

将古村落改造成酒店，不单是单纯的住宿酒店，而是要把文化传承下来。这些古村落几年来都收到了良好的经济效益，现在绍兴大禹酒店和宁波十七房开元观堂酒店都在扩建二期。古民居酒店有一个好处就是文化拓展性和传播性强，但是舒适性不强、配套不够，会议设施、游乐设施配套不够，扩建二期，解决了这些问题，经济效益同时也会得到提高。在三十亩土地上扩建经营了一年，这两家酒店的营业收入已经翻番，经济效益也翻倍，也算是一种公共文化服务的创新。

2. 引进大型文化企业，打造当地公共文化特色

为更加突出公共文化服务的引领作用，可以进一步引进大型文化企业，打造当地公共文化特色。以华侨城的开发为例。华侨城集团是国家首批文化产业示范基地，连续多年获得全国文化企业30强荣誉称号，从1989年建成中国首座主题公园锦绣中华到后来的世界之窗、欢乐谷、东部华侨城、欢乐海岸等一系列文化旅游产品，再到今天的文化特色小镇，华侨城文化旅游产业的成功发展路径，就是在旅游形态中赋予文化内涵，通过文化再造展现旅游的魅力。除了旅游景区，文化酒店、文化演艺、文化创意、文化节庆、文化艺术等各个板块共同构成了华侨城文化产业集群。文化演艺方面，累计推出了近70台大中型原创演出剧目，剧目以及表演场地整体规模全国最大，建有大型文化场馆20多座，观众超过一亿人次，大型文化演艺"跨世纪金面王朝""龙凤王朝"等剧目荣获最佳演出奖，享有国际声誉。文化节庆方面，作为中国文化产业的领跑者，华侨城集团每年都依托其旗下大量的旅游景点、景区和文化旅游设施，开展系列节庆活动，如世界之窗国际啤酒节、中国民俗文化村的民族泼水节、欢乐谷国际魔术节遍布全国各地，数量达数百余场。因此，通过引进大型文化企业，打造乡村公共文化品牌，从而形成公共文化服务与旅游共同发展的良好局面。

3. 转变旅游业经营发展模式，向更高程度市场化转变

应当加大旅游资源开发过程中的招商引资，正确评估产业发展的前景和资本的回报率，广泛吸收社会资本的参与，选择资金实力雄厚、旅游度假业务经验丰富的合作方进行融资，以产融结合为引领，提升政府和旅游景区的融资能力。与此同时，以品牌招商为载体，在利用好的旅游资源和品牌的同时，深度挖掘其旅游价值，开发更多旅游产品，并带动餐饮、住宿、休闲娱乐等

行业，促进旅游度假产业向集约化、持续化发展。发展乡村村落旅游的对策有以下几点：一是以政府机构名义加入国家，甚至国际知名开发机构；二是组建专门的文化管理部门，外联协调村落开发；三是规划建设具有国家级水平与规模的村落公共文化服务设施；四是积极组织旅游宣传。一方面可以吸引更多的客流量；另一方面也借此进行旅游宣传营销，将更多优质的旅游产品和服务推广到全国甚至全世界。

四、借力公共文化设施，提高"乡村 + 休闲旅游"吸引力

休闲旅游近两年来已成为新兴旅游产品，随着国民生活水平的提高以及人口老龄化的到来，人们对于就医、健身、养老、旅游、运动、环保等与健康相关的需求日益增加，发展休闲旅游产业，正当其时。据有关数据显示，目前我国田园休闲产业市场还处于初级阶段，在未来五年将扩大10倍，未来市场需求庞大，前景十分广阔。同时，乡村优于城市的生态环境、缓慢的生活节奏、自然和谐的环境氛围，都为发展康养休闲产业提供了基础。

随着宁夏乡村建设的进一步发展，宁夏的区位优势和自然生态优势将进一步显现。同时，由于市场需求的不断扩大，宁夏"休闲娱乐 + 旅游"的乡村文旅协同发展将在西部地区形成一个风尚标，成为乡村文旅协同发展的新去向。乡村的食品、空气、自然资源、生活方式等，会不断吸引城市居民前往，成为周末游、短期游、养老游的重要驱动。在开放方式上，强化休闲、生活、娱乐这些主题，进行多元化开发。在休闲产业开发过程中，需要大量的公共服务设施，公共文化服务体系的建设，就能够很好地解决这一问题。

（一）利用公共文化服务发展乡村休闲旅游的主要路径

随着大众旅游时代的到来以及全域旅游的快速推进，乡村休闲度假旅游已经发展成为带动地方经济增长的新引擎，追求健康和精神享受也逐渐成为休闲度假旅游的主要诉求。"休闲 + 旅游"将成为未来乡村休闲度假旅游发展的新方向，迎来黄金发展期。因此，良好的公共文化服务设施将为休闲产业提供重要的发展助力。总体来看，公共文化服务推进乡村休闲旅游主要有三种路径。

1. 建设全覆盖的文化活动中心

文化活动中心是公共文化服务的主要阵地，在推进乡村基层公共文化服务提档升级、均等化、标准化为主要方向的大潮流中，文化活动中心作为体现公共文化服务体系的基层服务端，是保障人民群众基本文化权益的基础设施，是公共文化服务体系的基础网络，也是开展宣传思想文化工作的基层阵地。为此，建设全覆盖的文化活动中心，不仅是提升公共文化服务的重要方式，而且是吸引人群长期驻留的重要设施。

社区文化活动中心对实现人民群众基本文化权益的公益性、基本性、均等性、便利性，满足广大人民群众日益增长的精神文化需求，提高人民素质，增强社区凝聚力，维护社会和谐稳定，促进经济社会发展具有不可替代的作用。增强地区的旅游吸引力，就要求社区文化活动中心的建设必须努力推进平台融会贯通、资源优化整合、服务提档升级，着力打造高水平、高质量、有特色的基层公共文化服务机构。

2. 促进图书馆总分馆体系建设的多元化发展

阅读作为一种最为基本的休闲娱乐需求，能够为乡村休闲旅游增色不少。总体来说，有几个点需要重点注意。一是便利型图书馆服务点的设置。这种类型是图书馆服务体系的向下延伸方式，具有投入小、设置难度小、设置数量不受限制、方便利用等特点。如浙江玉环市图书馆联合玉环农村合作银行筹建农信书吧，在玉环农村合作银行各网店的服务大厅设立"图书馆服务角"，由玉环市图书馆统一配置自动借还机和图书2000册。二是图书馆志愿者服务的家庭化模式。将图书馆服务延伸到志愿者的居家环境里，即个人利用自己的居家为周边民众提供图书馆服务。如温岭市图书馆推出家庭图书馆建设计划。三是建在村级的自助图书馆。浙江省台州市在村级建设的和合书吧一方面用24小时自助图书馆模式来改造传统的村级图书馆服务点，硬件设施配套水平高，服务运转高效，对于提升村级图书馆服务点的服务效能极为有利；一方面是把着眼点放在与社会力量合作共建之上，不拘泥于合作方的身份，为村级和合书吧的进一步推广奠定了基础。

3. 以文化产业来激活文化礼堂的活力，增加旅游吸引力

村级文化礼堂只是一个村级公共文化服务的设施，这个设施跟城市的文化设施之不同在于它没有专业化机构来进行运营，全靠村两委会组织村民自娱自乐，除了偶尔的"送戏下乡"在这里演出以及部分村庄有一些广场舞这类自发活动之外，它的空置是一种常态。所以，做好农村公共文化服务，村文化礼堂的设施建设只是第一步，设施建好后怎么用起来、怎样发挥它的功能，并且进一步发挥其旅游功能，是一个更值得探索的问题。下面将通过浙江省台州市路桥区金大田村的文化礼堂建设案例分析，进一步展示公共文化服务与旅游吸引力提升的重要关系。

台州市路桥区金大田村的文化礼堂设施建设以"美丽乡村"为背景，充分考虑了古村落保护和田园式生态环境建设这两大元素，打造了耕读堂、文化长廊、乡村记忆馆等特色设施。在此基础上，用一部分空间来建设文化创意园区，建成了花田市集手作区、柴窑田园馆、民俗体验馆、百花园、拓展训练基地等文化创意园区。颇具特色的田园环境与设施吸引了一群来自城市从事文化创意事业的年轻人，先后陆续引进了东篱陶艺、扶雅书院、如故手作、白纸储物、风力砂艺、香草手工皂、三十居、明澈裁缝、花田电影工作室等集销售、制作、展卖、体验为一体的产品设计与原创设计的艺术家个人工作室。这些入驻的文化产业项目，给文化礼堂带来了生机与活力，也给村民们带来了丰富多彩的公益性文化活动，如免费阅读、读书沙龙、电影欣赏、民俗文化活动、讲座等。

金大田村的模式既是一种文化礼堂的运营模式，也是与社会力量合作共同建设新农村的尝试。在实施过程中，许多问题都迎刃而解，比如农村图书室的服务问题，因为依托于引进的扶雅书院这一文化类商业项目，村里就不再另外设图书室，扶雅书院承担了面向村民的公共阅读服务，村里也不再需要另外投入经费、人员与设施来解决公共阅读问题。由于扶雅书院提供的公共阅读服务受到村民的欢迎，在路桥区政府的主导下，路桥区图书馆跟扶雅书院进一步合作，建成了路桥区图书馆金大田村扶雅书院分馆。

（二）村落建设推动公共文化服务与旅游协同的创新思路

1.完善文化馆图书馆总分馆制

构建街道区域性服务网络，即在乡镇范围内，整合公共文化服务资源，县级文化活动中心作为总馆的同时也是乡级文化馆、图书馆的分馆。从而使得文化资源得以贯穿，并实现公共文化资源的统一管理、配送和人员的培训，实现上下（各级机构）、左右（同级机构）、内外（体制内外机构）的共建共享、互通互联、均衡发展，进而解决公共文化服务资源不丰富、服务不规范、不专业、人员不稳定等问题。

一是构建街道区域性网络。以人、财、物的统一管理为手段，实现服务政策、服务质量的城乡统一，促进服务效能的提高。人、财、物的统一管理是手段，目的是实现体系内服务政策的统一，资源的共建共享，活动的区域联动，服务标准和质量的统一，最终促进服务效能的大幅度提升。

二是调配资源和服务的共建共享、相互流动。区域性服务网络主要任务是整合乡镇内的公共文化资源，组织开展全民艺术普及活动、阅读活动、调配文献资源。文化活动中心要发挥龙头作用，负责制定全域年度开展全民艺术普及、阅读活动的工作方案和任务分工，加强统筹调配和编排，并组织举办全域范围参与的大型群众文艺活动或比赛，开展从业人员培训。

三是引导和鼓励社会力量参与总分馆体系建设。鼓励和支持具备条件的学校、企业的图书馆（室）、职工书屋、文化室等成为分馆或基层服务点。

2.提档升级区域综合性"一站式"服务平台

继续推进公共文化数字化服务平台建设，打造区域综合性"一站式"服务平台。

一是在资源整合方面。全面整合文化系统内图书馆、文化馆、博物馆、美术馆和系统外科技馆、工人文化宫、青少年宫、妇女儿童活动中心等各类资源。并由重点城市延伸到其他区县，由政府主办的公益性文化场馆拓展到社会力量兴办的各类文化机构，从而实现跨部门、跨行业、跨地域公共文化资源的有效整合，丰富公共文化产品和公共文化服务内容。

二是在活动支持方面。为面向全市、全区或全乡镇举办的各类群众文化活动组织提供线上线下支持，如网络歌手大赛、阅读马拉松等。（1）充分发挥网络的互动性特点，实现服务供给式与预约式相结合。通过数字平台预约服务，政府进行配送，以群众需求为导向展开群众文化活动。（2）以移动终端为重点，实现活动提供单向式与交互式相结合。市民可直接利用手机通过微信分享、微博转发、评论实现线上的互动交流。（3）以实体体验为切入，实现虚拟化与实体化相结合，应用数字体验厅，数字手段全景式展现本土特色文化场景，为用户营造身临其境的视听感受。

三是服务管理方面。（1）根据服务产生的数据、信息，结合大数据对文化服务的发展进行预测、趋势分析、热点分析，提供文化活动绩效分析报告，继而根据活动绩效分析报告结果，有针对性地改进活动或推出群众喜爱的服务或产品。（2）建立文化活动需求反馈征询评价机制，提供互联网络平台和移动服务平台，在互动板块增加点评块，既可以增强观众和活动举办者的交流，也方便群众提交意见和建议，督促文化馆改进和完善活动。

3. 流动服务管理

流动文化服务，是指通过资源配送、服务延伸、城乡联动、区域交流等方式开展公共文化服务的一种形式。流动文化服务是解决偏远地区、人口稀疏地区、公共文化设施覆盖盲区、公共文化服务空白地区等特殊区域享有基本公共文化服务的有效方式。

文化活动中心可以配合当地的图书馆、文化馆、博物馆、美术馆等大型文化活动中心开展流动文化服务工作，也可以依托数字文化工程、农村电影放映工程等工程推进文化服务建设，还可以依托于当地的卫生局、安全局等单位进行社区文化知识普及教育。2015年1月出台的《国家基本公共文化服务指导标准（2015—2020）》中明确要求，根据基层实际，为每个县配备用于图书借阅、文艺演出、电影放映等服务的流动文化车，开展流动文化服务。

第三节　乡村公共文化服务与旅游协同发展的机制

在2018年年底召开的全国旅游厕所革命工作推进现场会上，文化和旅游部对"统筹推进文化和旅游公共服务协同发展"作出深刻阐述，并在设施建设管理、机构功能设置和资源配置等方面提出了实实在在的落地要求。[①] 会议明确了当前公共文化服务与旅游协同发展的三方面重点工作。一是统筹公共服务设施建设管理。探索建设、改造一批文化和旅游综合服务设施，推动公共文化设施和旅游景区的厕所同标准规划、建设、管理。二是统筹公共服务机构功能设置。在旅游公共服务设施修建、改造中增加文化内涵、彰显地方特色。利用公共文化机构平台，加大文明旅游宣传力度。三是统筹公共服务资源配置。推动公共服务进旅游景区、旅游度假区。构建主客共享的文化和旅游新空间。在游客聚集区积极引入影院、剧场、书店等文化设施，统筹实施一批文化和旅游服务惠民项目。[②]

一、乡村公共文化服务与旅游协同发展的统筹机制

今后，公共文化服务与旅游协同发展必将呈现加速趋势，当务之急是做好引导、完善保障工作。既要做好顶层设计，也要创新体制机制，在改革中积蓄力量。其中，完善统筹规划成为非常重要的一环。按照"宜融则融，能融尽融，以文促旅，以旅彰文，和合共生"的要求，做好顶层设计，形成指导实践的行动纲领。公共文化服务体系建设，必须按照公益性、基本性、均等性、便利性的要求，加强文化基础设施建设，完善公共文化服务网络，让

---

① 雒树刚. 深入推进文化和旅游协同发展 [J]. 时事报告，2019（09）：28-33.

② 马振涛. 创新体制机制促进文旅公共服务融合 [N]. 中国旅游报，2019-01-08.

群众广泛享有免费或优惠的基本公共文化服务。所谓均等性,就是不分男女老少、不分富人穷人、不分城市农村、不分东中西部,都平等地享受基本公共文化服务。能否实现均等性,直接关系到民生的改善,关系到社会的公平公正。应当明确,文化和旅游的公共服务有一定的重合地带,也有各自的职责任务,要在厘清各自概念、内涵与外延的基础上,以基本公共服务均等化为根本出发点,审视其逻辑与定位,探求联动发展、协同发展、高效发展所遇到的具体问题及破解之道。与此同时,应加快推进试点、试验进度,在全社会征集并选取典型案例进行广泛推广,制定服务协同的路线图和时间表,打造并形成可资借鉴的模板。

目前来看,全国的公共文化服务在创建中有一些较为引人注目的统筹机制,十分有利于公共文化服务与旅游协同发展。

(一)政府自身运营管理机制

首先是政府直接管理机制。文化活动中心要成立工作领导小组,建立联席会议制度。其次是建立法人治理结构。法人治理结构是深化公益性文化事业单位改革的必然要求。2003年以来,公益性文化事业单位按照"增加投入、转换机制、增强活力、改善服务"的要求进行改革,取得了显著成效,但还存在着管理体制不顺、运行机制不畅等问题。主要表现在事业单位普遍存在行政化现象,管办不分、效能不高、活力不足、监督机制不健全等方面。这些问题制约着文化事业健康发展和公益文化服务的有效提供。建立法人治理结构,就是转变政府职能、创新文化事业单位体制机制、实现管办分离的重要内容和途径。通过建立法人治理结构,一是需要明确文化事业单位的自主权,把行政主管部门对事业单位的具体管理职责交给决策层,以激发文化事业单位活力;二是需要扩大社会参与范围,通过吸收文化事业单位外部人员进入决策层,扩大参与文化事业单位决策和监督的人员范围;三是规范运行机制,明确决策层和管理层的职责权限和运行规则,完善文化事业单位的激励约束机制,提高运行效率,确保公益文化目标的实现。

（二）社会化分馆运营管理机制

乡村经济发展能力较弱，无论是公共文化服务建设还是旅游建设，都存在着大量资金不足的问题，为进一步打牢发展基础，使乡村文化和旅游协同发展更加顺畅，内容更加丰富，需进一步加深其社会化运营管理。

1.建设社会化分馆建设机制

社会化分馆是一个统称，指社会机构、团体或个人举办的，或者与政府合作共建的，在业务管理上与总馆共享同一个管理系统或具有资源共享功能，面向社会公众提供公益服务的文化馆/图书馆以及其他各类旅游类场馆。按照上述定义，社会化分馆的设置主体可以是单独的社会机构、团体或个人，也可以是政府与上述社会机构、团体或个人的共同主体。社会化分馆不属于政府主导型，政府的角色和作用更多地体现为一种支持者和合作者。

（1）发展不同主体的社会化分馆。

在与各种社会机构合作共建社会化图书馆分馆的实际操作中，作为总馆的文化馆、图书馆代表政府主管部门与学校等其他组织合作创办社会化分馆。

一是政府—学校合办型。学校文化资源相对丰富，一方面，学校型文化馆分馆有利于联合学校的优质资源服务于社会；另一方面，以校办图书馆为基础，通过与图书馆合作办社会化分馆，使其具备学校图书馆与图书馆的双重功能，能够最大限度地发挥学校图书馆的功能。但是，必须妥善解决好向社会公众开放的问题，如果学校方无法做到向社会开放，就不适宜建社会化分馆。美国有高校图书馆与图书馆合二为一且运行良好的例子，只因该馆的馆舍建在临街的位置，使两种性质的图书馆能够打通运行。

二是政府—医院合办型。医院作为一个公共场所，更适宜与图书馆合作创办社会化图书馆分馆，其开放性与公益性都很容易做到，且医院作为一个人群聚集性场所，建立社会化图书馆分馆容易取得较好的社会效益。

三是政府—企业合办型。企业适合建设的社会化分馆包括文化馆分馆与图书馆分馆，也可以创办综合体，在业务上分别对接文化馆总馆与图书馆总馆。但无论是文化馆分馆还是图书馆分馆，一个共同的问题是公益性与开放性如何保障的问题，障碍在于企业通常不允许公众随便进出。最理想的解决之道就是企业在临街处修建馆舍，兼顾对内和对外的开放。

四是政府—个人合办型。已有政府与个人合作共建村级文化礼堂和图书馆分馆的先例，基本模式是个人提供馆舍和基本的设施，文化馆总馆与图书馆总馆提供服务资源，如文献资源和其他简单的配套支持。

五是民间力量独立创办型。应鼓励社会力量独立创办面向社会公众开放的社会化分馆，包括文化馆分馆与图书馆分馆，也可以是综合体。只要主办方愿意纳入总分馆体系，不管其愿意纳入的程度如何，只要能建立业务上的总分馆关系，都应该将其纳入总分馆体系并给予相应的支持。

（2）发展不同形态的社会化分馆。

社会化分馆是一个统称，其下可以有功能相对完善的文化馆分馆与图书馆分馆以及综合体，也可以是一个功能简单但能满足基本服务之需的图书馆、文化馆馆外服务点，但考虑到实际运行的可能性，这类馆外服务点更适合于图书馆服务。应该鼓励在居民聚集地，如村（乡村）、大型商住小区、学校、企业等与社会力量合作创办图书馆服务点，在保证公益性和开放性的前提下，为公众提供近距离的图书馆基本服务。社会化的图书馆馆外服务点可以是传统型的，也可以是无人值守的自助型的。

2.加强社会化分管的服务与管理机制

一旦纳入公共文化服务体系，社会化分馆就必须具备相应的服务能力，并遵守服务规范。社会化图书馆分馆之间服务水平上的差异往往在硬件和服务内容上都有体现，建设水平高的社会化图书馆分馆，馆舍舒适美观，馆内阅读体验好。在服务内容上，除了文献借阅之外，往往会提供更多和更丰富的读者活动。建设水平较低的社会化分馆，基本上只能维持最基本的图书馆服务。

凡是纳入图书馆服务体系的社会化分馆都必须接受总馆在业务上的管理与指导，使分馆提供的服务达到一定的专业化水平。所有的社会化分馆应该使用统一的标志，以便于宣传与识别；所有的社会化分馆应该达到总馆要求的周开放时间总时数，但每天的开放时间可以根据实际需要具体确定，一旦确定后应该固定下来并向公众公示；所有的社会化分馆应该按总馆制订的统一服务标准开展服务；社会化分馆应该吸纳志愿者参与日常服务；总馆应该对社会化分馆的业务工作进行监管，按规定及时更新馆藏，不定期对分馆的工作人员进行业务培训。总馆应该每年对各社会化分馆进行业务考核，考核不合格的社会化分馆应该限期整改，整改后仍然不能达到合格的标准，其社会化分馆将被取消。

（三）社会化委托运营机制

区别于社会化分馆的管理与运营机制，社会化委托的建设更加具有灵活性，能够吸引更多的社会力量参与公共文化服务体系及旅游服务建设。

1. 设施的整体委托运营

在形式上，就是将乡镇（街道）综合文化站、村（乡村）文化礼堂所承担的全部公共文化服务内容整体打包委托给社会组织或企业，由社会组织或企业全权承担基层公共文化服务，同时拓展旅游业务，是一条可持续的发展道路。但从内容上，实际上分别对应了图书馆、文化馆基层设施所应该承担的服务内容，即分别将图书馆、文化馆的服务内容全部打包委托给社会组织或企业来运营。所以，在这样的整体委托中，基层综合文化站或文化礼堂的托管运营只是一个外在形式，其内容则应该对应完整的文化馆服务与图书馆服务，并实现这两类服务的专业化管理。原有的基层综合文化站和文化礼堂的管理机制发生转变，即工作内容转移到制定目标、编制规划、提出要求、评估与监管等方面来。只有实现这样的职能转变，基层综合文化站和文化礼堂才能从人手不足的困境、工作任务繁重的困境、专业化程度低的困境中解脱出来，基层公共文化服务的品质才能得到保障，旅游发展才能有更多的发展空间。

2. 设施的局部委托运营

局部委托式管理介于整体委托式与项目委托式之间。一些乡镇（街道）综合文化站、村（乡村）文化礼堂的设施是分散型的，这种情况非常有利于采取局部委托运营管理模式，即将其中的部分设施委托给社会组织或企业管理，如图书馆、博物馆、电影院等。

3. 项目委托式运营

与整体托管式运营不同，项目委托式运营只是将乡镇（街道）综合文化站或村（乡村）文化礼堂所承担的部分公共文化服务项目委托给社会组织或企业，如重大公益性文化活动、"送戏下乡"活动、培训活动、展览及大型宣传活动以及图书馆服务等，根据本地实际情况选择性实施委托经营。这种方式将减轻乡镇（街道）综合文化站和村（乡村）文化礼堂管理运营的压力，提高部分文化服务的专业化水平。跟基层文化设施的整体委托运营相比，项目委托式运营最大的优势是经费压力相对较小，不足之处是仍然要以严重不足的人手去管理日常服务，所以服务的整体水平不及整体委托运营模式。建议在规划总分馆体系的运营时，应本着体制机制创新的意识与立场，积极引入市场竞争机制和市场化管理手段，通过向社会购买服务来实现由"管办不分"向"管文化"职能转变。

4. 民营文化设施扶持

总体上说，上述所有社会化运营模式都属于政府向社会购买服务的情况。之所以把民营文化设施扶持单列出来是为了分辨出政府向独立运营的民营文化机构购买服务提供给社会公众使用的情形。如独立运行的民营图书馆、民营展览馆、民营博物馆、民营民俗文化馆、民营非遗展览馆、民营健身房等设施。这类民营机构，尤其是文化机构是通过经营文化服务与产品来获取利润的，政府通过购买方式使这类机构根据合约向社会公众提供一定数量的免费服务或公益性服务。政府购买这类民营机构的服务，一方面是对民营文化机构的一种扶持；另一方面也丰富了公共文化服务与产品的供给，能够更大程度地满足群众日益增长的文化需求。

（四）社会组织培育扶持机制

一是扶持文化类社会组织发展。必须要充分认识到我国社会各类文化组织及团体对于公共文化服务和当地旅游发展的重要性。一方面，它们作为政府购买公共文化服务的重要承接力量，能否提供丰富的购买产品，关系到政府能否有效转变职能，只有足够的公共文化服务的购买量才能让政府从大量琐碎的日常事务中摆脱出来，实现政府文化生产者角色和文化提供者角色的分离，把关注点放在加强宏观公共文化政策调控方面；另一方面，只有大力培育文化类社会组织，才能形成丰富的市场竞争资源，丰富的市场资源是形成良性竞争环境的物质基础，也是保证旅游市场繁荣的前提。

我国文化类社会组织数量少、规模小、提供的服务资源有限，发展不均衡。现阶段政府与这类社会组织之间的购买关系大致有依赖关系非竞争性购买、独立关系非竞争性购买和独立关系竞争性购买三种类型。很显然，第三类购买关系是最符合市场竞争公平原则的，只有公平的市场竞争环境才能催生更多的文化类社会组织，所以，当务之急是大力培育这些文化性社会组织。

政府购买是培育文化类社会组织的最有效途径，因为购买服务作为一种市场化导向模式，特别是在以招标的方式引入竞争的购买模式中，一方面政府能够选择高品质的服务；另一方面社会文化组织在参与公共文化服务的过程中，利用财政资金发挥专长，获得提供服务的行政合法性，有助于组织的发展和组织目标的实现。在实际操作中，政府购买过程控制是关键点，纵观国内外政府购买公共服务的经验，无外乎解决立法保障、购买程序规范、形成充分的市场竞争环境三个问题。

二是为文化社会组织建立多样化、科学规范的资金使用机制。目前，多地形成的"百分之一公共文化计划"非常值得关注，即为设立专项资金，由财政专款、企业投资资金、社会捐款等组成，提取其中的1%作为"百分之一公共文化计划"资金。财政专款是政府根据"百分之一公共文化计划"推进情况进行安排，用于启动前期工作。为调动建设单位参与计划的积极性，通过土地优惠、税收减免、名誉奖励、以奖代补等方式满足其发展需求。此外，要积极吸引社会力量的捐助，扩大参与度，形成多元化资金来源。扩大"百分之一公共文化计划"资金的适用范围，不仅适用于新建设施，而且包括公共文化设施修缮、空间设计、设备补充、运营改善及闲置空间再造等，也可参与到正在推进中的公共服务渠道，有效解决建设中的资金问题，也给想参与公共文化建设的社会力量提供了高质高效的项目，实现了文化惠民。

二、乡村公共文化服务与旅游协同发展的改革创新

强化改革创新是公共文化服务与旅游运行机制发展的重要内容。改革创新指的是改掉旧的、不合理的部分，使之更合理完善，并开创新的事物。改革创新是社会主义核心价值体系的基本内容之一，也是实现科学发展观的重要动力。文旅服务协同工作看似是一项繁琐细微的工作，实际上却需要依靠机构职责、功能的调整与重塑。在改革过程中，需要不断打破地域、行业与部门壁垒，打破部门利益束缚。例如，在丰富公共服务供给方面，不仅需要加强政府主导理念，从政府部门树立服务意识，形成成本导向，而且需要不断建设服务型政府，提升服务的普惠性、覆盖性、人性化和可及性，更要充分借助市场力量，调动民间投资的积极性。在发展过程中，让更多的民间力量投入到文旅基础设施建设和公共服务提供过程之中，以点带面，形成全社会的整体发展。

目前，在公共文化服务与旅游建设层面，有几项改革创新项目值得格外关注。

（一）非国有博物馆建设机制

博物馆在保存乡村记忆、提升城市品质、开展社会教育等方面有着重要的作用，但国立博物馆的数量明显不足，于是全国各地都非常重视非国有博物馆的建设。随着经济社会的发展，来自乡村的民间收藏呈现出良好的发展态势。以浙江省台州市的体制创新为例。继2016年7月台州市财政局、台州市文广新局联合印发《台州市级非国有博物馆扶持办法》出台后，又出台了《台州市非国有博物馆扶持办法（试行）》，全市非国有博物馆的发展势头良好。截至目前，全市已审批备案的非国有博物馆28家，馆舍总面积6.6万平方米、藏品总数2.1万余件，部分规模在全省乃至全国都有一定影响，内容涉及民俗、刺绣、石窗、青瓷、工艺等多个门类。其中，约有一半的博物馆设置在乡村，年参观人次超过200万，对乡村文化品质的带动作用非常明显。总体来说，这

项体制机制创新具有以下几个重要特点。

1. 确立非国有博物馆准入标准

在总结近几年非国有博物馆建设实践经验的基础上，全国多数对非国有博物馆的管理标准条件都进一步明确，对于非国有博物馆的准入条件，也在建设标准、安全、业务规范、开放条件等方面提出了严格要求。

2. 完善非国有博物馆的扶持政策

对非国有博物馆的扶持政策细分为土地保障、资金补助（包括建设补助、房租补助、运营补贴）两个方面。在土地保障方面，非国有博物馆所需土地优先供给，按"非营利性公共文化设施用地"划拨方式供地。对公建民营以及多家申请同一块土地的情况，均给予明确规定。在建馆补助上，全国的标准不一，但是一般按照建筑面积、投资额度等进行补助。例如，台州市规定非国有博物馆建筑面积在1000平方米以上，且投资额度在每平方米4000元及以上的，按每平方米800元予以一次性补助；投资额度不足该标准的，按每平方米500元予以一次性补助；单个项目最高补助额度不超过300万元。在房租补助上，按每月10元／平方米的标准予以补助。房租补助总额最高不超过每年50万元。在运营补贴上，按不同的展览面积给予最高30万元每年的补贴。

3. 加强人才队伍建设，提升非国有博物馆办馆水平

一是鼓励在该项体制创新中，非国有博物馆引进相关文旅人才，并且开通渠道允许非国有博物馆同等条件参加相关的职称评定。二是通过为非国有博物馆提供培训班、讲座、研讨会等形式的专业培训，提高相关人员的素养。

4. 建设非国有博物馆群

由于博物馆的重要作用，在体制创新中，可以积极创造条件建设非国有博物馆群。博物馆群内的非国有博物馆在享受各种扶持政策外，还在资金等方面给予进一步的政策扶持。

（二）综合性一站式公共数字文化服务平台建设机制

"XX文化云"项目（数字平台）已经成为目前创新公共文化服务与旅游协同发展的一项重要机制创新。数字平台多数可以集全市域文化信息预告、

文化场馆预订、文化活动预约等于一体，实施"百姓点单、专业制单、政府买单"的文化惠民新模式，向上对接国家公共文化数字支撑平台，向下协同市、县、乡、村四级网络体系的"互联网＋公共文化"平台。

公共数字文化平台向公众提供便捷的公共文化服务，主要依托的是它建立了强大的公共数字文化资源库。公共数字文化平台将当地丰富的文化资源和地方特色，通过数据库整合和统一，组建成公共文化服务数据资源库集群，形成公共文化数字化服务的唯一文化资源中心。资源对接标准，兼容各种类型的数字文化资源，对已有的数字文化资源兼容收纳，形成一个结构统一的数据库集群，打破了公共文化资源条块分割、各自为政的壁垒，将公共文化信息化建设中所有的数字文化资源进行整合，形成统一可检索、推送和展现的一个数据库大集成。资源库对各种公共文化资源提供规范的接口，允许各种符合规范的资源及其相关信息接入到中心，通过对信息资源内容进行抽检、做适合各种发布和覆盖渠道所需要的裁剪、重组、封装、包装等处理后，才能向群众提供服务。

公共数字文化服务平台的建设，不仅有助于公共文化服务的建设与发展，而且更加有利于文化传播和文化信息分享，对于旅游建设而言，更加能够不断拓展旅游的内涵与外延，扩大旅游的辐射能力。

（三）创新建设农村数字文化广场建设

数字文化广场是探索基层公共文化服务体系建设新路径的创新实践，目前已经成功闯出了一条提升基层公共文化服务水平的新路子，为基层群众搭建起了便捷的数字文化活动场所。一些乡民和游客反映："在广场上玩，都有免费 Wi-Fi，跳广场舞时拍点小视频可以随时上传到网上，方便得很！"这种方式既方便了群众，又方便了新时代旅游者即时分享的需求。

数字文化广场的创新做法在全国引起了广泛关注，文化和旅游部给予高度肯定，并指出在全国具有示范引领作用。总体而言，农村数字文化广场打造集成性、综合式、可移动的综合数字文化服务资源，实现远程与现场、数字与移动、线上与线下全方位、立体化的数字文化服务，达到资源共享的目的。村民能够通过数字文化广场进行政治教育、学习、娱乐等多样化活动，进一步满足人民群众文化生活需求，积极探索农村公共文化数字化、标准化、均等化服务实现之路。游客能够及时与现代生活相联系，分享自身的旅游体验，不断扩大当地的品牌传播效能。

各地农村数字文化广场建设以农村文化礼堂建设村、提升村为重点，把数字文化广场建设成集宣传教育、休闲健身、影视娱乐、时事新闻、科普推广、法律宣传、农村远教、气象信息等于一体的室外公共文化服务场所，为新农村培养新农民、培育新生活、倡导新风尚打造良好平台。

在具体做法上，乡村地区着眼市、县、镇、村四级数字化互联互通，已在欠发达地区和偏远山区规划建设了集文娱、休闲、健身、教育为一体的农村数字文化广场，在推动的同时加强标准建设，制定了《农村数字文化广场建设指导标准》。多数地区的标准包括数字化建设标准和设施建设标准两部分。数字化建设标准主要包括以下几个方面。

一是建立数字文化广场服务远程控制传输平台，与国家其他各类数字资源服务平台、省市文化项目服务平台对接；二是成立数字文化广场数据制作管理维护团队，负责播出内容的整合、制作、送审与上传，加强日常维护管理，确保平台正常运行；三是建立数字文化广场微信运行平台，配合全县文化项目、节庆、推介、活动、开发微信创新模块；四是打造集成性、综合式、可移动的综合数字文化服务资源，实现数字文化广场 Wi-Fi 全覆盖，确保广大群众通过手机、电脑、电视、广场大屏幕等数字平台，实现远程与现场、数字与移动、线上与线下全方位、立体化的数字文化服务；五是设施建设标准建设，对广场面积、电子屏幕的大小、舞台标准、灯光音响设施等规定了明确的标准。

（四）民营剧团繁荣与戏曲进乡村，创新传统文艺传承之路

在现实发展中，多数农村长期以来活跃着许多民营剧团，观众大都是农业劳动者，民营剧团受欢迎的程度不亚于专业演员。因为他们在用戏与老百姓"拉家常"，深受群众的喜爱。在各地农村的露天广场、寺庙、文化礼堂，

民营剧团的戏曲演出长年不断，有的一年演出500余场，每年除六七月份休整、排戏外常年活跃在农村的舞台上。他们的表演包括二人转、戏曲、话剧等多种艺术样式，是乡村文化建设中的主力军。

传统戏剧的现场演出在电视、电影和互联网的冲击下，依旧在农村生机勃勃。它们是最原始的文化象征，也是旅游发展的重要动力源泉。为加大财政对戏曲传承发展的扶持力度，设立戏曲传承发展财政扶持专项资金成为一条体制创新之路。例如，尝试以政府购买公共文化服务的形式向民营剧团采购剧目，纳入政府"送戏下乡"范围，出台民营剧团扶持政策，对年演出200场以上的民营剧团每演出一场给予相关的演出补贴等。

在专项资金的项目设立上，各地应根据自身的文艺特色进行专项建立，也根据自身的财政水平调整各种资金内容，继续做好剧种传承、团体发展、剧本创作等扶持工作。

民营剧团一直不断探索市场、经营市场、认识市场，从无到有，从自然到自觉，逐渐形成自身发展特色的过程，并逐步变得正规化、制度化。目前，许多地方也成立了民营文艺表演团体的行业协会。民营剧团以民间职业剧团等形式形成、成长和发展，经历了近三十年的风风雨雨后，终于迎来了发展的"黄金期"。民营剧团之所以能修得正果，其根本原因在于它的内涵、它的市场深深扎根于民间，它有着最深厚的基础——群众。

第四节　乡村公共文化服务与旅游协同发展的措施

制度化安排确保了公共服务的公平与效率，同样，高度的制度化也为公共文化服务社会化保驾护航，为当地的旅游可持续发展保驾护航。对于发展乡村文化旅游来说，如果没有一个合适的保障措施，那么发展必将是缺乏可持续性的。要发展好乡村旅游，不能仅仅依靠政府投入，还需要长期、稳定的制度保障，还需要一个合理的政策保障将各方面一起协调起来，充分组成一个有机整体，才能充分保障乡村旅游文化的发展。

一、进一步强化政府的统筹协调功能

公共文化服务与旅游协同发展要求各级政府必须在中央文化与旅游协同的大环境下，确立政府政治责任，落实政府的主体地位。政府的主体地位包括四个层面的内容。一是政府直接参与公共文化资源和旅游资源供给，即政府依托自身的组织优势，为社会和公众直接提供公共文化相关的各类服务和资源，在某些特定场景下直接为公众安排文化服务及文化产品的供给。二是政府履行宏观调控职能，即政府通过规划、调配、布局等手段对社会文旅产品的供给履行宏观指导职能。三是政府要发挥统筹协调功能，必须做到兼顾部门、系统、区域、城乡、民族等因素，分别在国家、省市、县乡等层面保证公共文化资源和旅游资源均衡供给，只有通过宏观调控才能更加有效地提高文化和旅游资源供给效率，才能充分维护和促进乡村特色文化的发展，才能更有针对性地实现人民群众的文化需求。四是政府履行运行管理职能，即政府有必要在具体运行的微观层面通过政府购买公共服务、PPP合作模式、政府资质认证等必要的手段机制，推动公共文化资源生产供给各项具体工作有条不紊地开展。

乡村作为公共文化服务的基础环节，旅游发展的薄弱环节，承担着乡村文旅协同发展组织实施的重要功能，但在实践过程中，由于一些政府过去一直把主要精力放在经济建设上，而对文化及旅游设施建设的重视程度相对都比较弱。以文化建设为例。比如公共文化服务资金的安排需要与财政部门进行协商，而公共文化服务基础设施的建设则需要与发改委、规划部门沟通，而这些部门对文化建设的认识往往不足，对文化建设的扶持力度也就不够，这样，文体部门在开展公共文化体系建设中就必然存在着一系列制约因素，难以完成国家乡村文旅协同发展的建设任务，有的甚至连中央和省厅安排的基本任务都无法完成。

因此，乡村文化旅游协同建设的关键环节是进一步强化政府政治责任、落实政府主体地位，为强化政府政治责任探索出一系列良好的制度规范。

（一）完善乡村文旅协同发展建设领导机制

领导体制是一切工作的核心，开展乡村文旅协同发展工作更是如此。从各地的实践可以看出当地领导在推动本地乡村文旅协同发展的过程中起到了关键性的作用，如果一把手不能认识到乡村文旅协同发展建设的重要性，那么这个市县的文化建设工作就会受到极大的限制，乡村文旅协同发展建设就很难健全完善；如果一把手能够认识到文旅建设的必要性，那么乡村文旅协同发展建设工作就会取得事半功倍的效果。因此，乡村文旅协同发展建设的第一步是要切实提高各市县乡镇主要领导的思想认识水平，要让他们充分认识到文化建设的重要性，将乡村文旅协同发展建设放在深入贯彻科学发展观的战略高度、构建和谐社会的高度、建设美丽中国的高度上来加以认识。

为此，中央和省级党委、政府应该将乡村文旅协同发展建设纳入对基层工作的考核中来，同时要组织专门的市县领导培训班，组织多层次的研讨培训，提高他们的认识水平。宣传部门要组织协调好各部门各乡镇，统一开展乡村文旅协同发展的建设工作，县文体局及其直属公益性文化机构要积极组织，全面落实，同时吸引全社会参与到乡村文旅协同发展建设中来，确保乡村文旅协同发展建设工作的顺利开展。

（二）规划先行

战略规划作为公共管理的指导方法，是对文化旅游发展未来走向作出的理性判断。目前，各级政府在乡村文旅协同发展建设中还存在以下问题：一是普遍缺乏乡村文旅协同发展建设中长期规划，政随事走，事因人变，换一个领导换一个思路，既没有长远的目标和清晰的思路，也没有明确的任务和可行性的实施方案，乡村文旅协同发展建设缺乏制度性保障；二是即便制定了规划，但制定过程中不考虑现实因素，不考虑执行的难度，许多规划制定出来后却发现与政府的其他规划不协调、不统一，在执行过程中无法成为决策的依据和工作开展的指针；三是缺乏年度或阶段性规划执行情况的反馈报告和对下一阶段规划的修正意见，规划的执行进度如何、执行中存在哪些问题等都没有相应的检测标准，无法对下一步规划的修订给出指导意见等。

为此，做好乡村旅游工作，需要做足够的规划与准备工作，如果只是纸上谈兵，便没有意义可言。为切实保障乡村公共文化服务与旅游协同发展的保障措施得以施行，应充分调动政府与群众的积极性，重视前期相关制度的完善和策略的制定，为日后能够进一步开展相关工作打下坚实的基础。

二、创新乡村文旅协同发展经费保障措施

乡村文旅协同发展是公共服务的重要组成部分，也是旅游发展的重要抓手。因此，必要而充分的经费投入是乡村文旅协同发展建设的基础，没有足够的经费投入就不能保障公共文化服务设施网络体系的建设，也不能保障与公共文化服务相关的产品生产与供给、旅游发展与规划。

（一）利用好相关基金会，发挥社会作用

以中国扶贫基金会百美村宿项目为例。百美村宿项目是中国扶贫基金会自2013年发起的美丽乡村旅游扶贫创新公益项目，该项目探索全新的"乡村旅游扶贫+"模式，致力于搭建乡村和外部联结的平台，重估贫困村价值，创造以村为本的发展机会。以村民自治组织合作社为依托，积极引入社会资金、信息和人才等要素，推动乡村可持续发展。该项目充分利用了当地乡村丰富的自然、人文资源，以集体经济组织为依托，积极引入社会资金、信息和人才，推动乡村脱贫。

为了推动乡村脱贫，百美村领导想了很多办法，最终百美村宿以改变过去发钱、发肉、种牛种兔等扶贫方式，利用当地民居，翻新改建发展乡村精品民宿，全体村民通过股权分成，共享改革成果，实现了精准扶贫的目的。民宿的所有收益都用于乡村的整体发展和村民分红，剩余部分放在发展基金中，并且可以根据项目扶持其他贫困村，实现了良性循环。截至2019年年底，百美村宿项目覆盖7省19县（区）20村，其中新增、建设期村庄10个，在运营

（含运营调试）村庄10个。该项目自2013年成立以来，累计筹集善款21504万元，累计支出10118万元，直接受益人数累计达8.1万人次。截至2019年年底，项目覆盖全国7省19县（区），其中深度贫困县6个，惠及22576人，其中建档立卡贫困户1222户4434人。

（二）试验和深化"百分之一"计划

"百分之一公共文化计划"最初来源于西方《百分比艺术》法案。20世纪初期，城市管理者逐步发现公共景观对于弘扬城市文化的重要性，他们开始制定相关的公共艺术政策法规，给城市公共艺术提供一定的经费保障。1951年，法国、荷兰相继颁布《百分比艺术》法案，旨在为建筑项目预留1%的建设经费用于艺术创作。美国费城于1959年正式颁布《百分比艺术》法案，具体内容是：每年城市基础设施建设资金中的1%须用于公共艺术建筑项目的开展，以提升公共建筑的艺术性，并支持艺术工作者的艺术改造工作。

2007年，中央办公厅、国务院办公厅出台的《关于加强公共文化服务体系建设的若干意见》中，"百分之一文化计划"被列为增强公共文化产品的生产供给能力的措施之一，这一计划由地方实践上升为国家政策。"百分之一公共文化计划"是指从总投资额在3000万元以上的公共建筑项目建设投资总额中提取1%的资金用于公共文化设施建设，而且要求所建设的公共文化设施必须是能使公众免费享受或者参与的项目。这些项目主要包括所有城市主干道临街建设项目，所有城市次干道用地面积在1万平方米以上的临街建设项目，占地5公顷以上的工业企业项目，用地面积在1万平方米以上的公共建筑（含学校、医院、图书馆、体育馆、博物馆和各类办公楼、宾馆、商业建筑等），居住小区（含用地面积在1万平方米以上的单体高层住宅楼），所有政府性建筑工程等。①

目前，全国各地都不断深化实践"百分之一公共文化计划"，但是对于乡村文旅协同发展来说百分之一投入还相对较少，下一步，需要不断深入探索

① 孙婷. 用"百分之一"公共文化政策撬动城市建设：台州市规划局张轩访谈 [J]. 公共艺术，2018，000（006）：75-79.

"百分之一公共文化计划"的工作成效与问题，针对乡村文旅协同发展，拓展该计划的推进。

（三）落实重大文化惠民工程配套资金

面对政府公共文化服务资金不足的情况，政府出台政策全面落实文化建设配套资金。对于国家和省区要求配套资金文化项目，如农家书屋、乡镇综合文化站建设、农村公益电影放映、文化信息资源共享工程、非物质文化遗产保护工程等，应按要求将配套资金列入财政预算并足额落实到位。

三、实施公共文化基础设施建设

公共文化服务设施指的是一个地区为实施公共文化服务所建立起来的包括图书馆、博物馆、文化馆、电影院、乡镇文化站、图书室和乡村文化活动室以及其中必备的图书资料、文博展品、灯光音响设施、文体娱乐设施、网络设备等设施，这些设施的健全完善是乡村文旅协同发展健康高效运转的基础。但就实际来看，乡村公共文化服务设施普遍存在着匮乏、简陋、陈旧等问题，造成了公共文化服务效能不高，有的甚至无法满足人民群众的基本文化需求，因此，政府必须不断加大投入，切实保障这些设施的到位与达标。

（一）积极推进公共文化场馆标准化建设

在场馆布置、活动室的分配设计上，充分依据本地文化传统和特色，发挥公共文化服务的潜力和亲和度，规范活动公示和管理制度，统一设计、制作各种匾牌，广泛推行"公共文化服务"可辨认标徽标志；进一步规范文化馆等场馆活动室的组织和分配，对各场馆活动室全面实行个性化命名，大力推行免费服务品牌建设，加强对少年儿童、农民工、残疾人、外来居留过冬人员的服务。

（二）推进"县—镇—村"三级文化场馆提升

在这种模式上，就是要充分发挥三级不同规格的文旅公共文化场馆的建设标准，使之出现一个梯度化。让游客在不同地域旅游时，可以感受到一个不同又相对应的标准，这是很重要的。文旅公共文化场馆的建设，不能只是片面的，而应在整体布局上实现，因此，通过这种"县—镇—村"的提升模式，能达到预期效果，构建起一个整体的文化网络建设。

（三）提升公共文化服务效能

创新公共文化服务供给途径和方式，提升公共文化服务的质量和水平。加强对群众文化需求的调查研究，建立文化产品的效果评估机制，针对社区居民、农民、老年人、未成年人、残疾人等不同群体，提供多元化的内容建设及服务供给，不断增加公共文化产品的吸引力和"精准供给"。同时，实施提升工程，即按照省考指标，积极推进公共文化服务的效能提升。

四、推进旅游公共设施建设

基础设施的完善，是提升游客满意度的生命线。根据《中华人民共和国旅游法》第十八条第一款的规定："旅游发展规划应当包括旅游业发展的总体要求和发展目标，旅游资源保护和利用的要求和措施，以及旅游产品开发、旅游服务质量提升、旅游文化建设、旅游形象推广、旅游基础设施和公共服务设施建设的要求和促进措施等内容。旅游公共服务设施是发展旅游业不可缺少的物质基础。旅游公共服务设施主要包括：旅游信息咨询服务设施、旅游安全保障服务设施、旅游交通便捷服务设施、旅游便民惠民服务设施、旅游行政服务设施等。"[①]

（一）加强旅游公共服务体系建设

推动各级政府加强旅游咨询服务、旅游信息提示、旅游紧急救援等公共服务体系建设。加强旅游集散中心（游客中心）、旅游厕所、标识标牌等公共服务设施建设，完善城市旅游交通、通讯、金融、卫生等相关配套服务。以12301游客服务电话为平台，完善旅游公共信息服务，完善旅游国际航线，推动旅游支线机场建设，推动通往旅游景区、旅游集散地、乡村旅游地的公路建设，推动铁路、水路客运公共服务体系建设。

---

① 《〈中华人民共和国旅游法〉解读》编写组.《中华人民共和国旅游法》解读 [M]. 北京：中国旅游出版社，2013.

（二）推进全域旅游示范区建设

全域旅游示范区是全国各地乡村提升旅游公共设施的重要抓手。在创建工作中，需要在旅游基础设施和公共服务建设、旅游项目建设、重点旅游品牌创建、宣传推广、人才培训等方面给予重点支持。应大力推进覆盖城乡的乡村风貌改造，同时对景区、饭店、乡村旅游区等进行全域环境综合整治，构建完善的旅游交通体系，提高景区、乡村旅游区通达道路等级，开通旅游专线，增加旅游绿道，持续开展"厕所革命"和美丽乡村建设工作。积极推进产业协同发展，重点突出旅游与文化、商贸、体育、农业产业的协同发展。

（三）推进"厕所革命""游客服务中心"等项目建设

为进一步完善乡村景区旅游公共服务能力，提升乡村旅游形象，应分阶段完成所有乡村景区内的厕所改建和提升工作，争取在旅游集散中心等场所新建部分厕所，做到旅游厕所足量达标。同时，在市、区两级旅游部门的具体指导下，不断推进游客服务中心建设工作进展，按照国家有关标准开展服务中心功能区的划分及软装的策划和设计，建成并对游客开放。

五、实施乡村文旅协同发展人才队伍建设

大力加强文化旅游人才队伍的建设，是构建乡村文旅协同发展的关键。要建立重视人才吸引、人才培养的良好机制，并且重视文化旅游人才，才能够真正确保文化和旅游产业的兴旺。在发展过程中，尤其是公共文化服务与乡村旅游结合的过程中，不仅需要引进外来人才，而且更加需要不断培育本土自身的公共文化服务、旅游相关人才，培养一批坚持先进文化前进方向，熟悉文化发展规律和市场经济规律的，特别是培养一批服务乡村、服务农村的人才，打造出一支完善的"县—镇—村"三级公共文化服务和旅游发展人才队伍。

（一）巩固乡镇文化机构专职专用制度

乡村文化机构人员的专职专用问题目前已经成为一个严重制约乡村公共文化服务开展的问题。全国机构改革后，乡镇综合文化站合并组成乡镇社会事务服务中心，它不再是独立建制单位，文化站工作人员往往并不能只负责文化站工作，不少连主要负责文化站工作都做不到，很多时间都用来兼负中心和乡镇政府安排的其他工作，"在编不在岗""专职不专用"的现象普遍存在，造成一些文化站环境脏乱差，多数时间都是关门状态，文化站的功能作用未得到发挥。针对上述问题，中共中央组织部于2012年专门下文规范文化站的人员编制和岗位问题，要求继续保留乡镇综合文化站名称，同时落实了每个乡镇综合文化站配置3名专职人员的编制问题，明确社会事务服务中心文化站工作人员的"在编在岗""专职专用"问题，推动乡村公共文化服务与旅游协同发展，进一步加设相关岗位，增加经费投入，保证能够有足够的人员投入到公共文化服务与旅游协同发展的工作中去。

（二）增加乡村文化管理相关人员补贴

乡村文化队伍与乡村群众有着天然的联系，是人民群众生活环境的有机组成部分，是乡村文化生态不可分割的组成部分。虽然受一定的地域、习俗限制，但因其所创造的文化活动丰富生动、鲜活有趣，为当地群众所喜闻乐见。乡村文化队伍数量庞大、创造力及其产品总量庞大，其中可以脱颖而出的优秀作品的数量也十分可观，但他们一般是草根状态、自发自创、自娱自乐，其中不乏潜质良好、有巨大提升空间的幼苗，如果加以适当专业指导，可以不断孵化出优秀产品。所以，乡村群众文化在某种意义上是公共文化服务规模巨大、富有活力、取之不尽且成本较为低廉的天然资源库。加强对各类乡村文化队伍的鼓励和扶持，培育来自乡村、服务群众的供给主体，大力支持人民群众自编自演、自娱自乐、自创自办文化活动。既有利于丰富乡村群众的文化生活，也有利于减轻公共财政负担，提高公共文化资源供给效率。[①]为此，需要给能够直接接触到乡村文化的管理人员增加相关补贴，鼓励他们积极采风，并且组织专业人员完成文化资源到文化产品、旅游产品的转换。

---

① 巫志南.公共文化资源供给的主体、方式、渠道和机制研究 [M]// 中国公共文化服务发展报告（2012）[M]. 北京：社科文献出版社，2012：47.

（三）加强旅游人才队伍的建设力度

旅游业发展已经到了非常关键的阶段，应加大旅游人才培养的规模，按照旅游业发展的要求、市场发展的需求，设置更加具有实践性、应用性的专业和课程，加大旅游人才的培养力度，提高旅游人才的质量，壮大旅游人才队伍，为乡村文旅建设输送更多的旅游人才。一是加强旅游执法队伍建设。加强旅游执法一线人员的法治教育，组织参加省市旅游执法业务培训，切实抓好执法思想教育、规范执法，真正做到秉公执法，认真查处旅游违法案件，不断提高依法执法水平，依法保护旅游者和旅游经营者的合法权益。二是强化旅游从业人员培训。开展农家乐业主能力提升培训班、全域旅游营销培训、旅行社诚信经营暨旅游安全培训；组织研学旅行社和研学示范点，参加研学导师培训班，培养研学旅游专业人才队伍等。

（四）强化公共文化服务与旅游的人才培训制度

为切实提高公共文化服务与旅游人才队伍的政治素质和业务水平，要不断加大公共文化服务与旅游人才队伍的建设力度，逐步建立起严格的教育培训制度。一是制定全员培训计划，针对所有务工人员有计划、有针对性地全面铺开；二是制定完善的培训课程体系，加大对业务知识、业务能力的培训，使所有务工人员不断更新知识结构，提高业务水平，更好地服务于广大群众；三是制定多元的培训方案，采取"请进来""送出去"的方式，切实加强相关人才的教育培训力度，经常性地邀请国内外专家授课，同时组织文化专业人员前往国内乡村文旅协同发展建设先进省市进行考察培训，形成完整的文化人才辅导、培训体系；四是要特别注重对乡村相关服务人员的培养培训，要形成制度，定期培训，循环培训。

（五）强化文化志愿者制度

文化志愿者队伍是乡村文旅协同发展建设的重要一环，文化志愿者已成为推动乡村文化建设的重要补充力量。2005年开始，文化部、中央文明办共同实施的"春雨工程"——全国文化志愿者边疆行活动，搭建了内地与边疆文化交流的平台。活动开展至今，共有20多个内地省（市）和单位组成50多支志愿团，已经有100多个国家公共文化服务体系示范区和示范项目（创建）城市和14个国家艺术院团参与其中，特别是中央民族歌舞团、中华全国总工会文工团、中国广播艺术团、中国铁路文工团、中国煤矿文工团这5个部委直属艺术院团也加入其中。所以对于乡村文旅协同发展建设工作来说，要充分利用起文化志愿者这个点，以此去强化一系列的文化志愿者制度，确保乡村文旅协同发展更好地建设。

（六）高端人才引进、奖励制度

针对乡村公共文化服务和旅游开发的高级人才比较匮乏的现象，还需要不断加大人才引进力度，大力加强对文化创作人才的奖励力度，对生产出高质量、高水平的文艺作品与能够完善充实现有乡村文旅协同发展产品供给体系的人才要加大奖励力度，形成良性的文艺创作机制。

六、引导社会力量参与，加强发展保障

在构建和完善乡村文旅协同发展的过程中，公民个人和社会各界的参与具有十分重要的作用。社会参与机制的创建有利于完善乡村文旅协同发展建设，有利于加快旅游产业建设，也有利于真正满足公民的文旅需求，消除政府供给模式的弊端，促进社会有序参与到乡村文旅协同发展的建设中来。但在实践过程中，乡村的社会参与机制普遍落后，主要表现在公共文化领域社会参与水平不高、参与的制度化保障不够健全、政府公共文化管理信息不够公开、社会获得信息途径不畅、社会组织发展滞后、社会参与意识不强，旅游产业的产业化程度不足，市场关注度不够，村民参与认知不足等。因此，乡村文旅协同发展建设应当切实加强社会参与性原则，积极创造条件，保障社会能够充分参与公共文化与旅游产品生产和服务提供的各个环节。不仅要保障公民个人的依法参与，而且要创造条件保障公民通过组成民间社团或非营利性文化服务机构等社会组织，合法、有组织地进入公共文化服务与旅游领域，形成共同建设结构，实现公共文化服务与旅游协同中政府与公民的良性互动。在具体操作过程中，不仅要大力培育社会参与文化的意愿和能力，而且还要完善社会参与制度，在乡村文旅协同发展建设过程中使用一些较为成熟的社会参与技术性方法。

（一）不断扩大政府购买文旅相关服务的力度

在购买服务方面，一是需要逐步建立起比较完善的文化旅游采购制度与专项补助制度，实现从直接拨款向项目投资、购买服务转变。在资金的分配和使用中重视发挥市场调节机制，改革现有的公共文化服务资金的投入和运行方式，采用政府采购、委托生产、特许经营、公共文化项目外包等方式，提高资金使用的社会效益。

（二）资助乡村优质精品文化类创作生产

在保障过程中间，政府还需要不断加大对公共文化服务产品创作与生产的投入，通过措施资助文艺精品社会化创作生产，活跃文艺创作，繁荣文化市场，为乡村文旅协同发展建设提供具有本土特色的优秀文化产品。

（三）建立文化旅游发展基金会

为更好地搭建起社会力量共同建设乡村文旅协同发展的参与平台，乡村各级政府应当按照政府参与指导、专业组织负责建设、全社会共同监管的运行模式开展工作，将全社会的力量汇聚在一起，形成全社会共建的良好局面。基金会的优点在于：一是有比较稳定的资金来源与业务项目，为建立公共文化服务与旅游投入机制提供组织保障；二是将政府文化管理部门的部分管理职能剥离出来，让基金会能够代行财政资金拨付与项目监管职责，有利于调动公共文化服务参与各方的积极性；三是有别于公益性公共文化服务单位，基金会的资助对象为所在区域内的所有公共文化服务的提供者，包括各种民间资源都可以被纳入基金会的资助对象中来。

第五节 乡村公共文化服务与旅游协同发展的基本经验

宁夏乡村公共文化服务与乡村文旅协同发展，应坚持"宜融则融、能融尽融"的发展原则，处理好公益性与经济性、资源与公共文化服务共建之间的关系。坚持以文化为"触媒"，以提升供给质量、扩大服务半径、提高服务效益为目标，努力构建优势互补的协同发展网络、精心培育高效创新的智慧化服务内容、积极引导多元主体共同参与的供给格局，最终实现本地区公共文化服务与文旅产业的有机协同和居民素质的全面提升。

一、立足本土，重视挖掘地方特色文化资源

乡村文旅协同的本质就是将区域特色文化资源和旅游业结合发展，强调的是区域内生动力的开发。在现阶段大力发展乡村公共文化服务、文化旅游产业的背景下，乡村更加注重在地文化特色的挖掘与营造和文化资源转化能力的提升。宁夏乡村旅游资源丰富，比较适合发展乡村旅游业。其本身乡村旅游条件优越，但是存在发展理念滞后、发展模式单一、同质化竞争激烈、管理服务水平低下等问题。因此，立足本土，重视挖掘地方特色文化资源就显得尤为重要。应当以提升度假体验为目标、以挖掘民俗文化为灵魂、以打造精品民宿项目为抓手，全力推动宁夏乡村旅游发展由单一休闲向深度体验转变、由简单粗放经营向精细品质化管理转变、由数量规模型向质量效益型转变，推动乡村旅游特色化、品牌化发展，使乡村旅游成为全域旅游的增长极，有效提升人民群众的旅游体验满意度。

（一）甄别乡村文化的质量，挑选出真正优秀的文化进行创新性开发

一方面，乡村公共文化服务的立足点和出发点就是本土的乡村文化；另一方面，并不是所有乡村文化资源都适合开发旅游业，乡村文旅产业发展的

聚焦点在于乡村区别于城市和其他乡村的文化特性和本真属性。因此在推动公共文化服务与文旅产业协同发展的过程中，先要立足本土文化，然后再挑选出具有开发价值的优秀文化作为其发展的内生动力，体现宁夏文化的包容性、共通性。

（二）提升文化转化能力，实现文化资源的创造性转化和创新性发展

向市场学习文化资源的转化方式，提高本土特色文化资源转化能力。通过文化符号化、场景化、故事化促进公共文化服务与文旅产业协同发展。利用智慧化手段，线上和线下相结合的发展模式，以文化符号化塑造本地居民的身份认同、文化认同；以文化场景化构建本地"全景、全业、全时、全民"的发展格局；以文化故事化扩大本土文旅品牌的影响力。

二、推动基础性公共文化服务转型升级，提高服务效益

自从宁夏开展乡村公共文化服务、乡村旅游以来，一直坚持把发展乡村旅游作为带动美丽乡村发展和贫困农民增收的重要举措。宁夏文化和旅游厅近三年安排专项资金上亿元支持乡村旅游基础设施建设，扶持贫困户发展农家乐，持续提升乡村旅游的规模、档次和效益，2019年宁夏休闲农业和乡村旅游接待人数近1500万人次，营业收入超过10亿元。[①] 总体来看，宁夏的乡村旅游发展具有相当好的前景，但是在这些基础上我们还可以进一步推动基础性公共文化服务转型升级，切实提高服务方面的质量，确保这方面的收益。目前，宁夏乡村旅游模式比较单一，很多旅游特色还不够明显，因此，还需要进一步转型升级，将现有的模式与文化资源进一步有机结合，打造出档次更高的服务模式，为游客提供服务，带动当地的经济发展，保障当地乡村旅游业的繁荣。

同时，明确公共文化服务的社会职能和责任担当，深刻理解公共文化服务与乡村文旅协同发展是在公共文化服务与文旅产业各自良好发展基础

---

① 宁夏乡村旅游按下促进乡村振兴快进键 [N]. 宁夏日报，2020-04-16（008）.

上的优势互补、相互促进、共同发展。在此前提下，一方面要推动现有公共文化服务机构转型升级，例如打造宁夏乡村民俗陈列馆是留住乡愁记忆与乡村文旅协同发展的有机结合；另一方面联合知名文艺院团，利用区域优势资源打造文旅演艺项目，在为本地群众提供公益演艺服务的同时，与旅游业发展结合起来，实现社会效益和经济效益的双丰收，使优质的公共文化资源进入乡村旅游场所和景区，形成"乡村文化站＋演艺项目＋旅游景点"的发展模式。

除此之外，还应积极响应文化和旅游部公共服务司要求，进一步加强旅游公共服务，包括开发旅游厕所电子地图、开展乡村文旅中心试点等，促进乡村文旅协同发展。其中开展乡村文旅中心试点成为一项重点工作。文化和旅游部公共服务司透露，2020年将全面落实法律法规，强化公共服务保障。其中包括进一步完善公共服务设施网络，按照公益性、人文性、开放性、便利性的要求，根据人口空间分布，统筹推进固定设施、流动设施、数字化设施建设，优化设施布局，拓展"城市书房"等新型文化空间，形成有机衔接、相互补充的公共服务网络。同时，还将以创新手段提高公共文化服务效能。推动公共文化服务融入日常生活，在城乡基层形成一批具有鲜明特色和社会影响力的服务项目和服务品牌，提高服务质量。其中包括重视现代科技手段运用，建设公共文化服务大数据平台，运用数字化手段强化过程管理、日常监督；统筹整合公共数字文化项目和资源，推动公共数字文化工程协同创新发展。根据文化和旅游部的设计和规划，以上内容也应该成为宁夏乡村文旅协同发展的重要部署。

三、推动公共文化服务与文旅产业各方面深度协同

（一）加强现有公共文化设施和旅游公共设施的整合

在提升公共文化服务效益的同时，将公共文化服务的投入、设施和服务内容同旅游公共服务有机衔接，将公共文化设施社会化运营试点同发展旅游业有效结合。在公共文化服务中丰富旅游和教育功能，在旅游公共服务设施

中融入文化内容。引导公共文化机构在服务好本地居民的同时，面向游客提供文化服务。推动重点旅游区域综合文化服务中心、重点旅游乡镇的公共文化服务站与旅游资讯中心、旅游休闲设施统筹建设与运营。推动特色博物馆、特色图书馆以及流动公共文化服务设施进旅游景区、旅游度假区；推动文化志愿服务进旅游景区、旅游度假区，将农家书屋等农村文化公共服务设施与乡村旅游服务设施整合；将文化志愿者和旅游志愿者队伍进行整合。

（二）公共文化资源进入旅游场所和景区

在乡村旅游住宿地开设公共阅读空间，联合乡村民宿开展面向公众的文化惠民活动。在旅游景区举办传统节日庆典、惠民演出、展览讲座，让文化更有活力，让旅游更有魅力。同时，将旅游宣传推广功能植入公共文化设施。在公共文化设施内设置旅游咨询台。与旅游企业合作，在著名景点开展分享活动。集合线上闯关答题、文旅场馆线下互动解谜等寓教于乐的创新方式，吸引更多乡民和游客走进公共文化设施和旅游景点。这样一来，公共文化场地成为特色景点，旅游资源中也融入了公共文化服务内容，促进了优质文旅资源的双向转化，有效实现了公共文化与旅游服务的空间双进入、功能双协同。

在新疆阿拉尔市特色资源协同的过程中，就充分利用了公共文化设施和旅游设施的协同。阿拉尔市位于塔克拉玛干沙漠北缘，沙漠资源丰富，距离市区30分钟车程的丝路沙海湾景区是市民游客感受沙漠特色的好去处。通过探索使文化与景区特色资源协同，联合丝路沙海湾影视基地，开展"我在沙漠品书香""带着唐诗去旅行"等活动，让游客在景区同时感受诗和远方。在市区胡杨河景观带打造城市书房，一切以群众出发，方便市民和游客在饭后遛弯时间也能借阅图书，感受文化惠民实实在在的甜头。

从乡村文旅协同发展的角度来说，公共文化服务是和一个市场化程度很高、主体以企业为主的行业在协同，是由原来的为居民服务转向为游客和居民的双重服务。只有公共文化的社会服务能力提高了，才能具备与旅游协同

的基础，才能够主动融入旅游、相互借力发挥作用。^①

（三）推动文化旅游资源融入公共文化服务体系^②

梳理宁夏乡村文化旅游产品，将公益性较强的文化旅游接入宁夏乡村公共文化服务一体化数字平台，通过政府采购、财政补贴、票价补贴等方式，使文化旅游产品成为居民公共文化消费的选择之一。政府要鼓励宁夏各级文化机构依据地方文化特色和资源禀赋，将优质的乡村文化旅游资源转化成为具有公共性和经济型的文化产品；创新文化旅游惠民形态，打造一批优质的乡村文化节庆、赛事活动等文旅项目，丰富文化惠民消费选择；加大政府向社会力量购买公共文化服务的力度，推进法人治理结构改革。在设立法人治理结构的过程中，有几点需要注意。

第一，进一步重塑文化主管部门职权边界。在法人治理结构改革中，政府应当进一步明确自己的宏观调控职责，逐步放开微观管理职能。具体来说，行政主管部门的宏观职责应是组织和建设理事会、选派理事会代表、监督理事会运行三个方面。在理事会中，主管部门可以代表政府方利益，委派理事成为理事会的当然理事，参与理事会的各项工作，表达公众利益诉求。作为国有出资人，主管部门履行审查理事会的财务状况和程序的公平性，评估公共文化机构的运行效率和社会效益的义务。理事会章程应明确理事的权利义务，对主管部门提供年度审计报告，透明信息，接受绩效评估以及各个项目的监督。

第二，进一步扩大理事会的职权范围。理事会是法人治理结构改革的核心部分，它的职能是代替政府部门进行微观管理，应当具有一定的决策和监督功能。目前而言，大部分理事会成为文化主管部门的下属单位，所以功能有限。在未来的改革进程中，首先要履行理事会的各项决策权。例如，为了提高决策的科学化，理事会可以代替文化主管部门进行决策。由理事会的专业委员会负责研究具体事务，提出决策建议，并委托相关专家

---

① 胡春萌. 公共文化服务的未来在哪里？[N].天津日报，2020-04-28（010）.
② 陆筱璐，高宏存. 公共文化单位法人治理结构建设的思考[J].行政管理改革，2017（8）.

就公共文化机构的某项决策进行咨询、调研，最终获得决策参考。其次，理事会要有制定章程和议事的权力。理事会需要定期召开会议，对于机构重大决策和日常事务作出决议并下达管理层执行；同时负责运行管理和监督，及时对公共文化机构的财务状况、日常业务进行考察，负责信息披露等。最后，为了形成理事会对管理层的有效监督、提高执行效率，理事会应及时对公共文化机构的财务状况、日常业务进行考察。建立管理层与理事会的沟通制度，及时传达理事会决议，并反馈管理层意见。公共文化机构理事会的决策涉及公共利益，应主动接受人大和政协委员、媒体、公众各方监督。相关部门应制定理事会信息公开细则，及时对外公布公共文化机构决策和运行情况，接受社会监督。

第三，转变管理层管理思维，重新认识自身职责。在传统公共文化机构运行中，管理层隶属于文化行政主管部门，由馆长、副馆长和党组织负责人组成，负责执行政府的行政命令。法人治理改革后，管理层需要直接为理事会负责，是一个执行机构，接受理事会监督。这就要求管理层改变思路，重新认识自身的职责。根据试点单位经验，公共文化机构存在管理层自作主张，不按照理事会决策执行的问题。究其原因，是由于理事会未被赋予实质的权力，导致理事会缺乏对管理层的有效约束和激励。因此，在机构的日常运行过程中，应明确管理层向理事会负责的要求，在制度设计上增强理事会对管理层的实质控制权力。具体而言，应在相关制度中规范管理层接受理事会监督的具体事项，如管理层应定期向理事会提交工作报告，汇报相关运行情况，机构的重大事项、决策应提交理事会审议决定，年度预决算等必要信息应及时向理事会披露，供理事会监督等。

第四，条件允许的情况下，建立独立的监事会。在目前的实践中，大部分理事会和监事会是一个机构。但是，在一些大规模的公共文化机构中，理事会如果兼顾履行监督职能，容易出现利益纠葛，人力和资源上也会吃紧。因此，可以单独设立监事会。目前，在我国的实践过程中，由于理事会本身还在探索之中，加之政府部门承担了部分监管职能，监事会的重要性还没有完全显现。

为了避免理事会内部人员利益勾结、少数人控制等问题的出现，监事会的设立是未来法人治理结构建设的题中应有之义。监事会应当对日常的机构营运情况和事务进行监察，例如检查本单位财务使用状况、对管理层行为进行监督、当管理层出现损害公共文化机构的利益时，及时通报并且纠正等。

（四）促进文化志愿队伍与旅游志愿服务队伍整合

公共文化服务与文旅产业协同发展，最终是人的协同。梳理本地志愿服务团队的协同，一方面可以推动文化志愿者进景区；另一方面可以推动旅游志愿者进公共文化组织和机构，发挥各自的专业优势，促进文化和旅游知识的普及。

四、顺应互联网时代发展趋势，全面普及乡民文化艺术教育

互联网时代，传统旅游业格局正在发生嬗变，过去单一的传统旅游方式和线下消费模式正朝着多元文化主题游、体验游和移动互联时代转变。[①] 互联网更是贯穿出游全程，手机"摇一摇"可一键购票，微信扫码即可进入景区。为顺应时代的发展和转变，宁夏乡村文化旅游应进一步借助公共文化服务智慧化服务建设，发展旅游基础设施，提升旅游发展和乡村发展能力。

（一）促进公共文化服务智慧化发展，创新艺术教育普及形式

运用互联网思维和数字化手段，通过文化资源数字化创造来建设集服务、管理、资源于一体的数字化云平台，同时结合线上艺术普及系列课程，打破公共文化服务供给的物理空间局限，解决以往公共文化服务范围小、覆盖面窄、效能低等问题。利用数字化手段，例如移动互联网、大数据、云计算等打破城乡之间、各乡村之间公共文化服务的空间壁垒。

（二）利用互联网新媒体优势，扩大乡村文化传播范围与影响力 [②]

借助网络空间实现新媒体传播，以新媒体为内容载体、生产方式以及文

---

① 赵凤兰."互联网＋文创"，人文旅游方兴未艾 [N]. 中国文化报，2015-10-30（002）.

② 刘凡霆.关于地市级公共图书馆拓展文旅协同服务空间的思考——以枣庄市图书馆为例 [J]. 人文天下，2019（15）.

化体验和交互情景，通过文化资源的转化与传播来构建文化价值认同，通过乡村文化站等基层服务中心和网络的力量来促成多元化文化生态的孕育和发展，面向全球传播"在地乡村文化"。

在媒体运用方面，山东枣庄的实践能够为我们提供一些启示。例如，在提升读书文化品牌上，枣庄做了一些尝试：为满足数字阅读需求，开通了枣庄市图书馆"电视图书馆"，设置了《枣图概览》《枣庄风情》《枣图资源》《精彩讲座》《尼山书院》《阅读基地》《新书推荐》《听书频道》《少儿天地》《共享工程》等10个栏目供电视用户进行互动点播，拥有各类视频资源1万余种，采用图文信息与视频节目相结合的方式，将各类文化信息送到千家万户。深入实施"中华经典诵读工程"，引进使用集朗读、练习、录制、演讲训练等功能为一体的朗读亭，让广大市民和游客在朗读中感悟人生。成立了"全国文化信息资源共享工程"枣庄支中心，制作储备了一批反映枣庄特色的优秀文化信息资源。做好读者线上服务工作，引进试用 ALVA 4D 百科全书体验区，打造新形态阅读体验方式。开通了数字图书馆推广工程、枣庄市图书馆数字分馆、CNKI 知网资源库、万方期刊数据、文化易点通、爱不释书电子图书、本地特色资源库、讲座视频库等数据库，为广大市民和游客提供数字图书馆体验。

五、推动"一村一品"建设

根据本地区文化资源禀赋和传统，打造"一村一艺"乡村计划，并将"一村一艺"乡村计划列入宁夏民生实事重点工程。发挥当地特色资源优势是多样化发展乡村旅游的重要措施。各类村庄在农业发展过程中，由于地理和自然资源禀赋不同，发展产业不同。地区内的各类农庄应以不同产业为基础，根据产业特征创新发展乡村旅游业。各类村庄围绕主营产业，找准目标市场，聚焦满足目标市场需求，开发主题鲜明的农庄体验产品。建议村庄内围绕同一产业进行产业链上下游布局，形成合作关系网，有效分工。村庄之间要差异化发展，基于不同农业资源基础打造多样化的旅游项目，提升区域整体的旅游吸引力与行业竞争力。可以通过网络艺术教育的普及，实现乡村人民文化素质和文化修养的全面提升。

宁夏乡村发展过程中,也需要创新群众文化活动方式。例如,在海南澄迈县的发展过程中,就形成了一些较好的发展经验,值得发展乡村文化借鉴。

(一)"上行"与"下行"相结合

澄迈县在通过公共文化服务推动乡村文旅协同发展的过程中,创新群众文化活动思路,勇于打破原有的由上而下组织配送的模式,探索新形式、新方法,充分利用民间文化资源,打造多元互动的群众文化活动模式,逐步改变了原先文化资源"下行",即原先的由县级文化机构向乡镇输送文化资源为主的配送模式,转变为"下行"与"上行"相结合,即乡镇文化资源自发组织起来,在满足自身文化需求的前提下,与其他乡镇联动起来,向县级文化场馆输送文化相互配合的文化资源配送模式,在全县上下掀起了开展群众文化活动的热潮。

(二)"一月一镇一赛"推动文化活动创新

澄迈县从2011年开始在全县范围内组织实施"一月一镇一场"群众文化活动,该活动在县文化馆的指导下,通过各乡镇自发组织、集中展演、互动交流、比赛评比的模式,引导群众在文化建设中自我表现、自我教育、自我服务,有效调动了各乡镇群众文化资源,发挥了人民群众自办文化、自我组织、自我管理的优势。"一镇一月一赛"活动开展以来,每次观看群众达2万多人,平均每场1000多人,已经成为澄迈县群众文化活动的新品牌。

(三)打造群众文化活动品牌

澄迈县在发展过程中,不断加强群众文化活动内涵,注重打造群众文化活动品牌。目前,全县已经分别打造出东西南北中多个群众性文化活动品牌,东部以企业文化为主的永发椰风文化节、西部福山咖啡文化风情节、南部加乐镇的"加乐家家乐"农民文化节、北部中国海南盈滨龙水节、中部以县城为中心的金江广场文化活动等都成为澄迈县群众文化活动的知名品牌,也成为开展群众文化活动的重要载体。目前,澄迈县50%的乡镇和街道形成了有特色或品牌的群众文化活动,80%的乡镇组建有民间文艺社团,农民自办文化遍地开花,群众文化红红火火,公共文化服务深入人心,吸引了大量的游客。

六、完善公共文化服务与旅游协同发展的保障体系

（一）整合文化领域人才，创新人才培养方式和内容

推动基层公共文化服务与旅游协同要充分利用本区域内文化人才资源、文化和旅游文艺团队资源，整合吸纳各类人才组建公共文化服务队伍。例如推动所属市级国有文艺院团、民营文艺团体和由群众自发组成的业余文艺团队等为当地村民提供文化服务。为适应公共文化服务智慧化、数字化的发展趋势，应对公共文化服务体系内的相关工作人员进行针对性培训，了解互联网信息技术、虚拟技术、大数据等前沿技术的基本情况，了解较为受大众欢迎的新媒体传播方式，如抖音、快手等短视频的传播方式和特点，并掌握基本的操作方法，实际应用到乡村文化的传播中。

（二）建立多元化的文化发展资金投入体系

在整个乡村振兴战略整体财政规划中为乡村公共文化服务和文旅产业协同发展设立一定比例的固定投入。例如根据不同乡村的发展水平，从乡村建设和规划项目的总额中提取1%~2%的资金，用于公益性、开放性、多样化的公共文化、艺术、体育设施建设。同时，尽快出台具体的实施办法，落地实施"公共文化百分比"计划，保证其有效性和可操作性。还可以设立"公共文化服务与文旅产业协同发展基金"。除了通过"公共文化百分比"计划中提到的固定财政资金投入，同时鼓励社会力量、民营资本共同参与乡村文化建设。将文化旅游项目所获得的部分收益，作为乡村公共文化服务体系的建设发展资金，实现文化旅游产业对公共文化服务体系的"补血"和建设性补给。

（三）提高公共文化服务设施、文旅设施建设运营社会化程度

鼓励社会资本以独资、控股、参股、特许经营等方式参与各类场馆和项目的建设运营，培育一支专业化的运营管理队伍。引导社会资本参与公共文化服务综合体建设运营，提升文化培训、公共文化服务产品、相关衍生品的开发水平。鼓励社会力量建设小型化、多元化的文化活动场馆和健身设施，政府以投资补助、购买服务等方式予以支持。

（四）建立基本公共文化和旅游服务标准体系

据文化和旅游部公共服务司介绍，党的十八大以来，我国文化和旅游公共服务标准体系逐步建立。在公共文化服务标准化方面，除国家基本公共文化服务指导标准外，还制定出台了《公共图书馆建设用地指标》《文化馆建设用地指标》等一系列标准。在旅游公共服务方面，制定了《旅游厕所质量等级的划分与评定》《公共信息导向系统设置原则与要求》《旅游信息咨询中心设置与服务规范》《城市旅游集散中心等级划分与评定》《旅游景区游客中心设置和服务规范》《城市旅游服务中心规范》等一系列标准规范。这些标准对文化和旅游公共服务工作的规范化发挥了重要指导作用。

在现有基础上，根据国家基本公共文化和服务标准体系，宁夏可以根据国家指导标准，制定与当地经济社会发展水平相适应、具有地域特色的地方实施标准，逐步形成既有公共性又有特色个性、上下衔接的标准指标体系。同时，建立动态调整机制，根据社会经济的发展变化，适时调整提高具体指标。

（五）提升基础设施和配套服务的质量

落后的基础设施是制约乡村文旅协同发展的主要障碍之一。在国家发展改革委、文化和旅游部等13部门于2018年10月联合发布的《促进乡村旅游发展体制升级行动方案（2018—2020年）》中提出了提升乡村基础设施、改善乡村人居环境的系列措施，涉及道路、停车场、垃圾和污水处理设施等方面，这与乡村旅游的可持续发展相辅相成。

基础设施建设的主体责任要明确，并有相应的资金保障。此外还要形成常态化的管护机制，保证基础设施良好的运营状况。在提升乡村基础设施建设的基础上，完善当地旅游的配套服务。第一，乡村住宿设施应坚持地域性原则，体现当地乡土文化的原真性和独特性。合理规划当地新老建筑，利用当地文化遗产和老旧建筑，在尊重和保持原有特征的基础上适度改建，增强其实用性和可识别度，避免景观和建筑出现同质化现象。此外，多样化发展乡村住宿形态，除了农舍、村民住宅以外，适度开发户外住宿。第二，乡村餐饮设施应坚持安全卫生的底线，在保持原汁原味的基础上，适度开发改善。

以农家生活为主题，美食应以地方特色和传统农家菜看为主，加强特色菜、农家菜、山野菜等菜品开发。[①]重点突出当地生态特色、文化特色、民俗特色、将乡村餐饮打造成具有吸引力的旅游产品。

七、深化公共文化服务和旅游体制改革

（一）推动体制机制创新

立足宁夏公共文化服务体系建设实际，建立党委领导、政府管理、部门协同、权责明确、统筹推进的公共文化服务体系建设管理制度。一是加快城乡文化一体化建设，建立市、镇、村三级公共文化管理体系，推动公共文化服务资源的共享共建。二是形成多部门协同机制，加强不同部门在重大项目投资、贷款融资担保、产权产品和各行业的有效合作与协调。在对文化管理、文化产品生产、评估交易等方面，改变多头管理模式，精简文化、旅游企业创立审批环节，建立统筹协调文化旅游开发保护机制，形成统一领导、部门协同、上下联动，权、责、利相统一的体制机制。三是明确责任主体。明确各个责任部门的具体工作，并设置绩效考核指标，整合资源形成合力。四是强化社会参与。放宽公共文化领域的准入门槛，鼓励社会力量参与公共文化服务和供给，以及公共文化场馆的运营。五是创新管理理念和思路，鼓励村民个体参与和村民自治。提高村民的文化素养和艺术情操，调动村民参与本地公共文化服务和文旅产业协同发展的积极性，实现群众自我管理、自我参与、自我发展。

（二）加强顶层设计

围绕乡村文化发展形成综合发展小组，定期围绕各项发展中的各项议题展开研讨会，在推动公共文化服务与文旅产业协同的同时，推动文旅产业与一、二、三产业协同互动。根据各地文化资源禀赋与经济发展实际情况，重新审视乡村文化发展的定位，优化全区域内基础设施建设和产业布局等各方

---

① 陈梅.乡村旅游规划核心内容研究 [D].苏州：苏州科技学院，2008.

面的规划和设计。将原有的涉及乡村振兴发展的规划进行系统化梳理，加强关联，并找出有助于公共文化服务与文旅产业协同发展的重点。形成整合要素资源、强化政策支持、联动抓好公共文化服务与乡村文旅协同发展的工作格局。根据本地不同区域地方特色和实际，提升政策的精准度，根据不同地区、不同行业、不同人群制定有针对性的协同发展促进政策。

第六节　乡村公共文化服务与乡村文旅协同发展的范例分析

乡村振兴战略的目的一方面是为缓解乡村发展过程中的现存矛盾，例如因大量青壮年人口外出务工引起的乡村空心化、人口老龄化、第一产业萎缩等产生的一系列问题；另一方面是为了促使我国乡村适应社会发展的大趋势，促使其转型升级成为可持续发展的生态空间、文化传承主体和新经济载体。

我国城乡二元结构由来已久，尤其是改革开放以来，城市化、工业化是我国现代化建设的重点领域，致使城乡之间在经济和文化发展水平上存在很大差异。由于商业资本天生存在逐利性，这与文化与生俱来的公共性产生冲突，使得乡村文旅发展困难重重。"乡村经济与文化日益凋敝，并且在城市化浪潮中被逐渐边缘化，难以为乡村内生发展提供经济动力和文化价值支撑，'回不去的乡愁'成为乡村地域认同、文化身份构建现实障碍的鲜活表述"。[①]多数乡村项目旨在通过建设文旅项目带动乡村经济发展，然而无论从本地就业情况还是利益回报上来看，本地受益并不明显。这些文旅项目在乡村难以调动本地多方主体参与的积极性，缺少乡村社区和农民共同参与的激励机制，致使主要经济利益外溢，乡村获得的收益主要表现为以低层次服务性岗位为

---

① 蒋昕，傅才武.公共文化服务促进乡村文旅协同内生发展的动力机制研究——以宁波"一人一艺"乡村计划为例 [J].江汉论坛，2020（02）：43-50.

主的就业机会带来的农民增收，并且高度依赖于外来资本和外部游客市场，既不突出也不稳定，乡村文旅协同发展难以形成经济层面的内生发展机制。面对乡村文旅协同发展出现的"市场失灵"，在国家乡村文旅协同发展的大趋势大背景下，确立了以公共文化服务为抓手，推动乡村文化与生产、生活、生态协调发展的三维协同机制。

乡村旅游在近些年成为振兴乡村发展的热点话题，它有别于一般的旅游类别，从文化和经济两方面来看，乡村旅游是一种综合性与个性化极强的旅游类型，很多成功与失败的案例表明并不是所有的乡村都适合发展旅游业，它受到多种条件的制约。那么，推动乡村文旅协同发展需要哪些必备条件呢？

一、区位条件是乡村文旅协同发展的前提

旅游业的发展离不开市场基础。乡村旅游主要有两大类，一类是环城游憩带，这类乡村旅游地为以短途旅游为主的城市居民短期休闲度假提供了游憩活动空间；[①]另一类是规模较大、等级较高、影响力较大的乡村旅游地也成为中远程旅游者首选的旅游目的地。[②]

以环城游憩带乡村旅游为例，这种类型的乡村旅游地具有良好市场基础的前提是位于大中型城市附近、临近成熟的景区，尤其是在城市全域旅游的规划内，大型的旅游项目或者政府规划的重要旅游区域内，拥有成熟的交通运输网络。北京市周边著名的旅游胜地古水北镇，从2014年起步到2018年年初，仅仅三年的时间，游客量突破了245万，旅游收入达到7.35亿元，同比增长分别为67%和59%。该镇从一个无名小镇摇身一变成为当今北京市环城游

① 罗文斌，孟贝，贺小荣等.城市游憩用地满意度测度及影响因素识别实证研究 [J].中南林业科大学学报（社会科学版），2016，10（6）：49-55.
② 琚胜利，陶卓民，韩彦林.南京乡村旅游景区游客网络关注与景区引力耦合协调度 [J].经济地理，2017，37（11）：220-228.

憩带的旅游胜地。古水北镇坐落在司马台长城脚下，具有得天独厚的地理区位优势。首先，这里拥有众多珍贵的军事历史遗存和独特的地方民俗文化资源，古水北镇内著名的鸳鸯湖水库，使其成为北京郊区少有的山、水、城有机结合的自然古村落。其次，古水北镇的区位交通也是其得以发展的重要原因。它距首都国际机场和北京市均在1个半小时左右车程，距离密云区和承德市约45分钟车程。交通便捷，车程恰好在游客可接受的范围内，在诸多因素的成就下，古北水镇逐渐成为周边城市游客休闲度假的首选。

二、文化资源禀赋是发展乡村文旅协同发展的逻辑起点

推动乡村旅游除了需要具有得天独厚的地理区位优势外，最根本的就是其内部条件。文化资源禀赋是当今内容为王语境下推动乡村文旅协同发展、业态创新的逻辑起点。我国乡村在其漫长而悠久的发展过程中，在发展农业和适应百姓生活的基础上，衍生出了其独特的文化现象，并形成乡村特有的价值体系，例如熟人社会、民间信仰、节庆时令等。大量对乡村的研究归纳出了乡村应具有的六个价值表现：生产、生态、生活、社会、文化与教化。[①]人们创造了乡村，乡村也影响和规范着人的行为，形成独特的乡村文化。[②]正是这种具有不可替代性的乡村文化，吸引着游客前来。游客身处这些地区，了解当地文化，体验当地的民俗、风俗、自然景观和历史遗迹。游客也可以参与在该地的一些特殊体验活动，如亲近自然、冒险挑战、手工活动、务农活动和一般性观光。

四川省德阳市绵竹年画村是国家4A级旅游景区。2008年汶川大地震后，借助国家的大力扶持，绵竹市大乘村和射箭台村合并成为"年画村"，这里是国家级非物质文化遗产——绵竹年画的发源地，是绵竹古城遗址的所在地，是中国古代二十四孝之一——涌泉越鲤的三圣地，是著名的德孝文化之乡。

---

① 朱启臻. 把根留住：基于乡村价值的乡村振兴 [M]. 北京：中国农业大学出版社，2019：2.
② 章爱先，朱启臻. 基于乡村价值的乡村振兴思考 [J]. 行政管理改革，2019（12）：52-59.

在汶川大地震中，绵竹年画产业基地、画舫几乎被夷为平地。但在不到两年的时间里，从事绵竹年画产业的人从300人左右迅速发展到目前的2000多人，年产值从200多万元增至2000万元。年画村依托深厚的历史文化底蕴和特色鲜明的文化内涵，结合乡村旅游产业的发展，现已成为一处以绵竹年画记忆传承、保护、推广，绵竹年画IP周边产品设计生产、绵竹年画研学体验和艺术培训为核心吸引物的民族民俗文化旅游示范区。绵竹年画村不仅通过发展年画相关产业增加了农民的收入，以禅城优秀德孝文化带动乡风文明，使本地村民和游客对该地域文化产生价值认同，而且还创造了"农忙扛锄头，农闲握笔头"两种不同生产组织模式，体现了农、文、旅协同发展的乡村振兴模式。①年画村重视挖掘乡村特色文化的内在意蕴和价值，拓展思路，对乡村特色文化进行创新性开发和产业化发展，实现了保持其文化活力、激发文化创造力的可持续发展。

三、公共文化服务是推动乡村文旅协同发展的主要抓手

文化的传承和发展除了要有一定的物理空间载体，更为重要的载体则是生活在这个物理空间中的人。立足乡土文化的艺术普及可以唤醒乡民的文化记忆。文化记忆承载了农民对传统的态度、对群体内部文化延续传承的关键信息，存在于特定的文化空间里，它自身具有可持续的规范性和定型性的力量，是文化认同的生成机制，是文化身份建构的重要依据。

立足于乡土文化的艺术普及，首先是针对农民的公共文化服务，它以艺术体验和艺术教育的形式唤醒和强化农民的文化记忆，推动他们对乡土文化的认同和自我身份的建构。其次，当农民面对游客时能展现出具有较高程度的文化自信和文化自觉的乡土文化，这有利于在工业时代和后工业时代促使人们理解乡村文化生态、乡村群体的内在行为基础和精神价值，在城乡交流

---

① 陈曦. 乡村振兴战略下文化产业发展基本问题及解决对策——基于绵竹年画村的实践探索 [J]. 大众文艺，2020（06）：244-246.

中保持着乡村文化的势能和自信。

2015年以来，宁波市委、市政府坚决贯彻落实党中央国务院战略部署，高度重视全民艺术普及工作。2016年12月，宁波市人民政府办公厅印发《关于"一人一艺"全民艺术普及工程建设的实施意见》，确定了"一人一艺"艺术普及的总体目标。在这一目标的引领下，2018年，宁波市发布了"一人一艺"乡村计划。计划旨在增强全民艺术普及工程在乡村的服务效能，激活乡村文旅潜力，实现"村村有品牌，户户有特色"，让基层群众享受乡村文化振兴成果。"一人一艺"乡村计划以象山县墙头镇溪里方村为中心试点区域，向四周辐射。计划包括打造乡村文旅中心、文旅一日游、壹艺坊、乡野艺术节、数字乡艺行五大板块。溪里方乡村文旅中心将以游客服务站、文史展示厅、乡创工作坊、艺普讲习所的"4+1"架构模式运转（即四大内容和一个专业运营管理团队）。"壹艺坊"通过选取乡村里一批具有特色技艺或文创能力的村户，开辟一个个集展示、销售与游客体验等功能于一体的乡村文旅互动窗口。"文旅一日游"通过整合当地文化、艺术资源，推出以乡野为空间、以体验为核心的乡村特色旅游路线。宁波市文化馆还依托"一人一艺"云平台的功能与资源，为乡村文旅中心提供专业的数字化艺术服务，实现村民学艺、赏艺、秀艺、授艺线上直达。乡野艺术节是"一人一艺"乡村计划的一大亮点，"稻田音乐会""天一荟"等一系列活动，为当地村民、游客提供了一场场艺术盛宴。"一人一艺"乡村计划是全民艺术普及工程从城市向农村基层的延伸，也是"一人一艺"走向深入的一个标志，在全国起到了引领和示范作用。①

四、社会参与是推动乡村公共文化服务与乡村文旅协同发展的必然要求

政府在独立推动公共文化服务和乡村文旅协同发展方面依然存在许多障碍，例如能力障碍、利益障碍、体制障碍和技术障碍。在政府治理理念的指

① 林红，李国新."一人一艺"构筑新型全民艺术普及共享生态圈 [J]. 宁波通讯，2018（16）：13-16.

导下，政府应积极动员社会力量参与文化建设，在市场经济条件下，充分发挥市场配置资源的决定作用。随着互联网不断发展，服务平台层出不穷，公共文化服务平台迫切需要与时俱进。重点应摆脱两个依赖：一是要摆脱行业依赖，整合各类资源。积极整合公共文化服务、旅游公共服务、体育公共服务等资源，为公众提供多样化的服务。二是要摆脱对财政资金的依赖，做到跨界发展。既要多样化、多维度、多渠道地提供公共文化服务，也要面向市场，为公众提供市场化服务，提升企业造血功能。

2019年被湖南省文化和旅游厅认证为湖南省文旅科技创新成果之一的"株洲文化消费信息平台"由株洲市文旅局采取向社会购买服务的模式，与湖南韵动文化体育产业发展有限责任公司（以下简称"湖南韵动"）合作打造的文旅体综合线上服务平台。在政府的支持下，湖南韵动联合各级文旅局打造了"湖南公共文旅云""韵动株洲文旅体云"等综合服务平台，实现了省、市、县文旅信息领域的全覆盖。截至2020年3月31日，由韵动湖南运营的数字文旅服务平台共发布信息资讯26247条、活动预告6215余次，总页面浏览量超过34364950万余次；入驻场馆2952余家、网站平台注册用户达1124946个，网络视频教学5422余次，观看人数达570万余次。2020年新冠肺炎疫情防控期间，为了及时宣传防疫抗疫工作，丰富疫情防控期间人民群众精神文化生活，"湖南公共文旅云"平台迅速调集整合数字文化资源，以信息资讯、视频宣传和线上文化活动参与等为重点，将公共服务阵地从线下转移到线上。一定程度上协助政府解决了疫情防控期间人们无法在场享受精神文化生活的难题，同时成为政府防疫抗疫宣传工作的中坚力量。

五、案例深入1：北京市篱苑书屋对旅游及乡村发展的带动[①]

引文：乡旅文化的推进不仅仅需要政府的支持，同样，在推行的过程中总是还面临着许多其他的问题。为了解决好这些问题，除了得到政府的帮助，

[①] 李晓东. 篱苑书屋，北京，中国 [J]. 世界建筑，2011（11）：108-113.

更应该在社会上形成一定的共识，让更多人参与进来，积极主动地发展乡旅文化，只有政府和公民一起努力，才能真正实现乡旅协同。为此，本书特地选取了北京市篱苑书屋对乡村公共文化服务及旅游的带动，详细谈谈其中的文旅发展之道。

美国 Business Insider 网站罗列了全球18家最美的"天堂"，让书虫们能够规划自己的阅读地图。而其中唯一上榜并且排名第八位的，是北京怀柔的篱苑书屋。篱苑书屋位于北京市怀柔区的小镇上。它的设计构思旨在与自然相配合，让人造的物质环境将大自然清散的景气凝聚成为一个有灵性的气场，营造人与自然和谐共处、天人合一的场景。场地前的水面、水边栈道、卵石平展的铺排以及篱笆围合的空间，让书屋本身与自然环境结合成浑然的一体。场景中，既遮阳又透光，同时展现出强烈的地域特性，书屋也因此取名"篱苑"。

篱苑书屋是个长30米、宽4.35米（轴线）、高6.3米的长方建筑体，总建筑面积约为170平方米，局部二层，主体结构采用100厘米×100厘米及100厘米×200厘米的方钢作为主要结构构件，每两米一根柱子以焊接方式连接，外围护材料使用钢化玻璃。建筑在立面上以90公分为模数，每90公分焊一圈钢框，中间插上柴火杆。室内采用合成杉木板装修，90公分的空当从中间被分成两半，构成书架及供读者席地而坐轻松阅览的大台阶。

室内空间的构成简单直白，主体空间由大台阶及书架组成，书即摆在台阶下方，成为主要的阅读空间。另外，在书屋的两端，各有一个下沉式的相对独立的围坐、讨论空间。这多个空间组成的建筑内部是一整个通长30米的大空间，相互之间没有任何隔断，没有任何家具，凸显了空间的完整性。唯一的一处隔断是从混凝土大门洞进入室内时的玄关，浓缩的入口空间为接下来的主要空间做了经典的铺垫。

为了使建筑与周边环境浑然一体，设计师还引入了当地村民常用的柴火，将它们布置在玻璃幕墙后以形成篱笆。图书馆采用钢与玻璃的混搭结构，采光与坚固度兼顾，外墙取材自当地村民的柴火——洋槐、桑木等十多种树木的枝干，木板与亮光相互调和，并平均分配整个空间的亮度，营造出浓浓的书卷气息。

占地170多平方米的篱苑书屋早在2011年就建成了，当时是清华大学建筑学院教授李晓东为当地交界河村建造的公益书屋。这个长方形建筑由方钢作为主要结构构件，外围护材料使用钢化玻璃，而玻璃外侧则被4万余根长短一致、粗细相当的半米左右的柴火秆密密匝匝地包裹着，犹如生长在山谷中的巨型鸟巢。

冬季，植物干枯，山谷变成灰色，书屋便融入山谷景色中，来年春天，这些柴火秆会吸引鸟来做窝，粪便和泥土混在一起就有植物附着生长，整个书屋便和周围的山谷一起焕发生机。如果柴火秆出现损坏，可以就地取材，重新找来树杈更换。

李晓东说："我营造出来的是环境而不是建筑，很多人做建筑都要做得特别突出，可我想把建筑消失掉。其实这是中国传统建筑的强项，我们传统的建筑强调院落、空间，而不是建筑本身，环境营造是优势，应该利用起来。我们可以发掘自己的语言，比如说'天人合一'，西方人是不懂的。我们却可以把房子融入环境里，营造出一种气场。"

正是这种书屋的形成，给当地的乡村发展带来了很多机会。篱苑书屋位于北京市怀柔区雁栖镇交界河村智慧谷。在书屋正式建成之前，交界河村有60多家农户，村民300余人，盛产核桃、栗子、梨等。此处山清水秀，风景如画，周边与慕田峪长城、箭扣长城、神堂峪自然风景区等旅游胜地相邻，近年来吸引不少旅游公司投资在此开发旅游线路，向希望远离喧嚣的城里人提供租借农房，甚至整改成为他们自己的农家，在闲暇时来此度假。周末，不少城里的游客自驾到此享受乡野趣味，随之衍生出不少提供餐饮住宿的农家院。不过当时的旅游发展业还不是今天这样火爆，随着篱苑书院的建成，随之而来的是乡村文旅协同发展产业带来的机遇。

六、案例深入2：四川省大邑县安仁古镇博物馆对乡村旅游的推动 [1]

从成都向西40公里，就来到了中国唯一的"博物馆小镇"——四川大邑县安仁古镇。作为中国历史文化名镇和第一批入选的中国特色小镇，安仁古镇始建于唐代。在这个面积仅有3.5平方公里，略大于半个西湖的小镇，如今却坐落着保存完好、中西合璧的民国公馆27座，文物保护单位16处，37座现代博物馆陈列着800余万件藏品，其中包括343件国家一级文物。

（一）产业"特而强"："博物馆"支起来的小镇

青石甬道蜿蜒着，漫进不同的院落，卷棚式屋顶层层叠叠，呈现青灰色柔顺的弧度……走在民国风情街上，一把把色彩斑斓的油纸伞悬于头顶，阳光透过缝隙照在石板街面上。在这条街上，有钱币博物馆、魏明伦文学馆、崔永元电影传奇博物馆，街道外延则是绿荫掩映的老公馆。

"以前这条街就只有书店、理发店、餐馆三个店面，过往的人少，显得很冷清。"42岁的游桃在安仁镇民国风情街经营着一家川菜馆。如今在这条街上各色商铺紧邻，游桃店铺的客源也从本地居民、货车司机转变成了来往的游客。

"十三五"规划纲要提出，要"因地制宜发展特色鲜明、产城协同、充满魅力的小城镇"。目前，全国共有特色小镇403个。住建部总经济师赵晖表示，第一批127个特色小镇建设取得明显成效，新增企业就业人口10万人，平均每个小镇新增工作岗位近800个，农民人均纯收入比全国平均水平高1/3，有效带动了产业和农村发展。特色小镇，核心在一个"特"字。让安仁焕发出生机与活力的，正是这里高度聚焦的博物馆特色。

"记忆是一种宝贵的财富，走进博物馆被中国那些历史场景所震撼。"来自四川宜宾的游客罗坤一早就到了安仁，从参观老公馆到博物馆，他花了一天时间。已在当地工作10年的安仁镇管委会综合部部长熊巍说："安仁镇的发展有几个时间节点：2005年建川博物馆进入，2009年民国风情街开放，2016年5月安仁古镇集团入驻安仁。"

---

① 邱玥. 安仁：一个特色文化小镇的传奇 [N]. 光明日报，2017-12-23（012）.

安仁古镇集团党委常委、中国旅游景区协会会长姚军说："从两年前与当地政府开始接洽，到完成签约，再到具体实施推进，安仁古镇一直围绕梳理、整合古镇文化资源，挖掘古镇文化潜力进行谋篇布局。根据安仁博物馆产业的传统优势，确立以博物馆（群）为核心，创新'博物馆+''+博物馆'开发运营模式，并向相关产业延伸，将文创、艺术、会展、教育、美食、影视、音乐等内容与博物馆产业紧密结合，形成了完整的产业生态链，打造安仁这个独一无二的'世界博物馆小镇'。"

（二）功能"聚而合"：历史街区不是"空壳"

古镇不能只是一个"空壳"。在安仁民国风情街的街边巷口，有一个隐蔽在仿古宅院里的民艺传习馆。这里的主人彭宇穿一身麻布衣服，留着胡须，看起来像世外仙人。两年前，他希望孩子能呼吸到更新鲜的空气，在人文氛围中成长，便从大城市举家搬迁到了安仁。

以彭宇为代表的文创工作者纷纷落户安仁，是一个个活跃在文创产业集群中的细胞。染布、刺绣、酿酒……安仁正在聚集一批文创工作者，形成文创圈子。"要提炼古镇的气质，关键在于规范它的调性。要将内涵的文化气质贯穿在规划、设计、建造、选材、管理、运营等各方面。画廊、书院、手工艺创意店，穿梭其间的原住居民，文化大师在安仁开讲，这些都是让安仁文化生根的细胞。"成都安仁古镇有限公司副总经理卢红纲坦言。

过去一年，安仁古镇集团在安仁古镇成功举办安仁双年展、成都旅游美食节、成都儿童音乐节等节庆活动，打造公馆沉浸式演出《今时今日是安仁》，建设了先生博物馆、安仁乐道美食街、华·公馆、锦绣安仁现代花卉农业博览等全新产业和品牌。

在中华文化促进会主席王石看来，建设特色小镇是一个文化过程，而这个过程体现的是人类现代文明和传统文化连在一起。"无论是安仁，还是其他特色小镇，可以看到文化的地位和文化的培育十分重要。"王石说："'文化+'的概念让我们更加理解了这个时代，把文化置于前端，置于先导的地位，这是一种宝贵的文化自觉。"

从北京的京西斋堂小镇，到杭州塘栖古镇、从四川的安仁、黄龙溪、洛带等古镇，再到深圳的甘坑新镇、光明小镇、大鹏所城、凤凰古镇，还有海南和云南的古村落，安仁古镇遍布全国的数十个特色小镇，和文旅项目齐头并进，结合各地地域文化及产业特色，打造出了独特的小镇成长模式和运营生态。在这些各具特色的小镇背后，安仁古镇集团始终注重"文化＋旅游＋城镇化"内容和形式的有机结合，为城镇化项目注入文化旅游内容，在突出文化特色的基础上，做好商业运营和业态设计，推动项目的可持续发展。

"既让人感受到乡野的气息、文化的滋养，又能享受城市生活的便利，这便是安仁古镇集团所崇尚的城市主义。"安仁古镇集团党委常委姚军表示：未来，安仁古镇将继续紧跟国家战略，持续推动"100个美丽乡村计划"落地实施，创造20万个创业和就业岗位，与城镇居民共同创业，共同富裕。

（三）机制"新而活"：主客共享激发内生动力

为了真正实现共享共赢，安仁古镇第一步请来了国内外的顶级专家，对安仁古镇进行远期规划，避免出现反复折腾的现象。第二步，积极与当地政府配合，认真细致地与当地居民沟通。从2018年年初开始，安仁古镇安仁项目的员工每天走街串巷，跟每一户居民沟通，在了解其利益诉求的基础上争取当地最大限度的理解与支持。为了更好地保护安仁的文物，安仁古镇没有拆一栋房子，而是在原有基础上进行了修缮和保护，让原本老旧残破的一些房屋恢复了历史原貌，焕发了生机。安仁古镇对安仁的水、电、气等基础设施进行升级改造，在不影响古街面貌的前提下，提升当地的居住质量。居民仍然可以保留前店后住的模式，但商铺的品类要符合安仁古镇的统一规划。安仁古镇商业管理部负责人康剑举例说，一些古镇古街商业过度开发，引入的商家品类繁多，档次参差不齐，"比如到处都有臭豆腐，我们新引入的商家就会明确拒绝这一类"。在保留原有商业的基础上，经过认真筛选，安仁古镇引入了多家曾入选《舌尖上的中国》的餐饮企业，食材和大厨都要确保原汁原味。第三步，是提供更多能够把游客吸引来、留下来的产品。安仁古镇引入了多家文创、文博企业，在原有博物馆、公馆的基础上，建设了新的博物馆，举办了多个艺术节，开展了多种类文艺演出。2016年，安仁的旅游人数为160万左右。

"经过日益丰富和完善的安仁小镇必将成为中国特色小镇的标杆级的示范和样板项目。"姚军认为，新型城镇化的快速推进应考虑规模扩张与效益质量之间的关系，真正做到"以人为本、区域协调发展、人与自然和谐共生"。不少人认为"安仁就是此心安处，"很多人都是已经把它当成了自己的故乡。

七、依托公共文化服务建设推动旅游发展的案例参考

近些年来，在全国各地公共文化服务体系建设进程中、乡村文旅协同发展的探索进程中，涌现出来许多丰富多彩、鲜活生动的实践创造，不乏创新之举。其中，也有不少通过公共文化服务推动旅游建设的案例。"他山之石，可以攻玉"，通过对省内外经典案例的学习与分析，也可以为宁夏的公共文化服务体系建设及乡村文旅协同发展建设提供经验借鉴和智力支持。

（一）河北霸州：挖掘特色资源，形成文化活动品牌 [①]

霸州位于京、津、保三大城市中心，为河北省辖县级市。作为中部典型的县级区域，在经济尚不发达的情况下，依托本地区丰富的文化资源和深厚的文化底蕴，以构建社会主义核心价值体系贯穿文化建设始终，大力弘扬优秀传统文化，推出了一系列享誉全国的文化品牌。

一是以文化艺术节为载体，打造开放兼容的霸州文化。2006年以来，围绕"戏曲之乡、翰墨之乡、辞赋之乡、温泉之乡和胜芳古镇"四乡一镇文化品牌建设，每两年举办一届主题鲜明的文化艺术节，充分展示霸州的文化魅力。

二是以"月月唱大戏""周末小剧场""天天办展览"等活动品牌为载体，叫响异彩纷呈的霸州文化。2006年3月正式启动"月月唱大戏"活动，每月28日，李少春大剧院都会有国家级的名团、名家、名剧精彩上演，吸引本地和周边地区的戏迷定期来霸州雅赏皮黄。开办"周末小剧场"，先后有全国各地

---

① 杨杰.河北霸州挖掘特色资源，坚持"文化兴市"[M]// 于群，李国新.中国公共文化服务发展报告（2012）[M].北京：社会科学文献出版社，2012：145-151.

票友7000余人次来此登台献艺。依托益津书院，提升书画艺术展示平台。国家画院和河北画院分别在此确定创作展览基地，同时建立起老年书画爱好者活动中心、青少年爱好者双休日艺校、国学教育推广中心，使益津书院成为高规格、多功能的市民学堂。

三是以非物质文化遗产保护为突破，挖掘传承悠久的霸州文化。广泛开展非物质文化遗产普查和保护工作，共搜集了280个非遗项目。成功申报国家级非遗项目4项、省级4项，保证了霸州优秀文化遗产的传承。

（二）上海嘉定："百姓书社"，推动社会力量参与 [①]

上海市嘉定区过去曾是上海市郊的一个县，"百姓书社"是设立在农村居民家中的微型公共图书室。2006年，嘉定区图书馆在区政府支持下，选择8个点进行了"百姓书社"试点工作。试点对象通过基层单位推荐、区馆考察的确定，有的办在村委会，有些办在农民家中，区图书馆提供500册图书，订阅20多种报刊，书架、阅览桌配备统一标记，村委会或农户志愿提供场地与管理，为周边居民提供公益服务。"百姓书社"的图书来源为上海市中心图书馆系统，区馆以"集体借阅"的方式出借，书社外借给读者时，不再办理中心图书馆借书证。"百姓书社"的图书和报刊每三个月更新一次，全部由区图书馆统一配送。区图书馆定期提供推荐点书单，由各书社根据居民的阅读喜好进行点书，区图书馆根据各书社的点书单将百姓需要的书籍交由物流公司配送至各书社。试点开展后反应良好，原先对此项目持观望态度的乡镇，纷纷来区馆要指标，充分说明这个方式比较适合当前郊区基层图书馆发展。

截至2012年6月，嘉定区共建成75家"百姓书社"，服务对象既包括社区居民，也有外来务工人员、敬老院老人、驻嘉部队官兵，甚至还有监狱服刑

---

① 本部分内容根据以下材料整理：（1）上海嘉定.文化滋润嘉定，服务惠泽百姓 [EB/OL]. http://www.jiading.gov.cn/Item/67207.aspx.（2）吴文明，单敏康.嘉定形成"百姓系列"群众文化繁荣发展的新格局 [N].东方城乡报，2012-06-14：A08.（3）金燕，范并思.城市化进程中的郊区新农村图书馆建设——嘉定区基层公共图书馆调查与建议 [J].图书馆杂志，2007（3）：26-28，42.

人员。这些让基层百姓自己当上文化主人的服务点，已成为当地农民和外来建设者最喜爱的公共文化活动场所之一。

"百姓书社"的主要优点为：一是纳入区财政预算，有稳定的经费支持；二是不需要场地与管理费用，花钱少，易推行；三是根据需求布点，可动态适应城乡人口结构的变化；四是选点直接面向服务网点的薄弱环节和社会弱势人群，有助于形成公共文化服务的全覆盖。

（三）江苏吴江："区域文化联动"，丰富资源供给 [1]

从2003年起，江苏省吴江市（现为苏州市吴江区）根据本地实际，提出并实施了"区域文化联动"项目。该项目从"三镇联动"起步，发展为"十镇联动""长三角"区域联动，一直到2010年的京杭大运河（江苏）区域联动。活动以广场文艺联演为主要载体，同时开展电影联映、书画联展、优秀社团联评、文艺创作联动和理论研究联动，建立了联动区域内文化交流、互动、共建、共享、共荣的机制和格局，充分发挥了区域文化资源优势，提升了区域公共文化服务的水平和能力，产生了良好的品牌效应和社会效益。

"区域文化联动"就是有效整合、利用区域内的文化资源，利用吴江处于江、浙、沪交界处这一特殊的地理优势，加强同质和异质文化之间的交流和互动，促进区域内文化的共享、共建与共荣，活跃和丰富城乡文化生活，满足人民群众的精神文化生活需要。比如在"十镇联动大型文艺巡回演出"举行期间，吴江市10个镇会各自创作、排演一台时长90分钟的节目，先在本镇的文化广场演出，然后再抽调部分优秀节目组成一台综合节目，到各个镇巡回表演。每年的演出活动从5月开始，历时两到三个月，每周在乡镇文化广场演出两场。

此外，通过创设"吴江市三镇联动大型文艺巡回演出""吴江市十镇联动大型文艺巡回演出""江浙沪文化联动大型文艺巡回演出"等文化载体和平台，还举办了一系列的农村文化广场演出活动。为了使区域文化联动常搞常新，吴江市还不断丰富区域文化联动的内容和形式，做到年年有新意，使区域文

---

[1] 金健康. 江苏吴江市深化"区域文化联动" [N]. 中国文化报，2011-05-05：7.

化联动始终保持强大的吸引力和生命力。

吴江虽然地处苏南经济发达地区，但农村公共文化经费的投入依然不足。2002年，吴江70%的乡镇文化站除了人头费外，基本没有文化活动经费，文化站开展活动难，也无法为群众提供丰富多样的公共文化产品和服务。2003年"区域文化联动"项目的实施争取了政府财政的投入，同时吸引了企业和社会的资金投入，缓解了农村公共文化服务经费严重不足的问题，突破了制约各地群众文化活动开展的瓶颈，同时也激发了文化站开展公益性文化活动的活力。特别值得一提的是，每年都有来自10多个省市的外来务工人员参加"区域文化联动"，为外来务工人员展示自身艺术才华、融进吴江成为新市民提供了平台和通道。2009年，"区域文化联动"荣获第三届"文化部创新奖"，同时也被文化部列入"2009年国家文化创新工程项目"。

吴江市实施的"区域文化联动"项目，不仅实现了全市范围内各乡镇演艺等文化资源的整合、共享，而且把联动的范围扩大至周边县市以及江、浙、沪三地，实现了更大范围内的演艺等文化资源的整合、共享，在一定程度上丰富了乡镇文化资源，提高了乡镇文化活动的水平和档次。不仅如此，由于区域经济、社会发展的差异，城乡和区域文化发展一直存在着不平衡现象。"区域文化联动"项目的实施，在一定程度上促进了城乡和区域文化的同步、协调发展。

乡镇范围内因为文化人才有限，要真正实现乡镇文化大发展大繁荣，常常显得动力不足。吴江市实施的"区域文化联动"项目，一下子把市区和周边地区的文化力量全部调动了起来，通过借助各方力量推动和促进吴江乡镇文化建设，成功地解决了乡镇自身文化发展动力不足的问题，激发了乡镇的文化创造力。在推进"十镇文化联动"的过程中，吴江市的10个镇在文化建设上都形成了自己的特色和亮点：芦墟镇的芦墟山歌文化，盛泽镇的丝绸文化，平望镇的广场文化，同里镇的宣卷文化和旅游文化，桃源镇的少儿书画和黄酒文化……都已成为各自的文化品牌。

"区域文化联动"在运作过程中采用了政府主导、企业赞助、乡镇投入、社会参与的多元化方式。据不完全统计，"区域文化联动"开展以来，吴江市各级政府相继投入300万元，中国联通等企业相继资助100多万元。节目内容涵盖多个方面，活动形式上也有独到之处。首先，打造了吴江市"十镇联动"大型文艺巡回演出等载体和平台，演出场地不仅设在乡镇文化广场，而且购买和动用了流动演出车，把寓教于乐的节目直接送到田间地头和农民的家门口。此外，还增加了电影放映、文化理论研究交流、文艺创作研讨、书法美术摄影交流展、非物质文化遗产展览展示等多种形式，活动方法和手段不断创新。每届"吴江市十镇联动大型文艺巡回演出"，主办单位都开展评奖和表彰活动，表彰优秀节目、优秀组织单位、优秀放映单位和优秀个人，这对区域文化联动项目的持续实施起到了实质性的促进作用。

"区域文化联动"盘活了区域内的文化资源，拓展了文化服务的外延和空间，丰富了文化服务的内容和形式，提升了文化服务水平和能力，突破了以行政区划为界限配置公共文化服务资源的体制限制，对解决具有共性特征的县域文化发展问题，特别是农村公共文化服务体系建设问题，具有一定的启迪和借鉴作用。

（四）海南陵水："欢乐陵河"文化广场，建设公共文化服务设施网络

近年来，海南省陵水黎族自治县先后投入资金3亿多元，在县城兴建了占地103亩，包括群众大舞台、游乐场、健身路径在内的文化广场，并在文化广场内建成一幢5208平方米的文化综合大楼，内设有文体局、文化馆、图书馆、民族歌舞团、宣传文化培训中心、文化信息资源共享工程陵水支中心、展览厅等公共文化服务设施，还在文化广场的西侧划地113.8亩，兴建一个有着近万人座位具有国家标准的海航体育场、3000个座位的雅居乐体育馆、900个座位的游泳场，以及室外篮球场、排球场、网球场、门球场的体育广场。两个广场连在一起给群众开展活动提供了极大的便利，陵水县以此做基础，积极打造形式多样、丰富多彩的"欢乐陵河"广场文化活动。

活动开展以来，每晚在广场进行各种文化文娱活动的群众不少于1000人，并逐渐形成相对稳定的群体和规模。同时，陵水县还对活动区域进行合理划

分，将文化广场划分为四个方块，即民族舞方块、民乐演奏方块、健身舞方块、街舞和演出方块，将体育广场划分为太极剑、太极拳方块，群众可按兴趣爱好的不同，选择不同的方块参与活动，既解决了团队之间争占场地的尴尬，也解决了群众蜂拥一团的矛盾。

（五）海南定安：民间琼剧同乐会，特色地方文化丰富群众生活

从2011年开始，海南省定安县从大年初一到正月十五都会举办民间琼剧同乐会，让定安每一个喜爱琼剧的老百姓都能够参与，都乐于参与，丰富和活跃了老百姓的民间文化活动。

定安是海南的"琼剧之乡"。老百姓都喜欢看琼剧、唱琼剧，群众琼剧基础好。琼剧于2008年被列为第三批国家级非物质文化遗产名录，2011年定安县被评为"中国民间文化艺术之乡"，定安民间琼剧同乐会由政府搭台，群众自娱自乐，谁想唱谁就唱，只要是戏迷上来表演的，组织方还会给参与者红包和小礼品，活跃节日气氛。

琼剧同乐会的成功举办，大大激发了群众对民间文化的热爱和保护之情，使传统文化得以传承和发扬。

（六）海南保亭：嬉水节，传承民族文化

海南省保亭黎族苗族自治县的嬉水节，是由黎苗民间祭水习俗发展起来的节庆活动。从2000年开始，每年农历七月初七，保亭黎族苗族自治县都会在县城七仙广场举办嬉水节。

节日期间，保亭县不仅会举办精彩夺目的黎族苗族歌舞表演、黎族苗族民歌大赛、黎族织锦比赛、苗族刺绣比赛等具有浓郁民族特色的文艺表演和比赛，而且还会举办取圣水仪式、大型综艺歌舞晚会、龙舟邀请赛、象棋比赛、排球比赛、摄影比赛、电影公益放映和七仙岭健康论坛、颁奖焰火晚会等丰富多样的群众性文化活动，积极打造融民族传统与现代文化于一体的文化品牌。在嬉水节举办的进程中，一大批具有浓郁黎苗文化特色的雕塑和建筑——旺蛙、甘工鸟、和坊、七仙门等在保亭相继落成，一大批非物质文化遗产项目相继申报成为国家级和省级名录项目，成为传承和发扬保亭黎族苗族传统

文化的有效载体。

保亭嬉水节自创办以来，其形式由单纯的文艺演出转变为全民参与，时间从一天扩展为七天，参与人数从2000人到数万人，人民群众的参与度越来越高，不仅受到本地老百姓的普遍欢迎，而且还吸引了大量外地游客慕名前来，已经逐渐成为一项彰显保亭民俗、民族风情、民族节日等民族特色的文化品牌。2010年，嬉水节跻身"中国十大著名节庆品牌"，2011年入选"中国最具人气民间节会"。

参考文献

[1] 宋元武.需求导向的农村公共文化服务供给研究［M］·北京：中国社会科学出版社，2017.

[2] 李少惠.互动与整合：甘南藏区农村公共文化服务发展研究［M］·北京：中国社会科学出版社，2014.

[3] 孙浩.农村公共文化服务有效供给研究［M］·北京：中国社会科学出版社，2012.

[4] 莫姣姣.新常态下农村公共文化服务体系构建研究［M］·沈阳：辽海出版社，2019.

[5] 彭益民.农村公共文化服务体系建设与评估［M］·长沙：湖南大学出版社，2014.

[6] 赖作莲.西部农村公共文化服务效能评价及提升对策研究［J］·北方经济，2019（07）.

[7] 宋姗姗.新时期我国西部农村地区公共文化产品供给问题研究［J］·内蒙古大学学报（哲学社会科学版），2018（05）.

[8] 胡静.宁夏农村公共文化建设现状和对策研究［R］·宁夏大学,2017(03).

[9] 张蕾.农村公共文化产品供给的思考——以宁夏回族自治区银川市永宁县望远镇为例［R］·中央民族大学，2016（05）.

[10]李国新，李阳·文化和旅游公共服务融合发展的思考［J]·图书馆杂志，2019（10）.

[11]狄国忠.宁夏贫困县（区）农村公共文化设施"软件"建设的"硬思维"[J].宁夏党校学报，2017（04）.

[12]宁夏社会科学院.宁夏文化发展报告·2019[M]·银川：宁夏人民出版社，2019.

[13]李世喜.贵阳市公共文化服务公平共享创新发展研究[J].贵图学苑，2019（04）.

[14]薛甫玉.宁夏基层公共文化服务建设对策[J].民族艺林，2019（04）.

[15]固原市文化旅游广电局.文化惠民暖阳拂照 公共服务春风化雨[N].固原日报，2020-04-30.

[16]李少惠，余君萍.公共治理视野下我国农村公共文化服务绩效评估研究[J].图书与情报，2009（06）.

[17]李少惠.民族传统文化与公共文化建设的互动机理——基于甘南藏区的分析[J].西南民族大学学报（人文社会科学版），2013（09）.

[18]邵明.以六大文化建设工程为抓手 着力推动全省文化大发展大繁荣[J].发展，2009（05）.

后　记

近年来，国家和宁夏回族自治区高度重视乡村公共文化服务建设，而且随着乡村旅游发展规模的不断扩大，旅游市场对乡村文化产品及服务的要求也越来越高，乡村公共文化服务的完善程度决定了乡村旅游服务的高度。分析研究乡村公共文化服务和旅游协同发展，不仅是乡村振兴的重要举措，而且是文旅系统的重要责任。为此，宁夏民族艺术研究所立项组织开展了《宁夏乡村公共文化服务与旅游》的撰写和编辑，旨在对宁夏境内的乡村公共文化、旅游建设在整体调研的基础上结合一定的理论分析和典型案例，以期为宁夏乡村振兴提供理论支持。

全书从筹划、调研、撰稿到编辑成书历经两年多。全书共四章二十节，20余万字。宁夏文化和旅游厅、宁夏文物保护中心、银川市文化旅游广电局、石嘴山市文化旅游广电局、吴忠市文化旅游体育广电局、固原市文化旅游广电局、中卫市旅游和文化体育广电局及各基层文化和旅游系统单位和宁夏民族艺术研究所的工作人员为本书的撰写提供了相关资料。课题实施过程中主要分工如下：第一章（陆筱璐），第二章（周文君编写，其中杨丽华承担了第一节的编写工作），第三章（张绍慧），第四章（陆筱璐），最后由邹荣、周文君、张绍慧共同完成统稿工作。

本课题几经修订，仍有不足之处，真诚期待广大读者的批评指正，以便今后继续完善课题研究，继续推动文旅事业发展，助推乡村振兴，在文化兴、产业兴、乡村兴的研究道路上不断探索。

在此，特别感谢宁夏文化和旅游厅公共服务和非物质遗产处李新兵对本书的指导，再次感谢为本书的调研与撰稿提供帮助的文旅系统各位领导、基层干部和那些朴实的村民。同时要感谢阳光出版社的帮助，在此谨向他们一并表示感谢！

编　者

2021年1月